Samuel BOURILLE

# Londres

## *Boutiques iconiques*

LAROUSSE

# Sommaire


## COVENT GARDEN

*Choosing Keeping* 4
*Benjamin Pollock's Toy Shop* 8
*Covent Garden* 10
*Alice Through the Looking Glass* 14
*Penhaligon's* 16
*Rules* 18

## SOUTHWARK

*Borough Market* 20

## KING'S CROSS

*Word on the Water* 24

## SAINT JAMES'S

*Floris* 26
*D.R. Harris & Co.* 28
*Paxton & Whitfield* 30
*Fortnum & Mason* 32
*Berry Bros. & Rudd* 34
*James J. Fox* 36
*Lock & Co.* 38
*John Lobb* 42

## PICCADILLY

*Hatchards Bookshop* 44
*Maison Assouline* 46

## THE CITY

*Florattica* 48
*Host Café* 50
*Leadenhall Market* 52
*The Royal Exchange* 56

## SOHO

*Goldsmith Vintage* 58
*Liberty London* 60
*Hamleys* 62
*House of MinaLima* 64
*Algerian Coffee Stores* 68

## CHELSEA

*The Cadogan Arms* 72
*Postcard Teas* 76

## MAYFAIR

*The Wolseley* 78
*Anderson & Sheppard* 82
*Mercato Metropolitano* 86

## BLOOMSBURY

*James Smith & Sons* 90

## NOTTING HILL

*Portobello Road Market* 92
*The Cloth Shop* 96
*Electric Cinema* 100
*Biscuiteers* 104

## LEICESTER SQUARE

*TWG Tea* 106

**KNIGHTSBRIDGE**

*Harrods* 108
*Harvey Nichols* 110

**KENSINGTON**

*The Churchill Arms* 114
*Afternoon Tea au Kensington* 118

**MARYLEBONE**

*Selfridges* 122
*Daunt Books* 124
*Jikoni* 128

**BERMONDSEY**

*Maltley Street Market* 130

**HACKNEY ET SHOREDITCH**

*Broadway Bookshop* 134
*Cuemars* 136
*Hunky Dory Vintage* 138
*Virgin Hotels London Shoreditch* 140

**ARDEN ESTATE**

*Hoxton Street Monster Supplies* 142

**ANGEL**

*Camden Passage* 144

**CAMDEN**

*Camden Market* 146
*Camden Tea Bar* 148

**HOLBORN**

*The Old Bank of England* 150
*Ye Olde Mitre* 152

**BELGRAVIA**

*Peggy Porschen* 154
*Tomtom Coffee House* 158

**BETHNAL GREEN**

*In Bloom & In Habit* 160
*Columbia Road Flower Market* 162

**CLERKENWELL**

*Exmouth Market* 164
*Marby & Elm* 166

**CHISWICK**

*The Fuller's Griffin Brewery* 168
*Foster Books* 170

**PIMLICO**

*Artist Residence London* 172

**FITZROVIA**

*The Attendant Coffee Roaster* 176

**KENNINGTON**

*Beefeater Gin Distillery* 178

**MAIDA VALE**

*The Hero* 180

**RICHMOND**

*Petersham Nurseries* 184
*Peggy Jean* 188

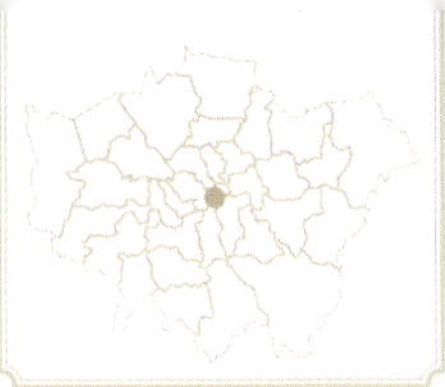



# Choosing Keeping

## L'art du papier

**Choosing Keeping** a ouvert en 2012 pour nourrir une nostalgie du cahier et des stylos à plume, de la colle, du taille-crayon, et du papier en général. Ici, les critères d'approvisionnement sont stricts et se fondent sur trois piliers essentiels : histoire, qualité et esthétique. Le but avoué : que le client contribue à la « biodiversité du commerce de détail et aux dépenses éthiques profitant à un vaste réseau de fabricants méritants et passionnés ».

**Le magasin de Covent Garden** est magnifiquement décoré et donne envie de tout acheter, du papier décoratif sérigraphié japonais aux fournitures d'art. Régulièrement, les gérants organisent des expositions pour mettre en avant une facette du domaine de la papeterie artisanale.

**Le nom de la boutique,** Choosing Keeping (« Choisir de garder »), dit beaucoup sur la philosophie de l'établissement : encourager les clients à être exigeants et à choisir des produits de qualité qu'ils vont chérir et conserver longtemps.

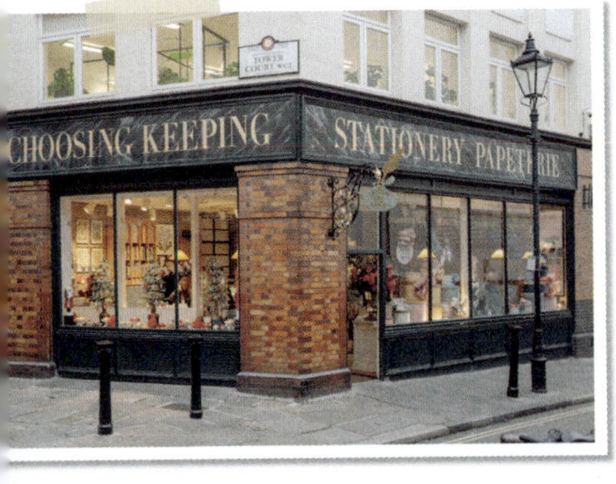


**21 Tower Street**
**Londres, WC2H 9NS**

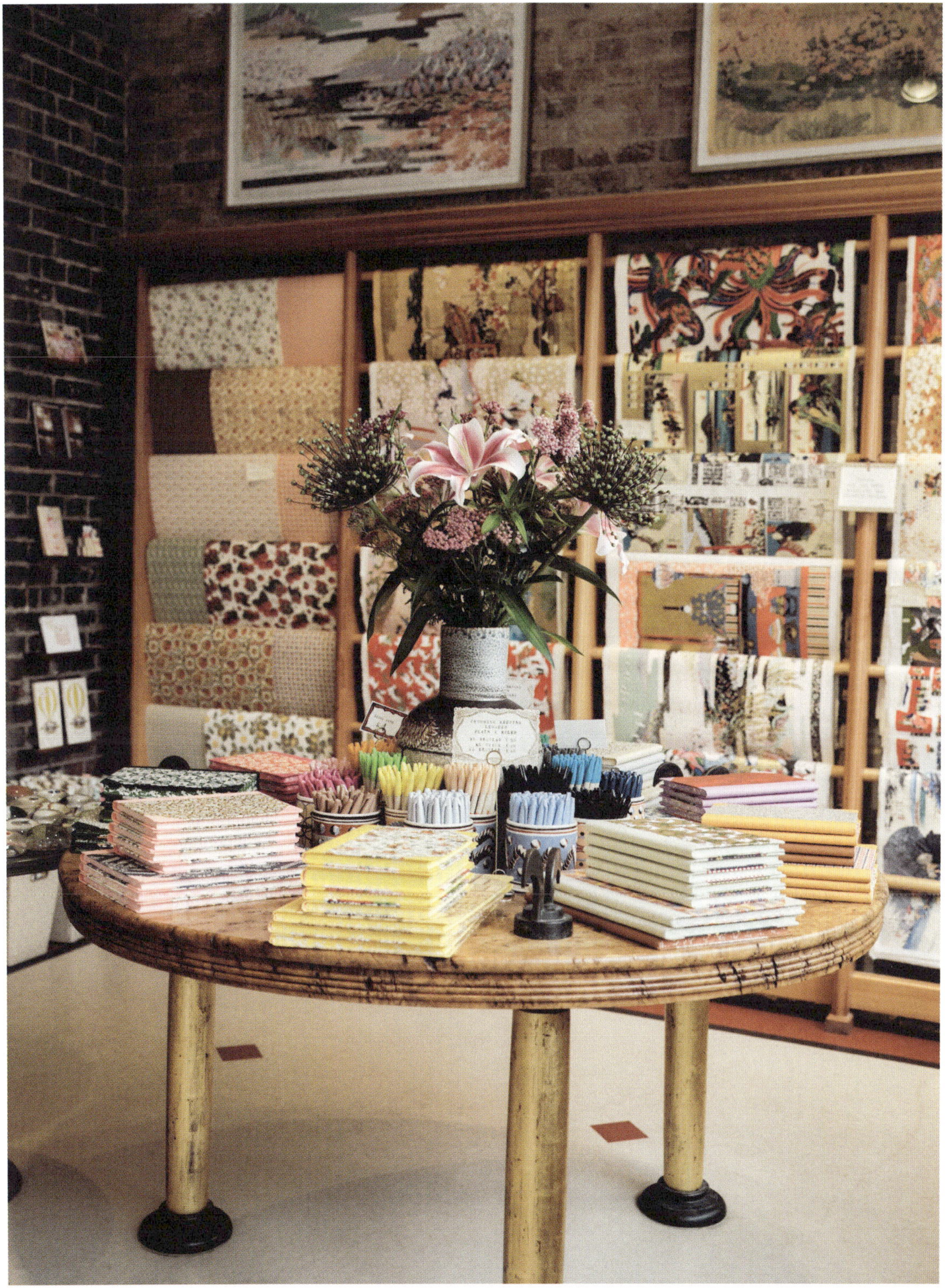

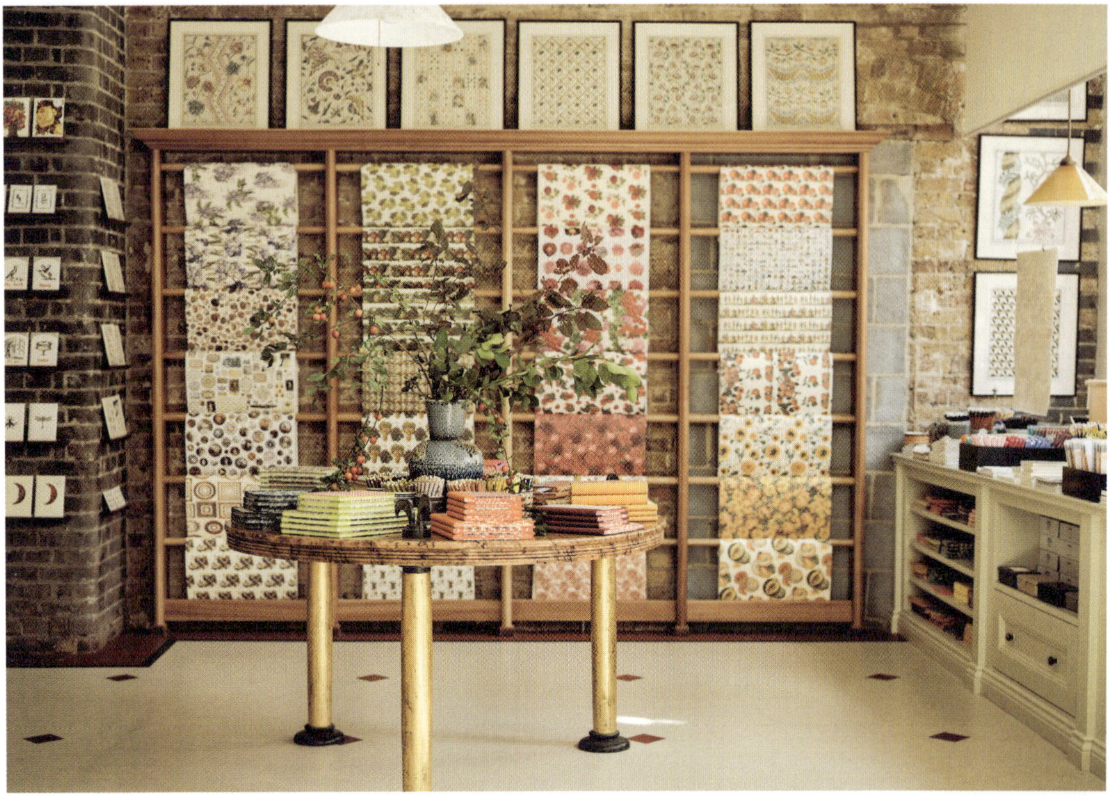

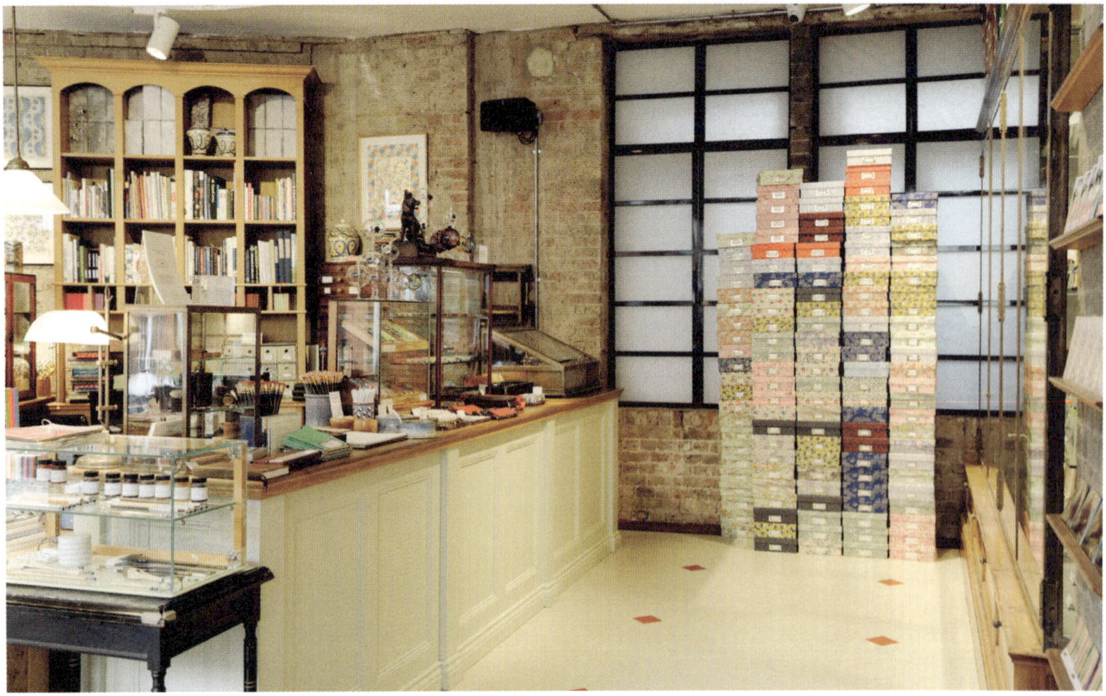

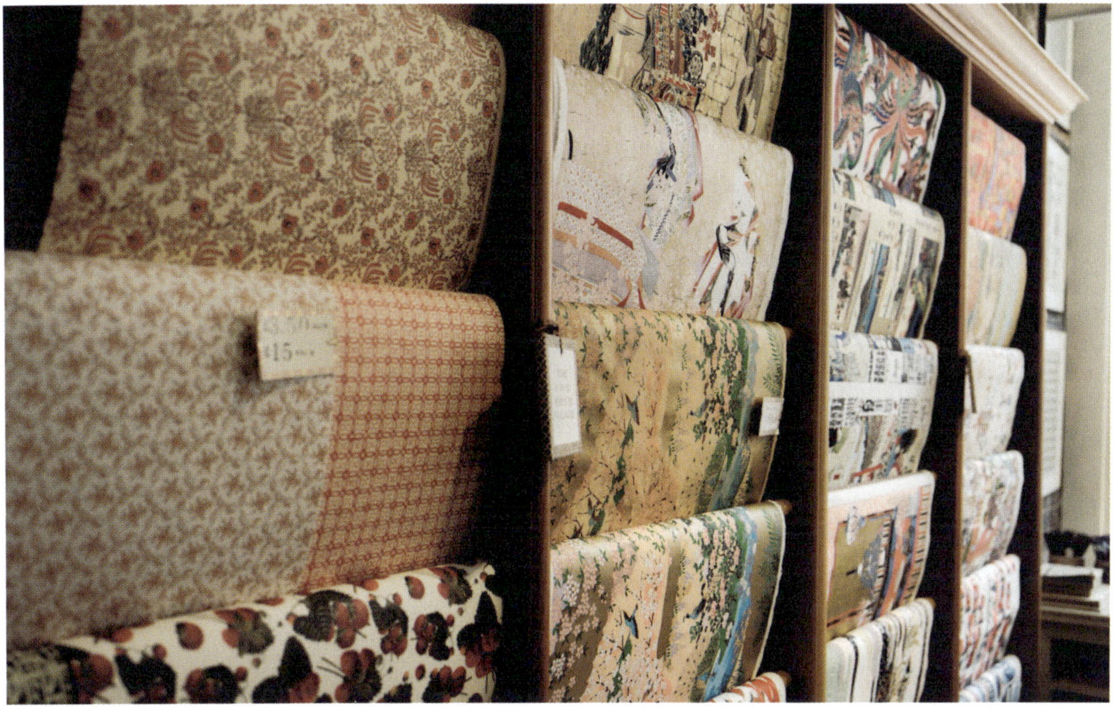

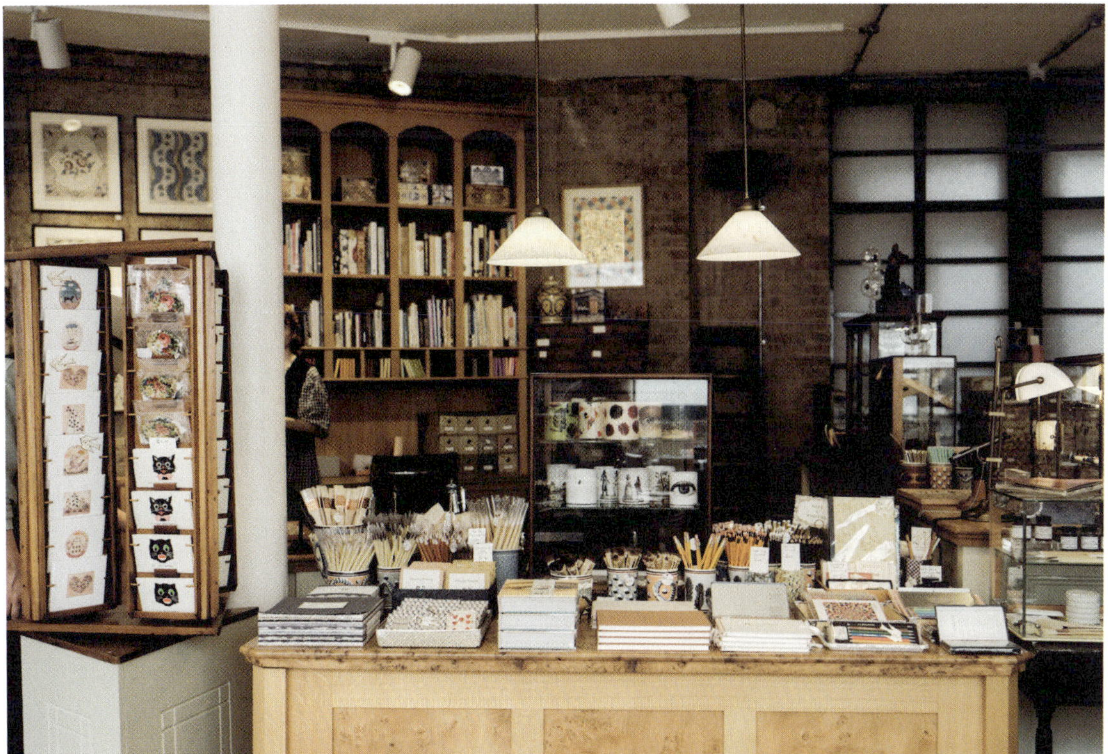

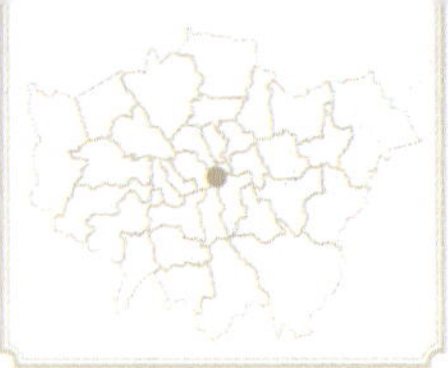



# Benjamin Pollock's Toy Shop

## Le charme d'antan

**Cette toute petite boutique** de jouets anciens au charme d'antan serait-elle plus destinée aux parents qu'aux enfants ? À vous de décider en découvrant ce lieu spécialisé dans les « théâtres-jouets » en bois, papier ou carton.

**Cette tradition remonte à 1856,** lorsque Benjamin Pollock ouvre une première boutique dans le quartier de Hoxton. Déjà en 1884, l'écrivain Robert Louis Stevenson écrivait : « Si vous aimez l'art, la folie ou les yeux brillants des enfants, allez vite chez Pollock. »

**Aujourd'hui installé dans le quartier de Covent Garden,** Benjamin Pollock's Toy Shop est resté fidèle à l'esthétique originale et aux principes de la citation de Stevenson. On y trouve des reproductions des théâtres de papier originaux et des pièces conçues par des artistes contemporains, parfois exposées dans des lieux prestigieux de Londres, tels que Liberty, Fortnum & Mason ou le Royal Opera House.

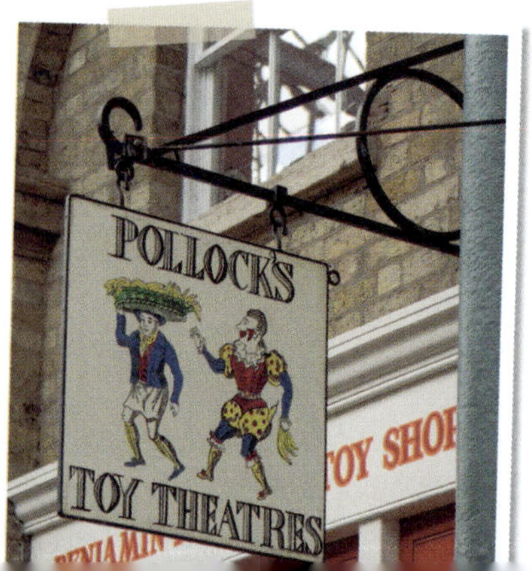


44 The Market
Londres, WC2E 8RF

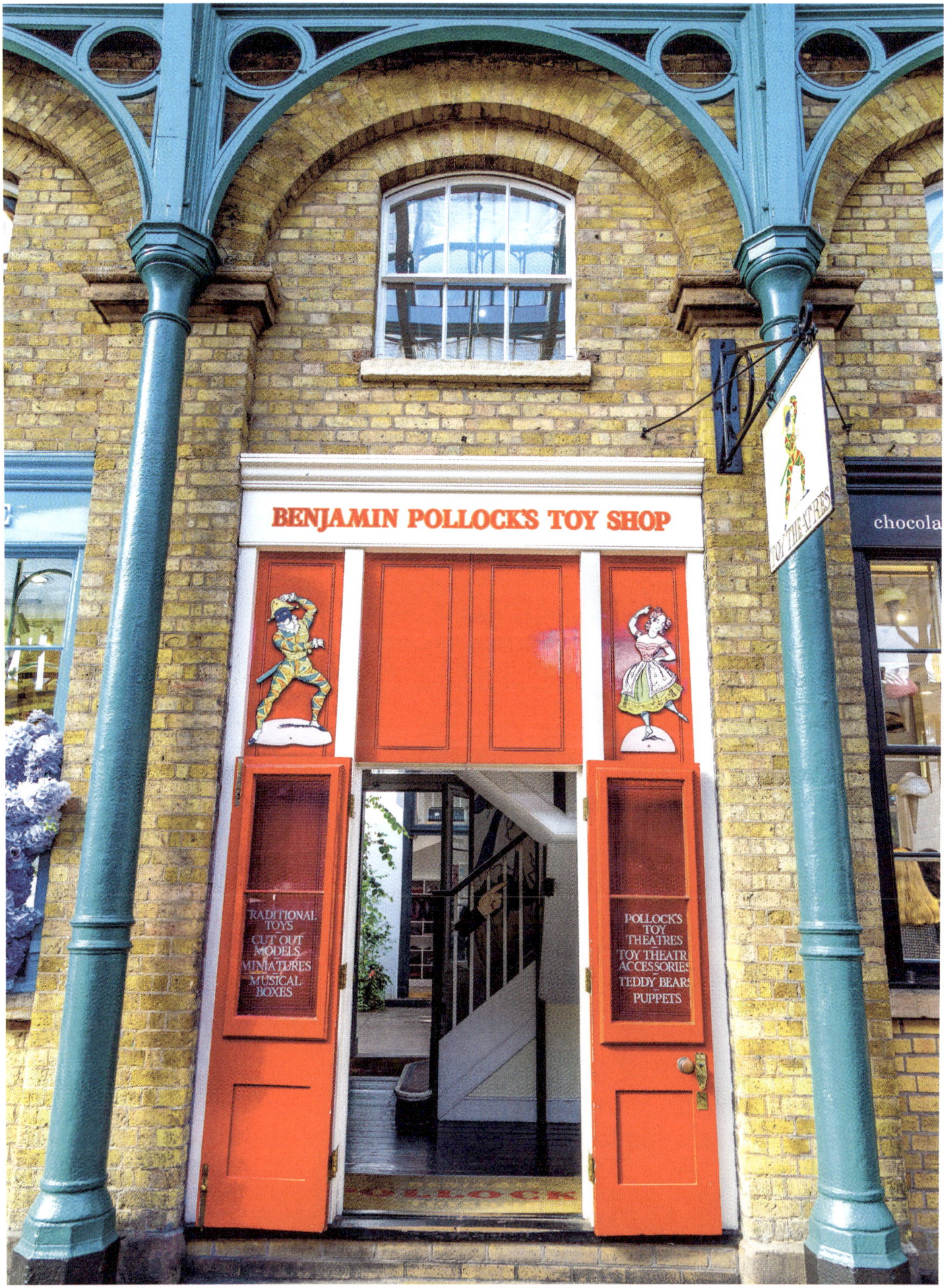
BENJAMIN POLLOCK'S TOY SHOP
TOY THEATRES
chocola
TRADITIONAL TOYS
CUT OUT MODELS
MINIATURES
MUSICAL BOXES
POLLOCK'S TOY THEATRES
TOY THEATRE ACCESSORIES
TEDDY BEARS
PUPPETS

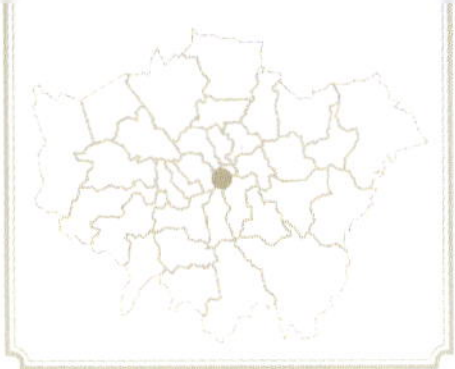



# Covent Garden

## L'ÉPICENTRE COMMERCIAL DE LONDRES

**JUSQU'AU XVII[E] SIÈCLE,** cette partie de Londres était un simple jardin du monastère de l'Abbaye de Westminster, d'où son nom actuel, Covent Garden, dérivé du « jardin du couvent » ! C'est en 1830 que la halle actuelle est construite dans le style néoclassique pour tenter de mettre de l'ordre au plus grand marché de fruits et légumes d'Angleterre.

**C'EST À PARTIR DE 1960** que les halles vont être réaménagées pour accueillir un centre commercial. Le Covent Garden Market Building comprend trois étages de boutiques et de restaurants accessibles tous les jours. Les différents espaces de l'ancien marché sont toujours présents, et en fonction des jours, l'Apple Market, l'East Colonnade Market et le Jubilee Market proposent une gamme de produits artisanaux, d'antiquités, de friandises, de bijoux et de cosmétiques.

**AUTOUR DU BÂTIMENT,** spectacles de rue, bars, cafés, théâtres et salons de thé font de Covent Garden l'un des quartiers les plus animés de la capitale.

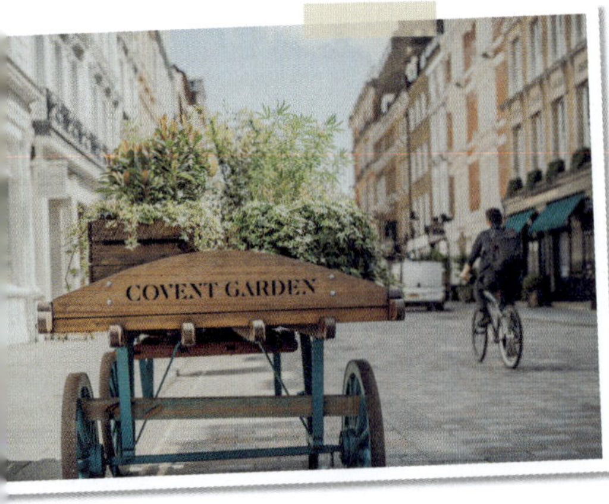


**COVENT GARDEN**
**LONDRES, WC2E 8RF**

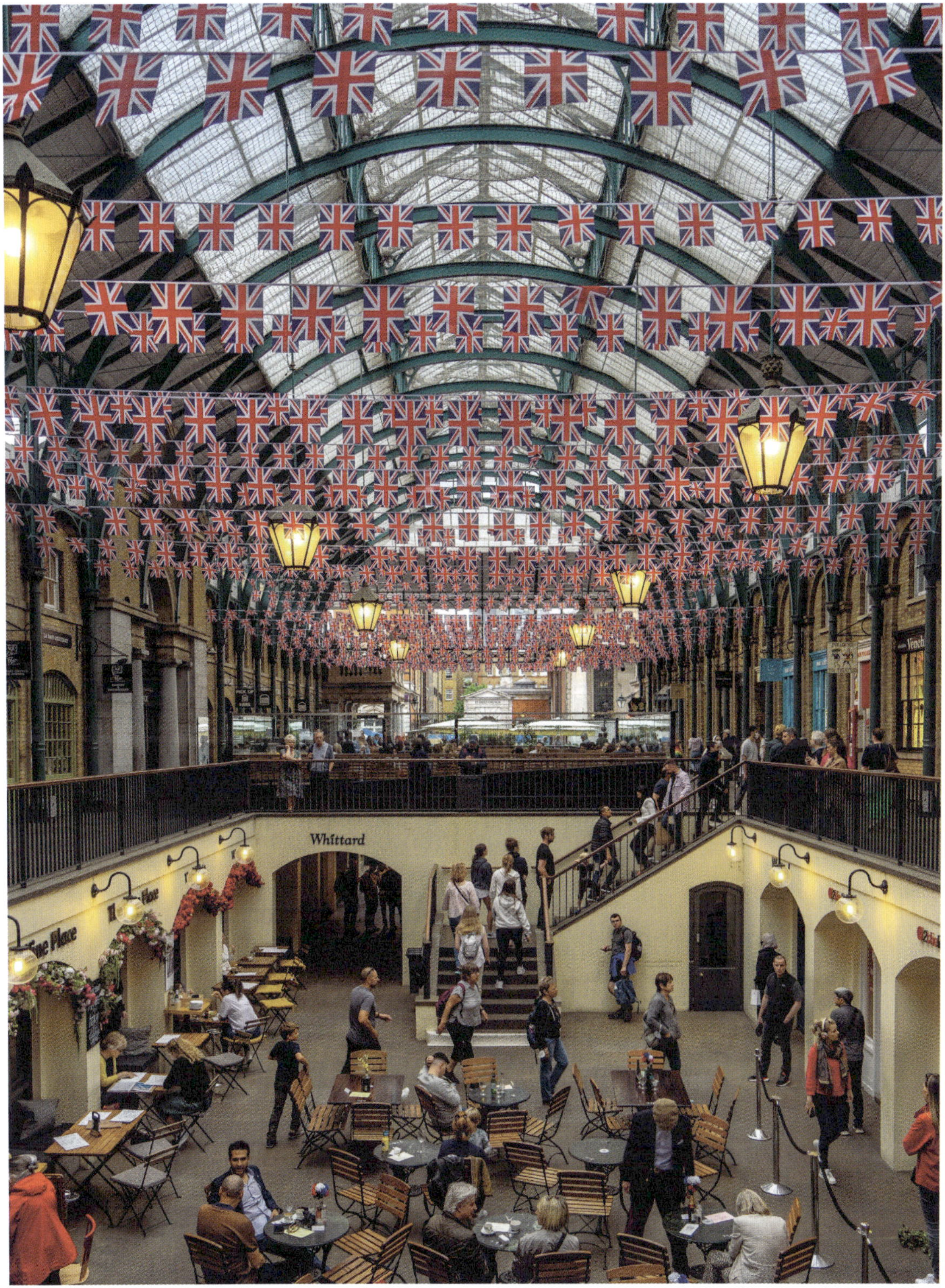
Whittard

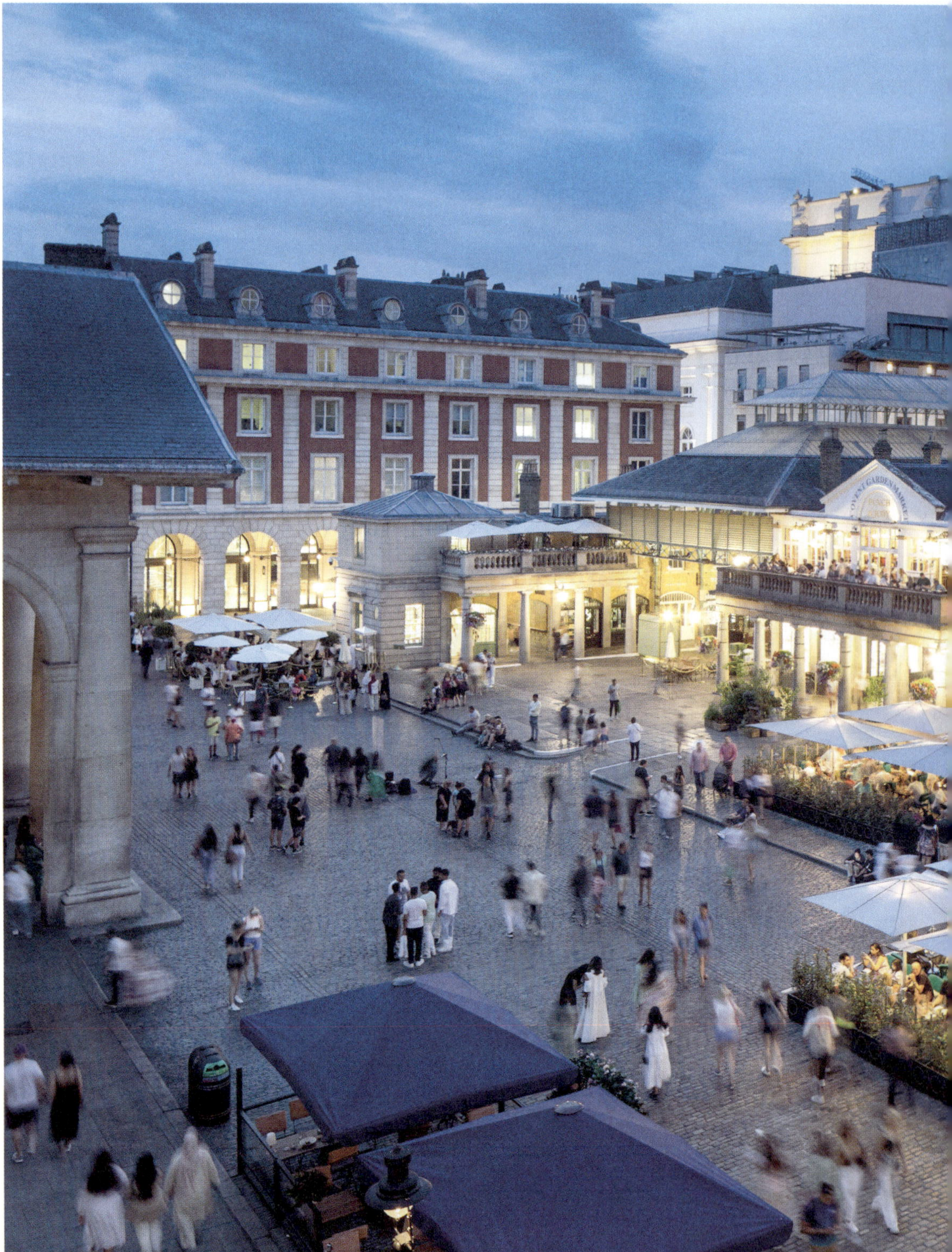

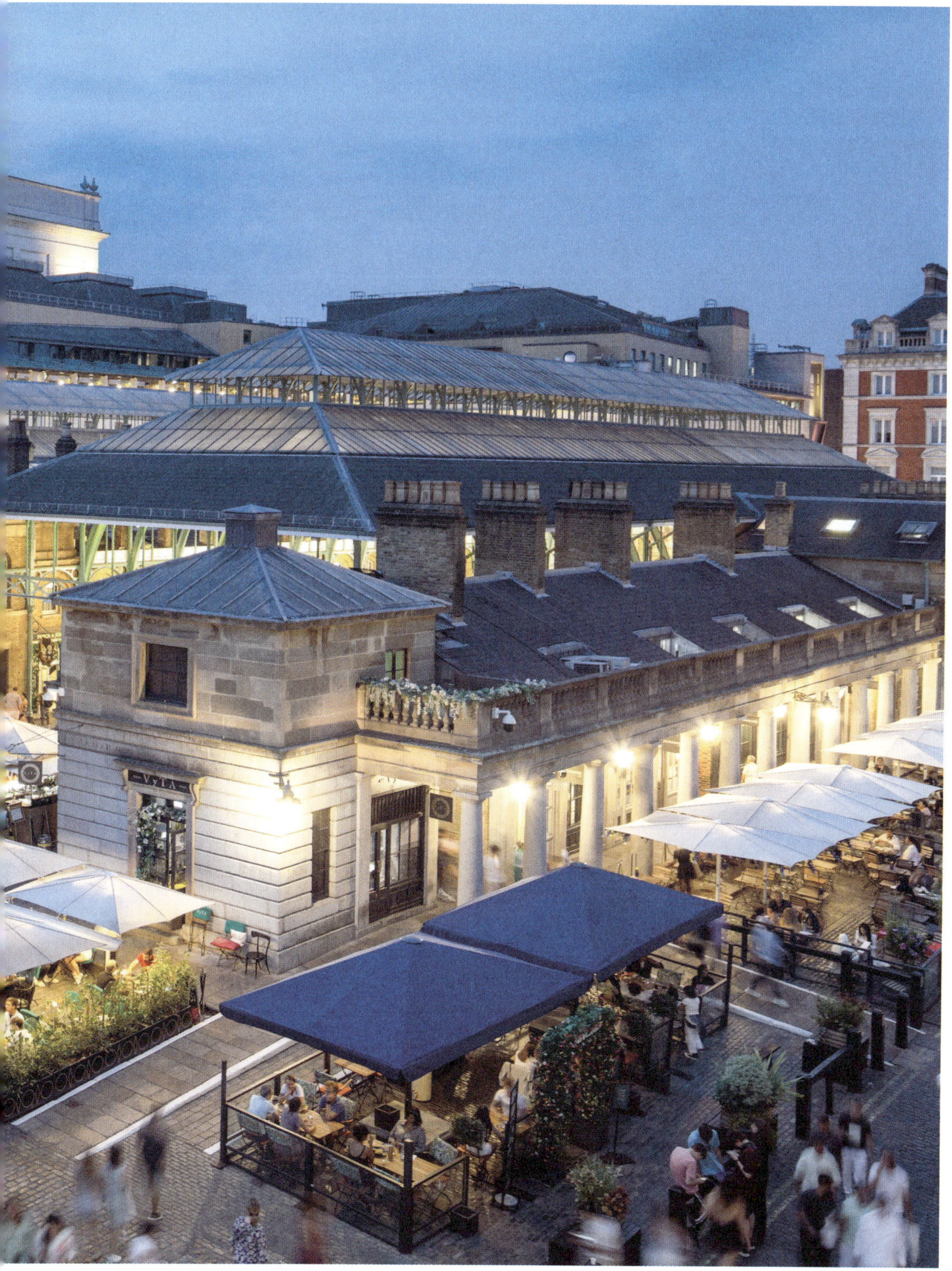

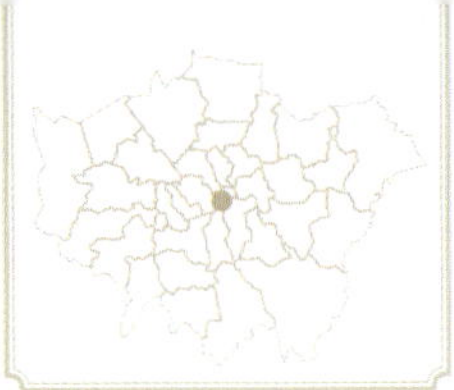



# Alice Through the Looking Glass

## Dans le monde de Lewis Caroll

**Passionnés ou non** par l'univers de Lewis Caroll et de *Alice au pays des merveilles*, Alice Through The Looking Glass, située tout près de Leicester Square, ne vous laissera pas indifférents !

**Ouverte en 2012 par Jake Fior,** un collectionneur tombé un jour sur un échiquier « Alice » original peint à la main par Sir John Tenniel, elle propose une plongée dans l'iconographie d'Alice. Vous y découvrirez des livres en première édition de Lewis Carroll, des éditions illustrées rares, des vêtements, des affiches illustrées et des objets uniques créés en collaboration avec des artistes.

**Au fil des ans,** Jake Fior a constitué une collection d'objets (pas en vente) faisant de la boutique une sorte de petit musée lié au monde imaginaire d'Alice. Un bel endroit où l'on trouvera également une fantastique collection de livres vintage et d'éditions limitées de grands classiques de la littérature fantastique.

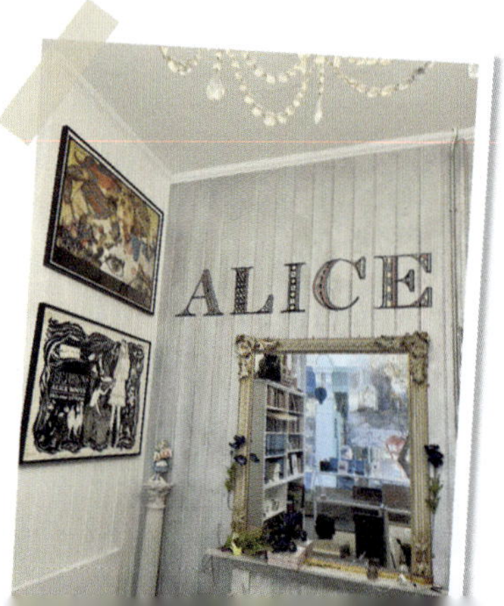


**14 Cecil Court**
**Londres, WC2N 4HE**

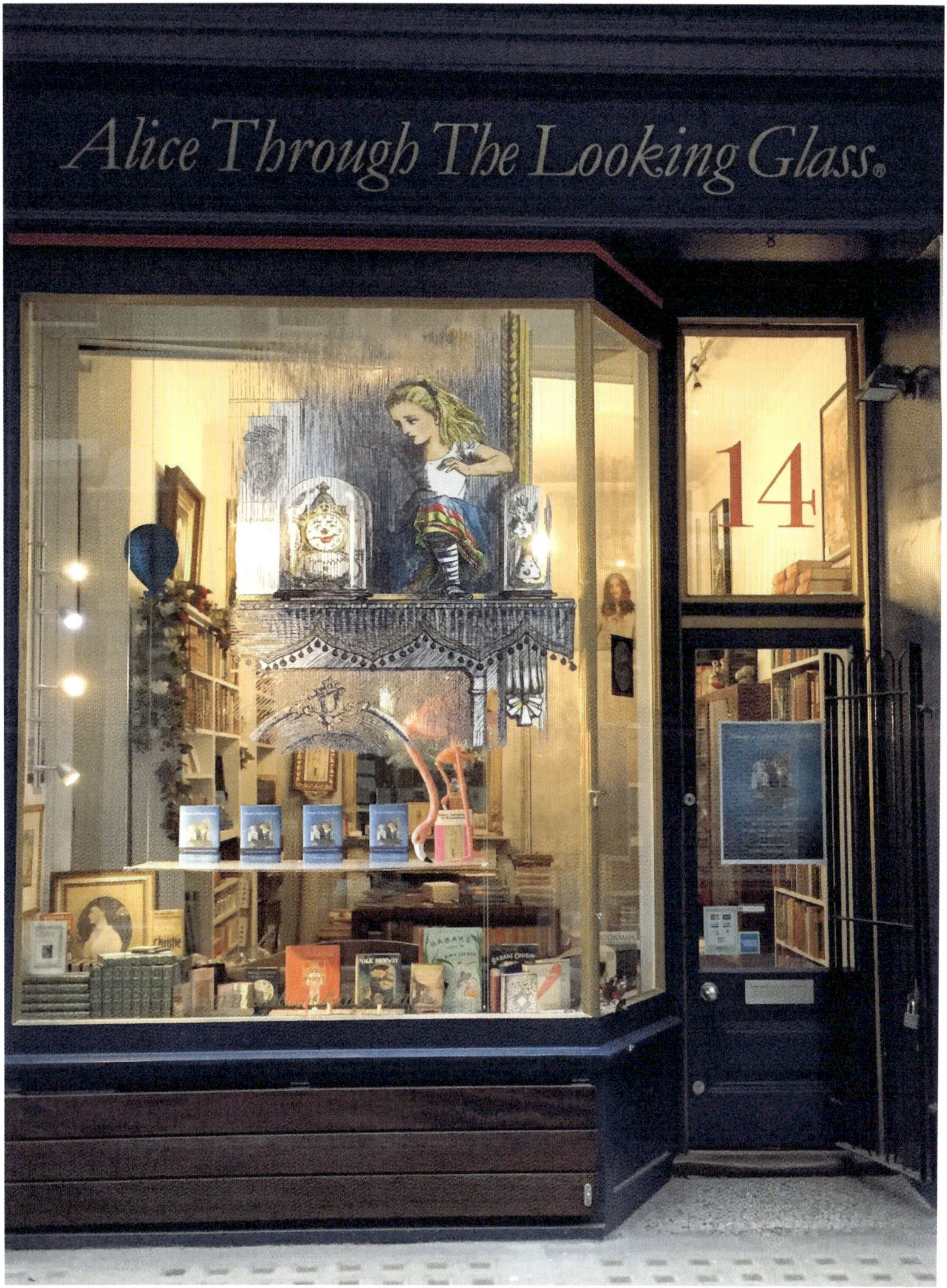
Alice Through The Looking Glass®
14

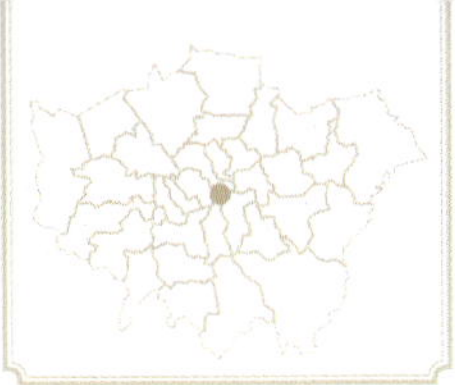



# Penhaligon's

## UNE PARFUMERIE ICONIQUE

**LA PARFUMERIE PENHALIGON'S,** c'est l'histoire de William Penhaligon, humble barbier des Cornouailles dont le succès l'a mené jusqu'à la cour royale et aux salons du Shah de Perse. Et si leur parfum mythique porte le nom de *Hammam bouquet*, c'est parce que tout a commencé au cours des années 1870, dans un hammam de Londres pour lequel Penhaligon est le barbier résident.

**AUJOURD'HUI PRÉSENT AUX QUATRE COINS DE LA VILLE,** c'est bien sûr la succursale de Wellington Street, dans le quartier de Covent Garden, qui fait figure d'étendard depuis qu'elle a reçu le sceau royal original du prince de Galles. L'héritage des cent cinquante ans d'histoire de Penhaligon's se ressent dans chaque produit de l'enseigne, que vous soyez à la recherche d'un parfum emblématique, d'une collection éphémère, d'une huile à barbe, de savons fantaisie ou d'un après-rasage…

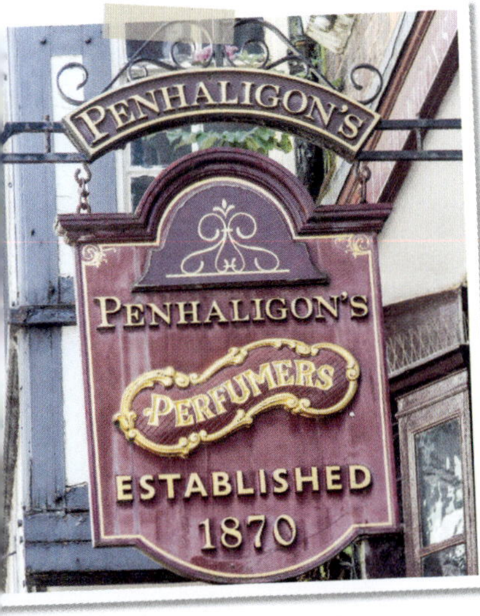


**41 WELLINGTON STREET**
**LONDRES, WC2E 7BN**

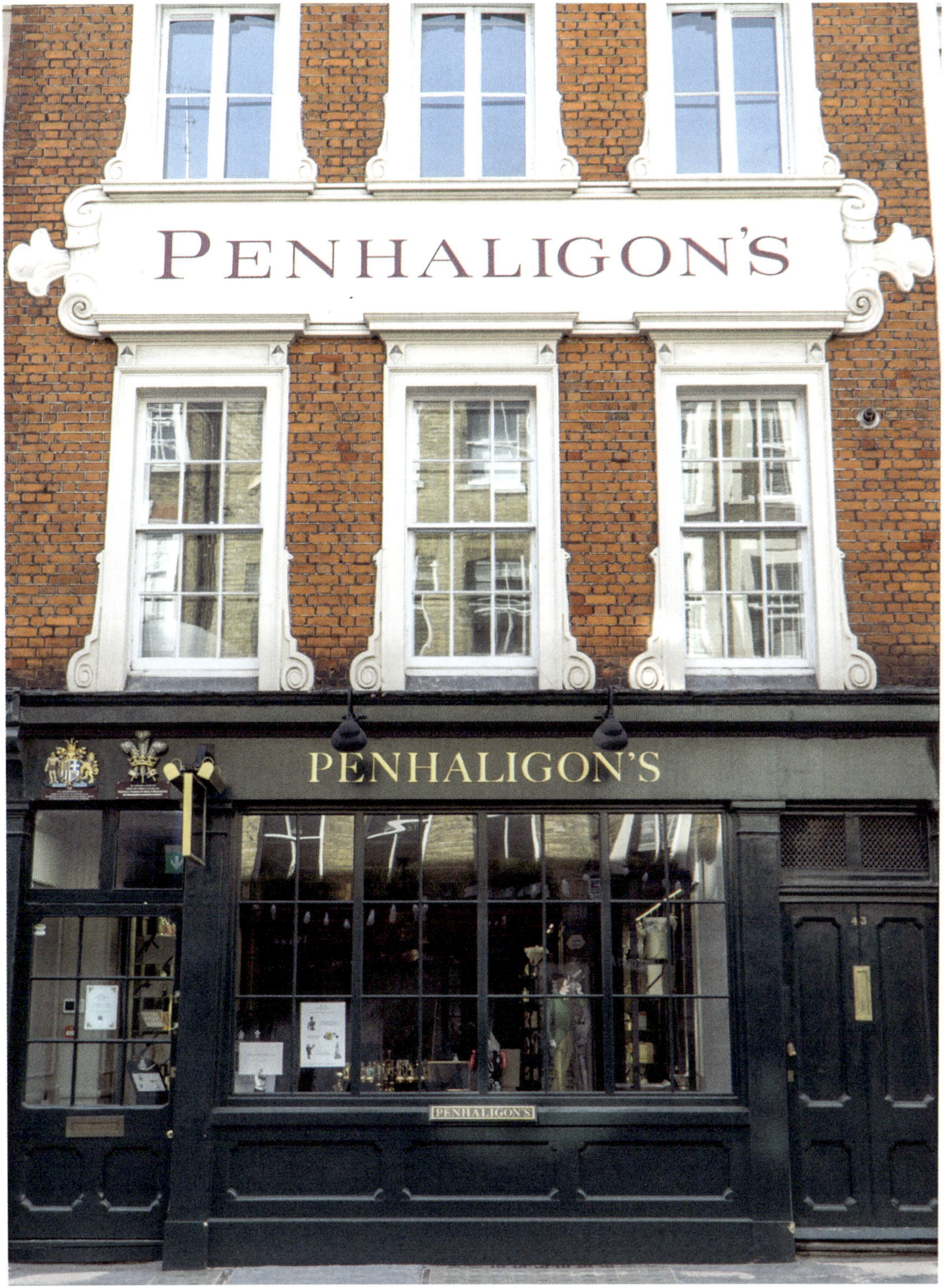
PENHALIGON'S
PENHALIGON'S
PENHALIGON'S

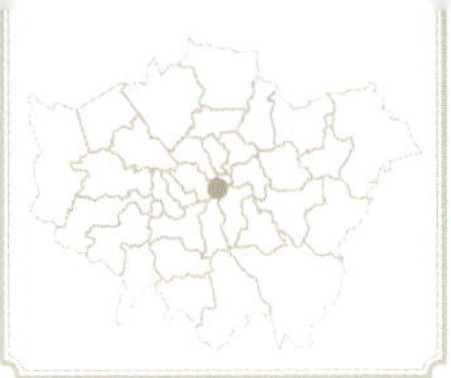



# Rules

## À la table de Dickens et Chaplin

**Fondé en 1798,** Rules est considéré comme le plus ancien restaurant de Londres. Fréquenté par Laurence Olivier, Charles Dickens, H.G. Wells, Buster Keaton, Clark Gable ou Charlie Chaplin, évoqué dans les romans de Graham Greene ou John Le Carré, apparu dans le film *James Bond Spectre* ou la série *Donwton Abbey*, difficile de faire plus institutionnel que le restaurant Rules à Londres ! On raconte même qu'Édouard VII, alors prince de Galles, disposait d'une salle privée qu'il utilisait pour ses rendez-vous avec l'actrice Lillie Langtry.

**Vous l'aurez compris, Rules est un bastion** de la tradition britannique, et la grande fresque représentant Margaret Thatcher en armure en témoigne. De quoi ravir ceux qui chercheraient à fuir les lieux hipster et la cuisine fusion.

**Ici, le menu,** étonnamment abordable selon les critères londoniens, met l'accent sur la cuisine anglaise de gibier (perdrix, chevreuil, canard sauvage, lapin), les tartes et les puddings. Important : tenue correcte exigée (shorts ou vêtements de sport ne seront pas admis).

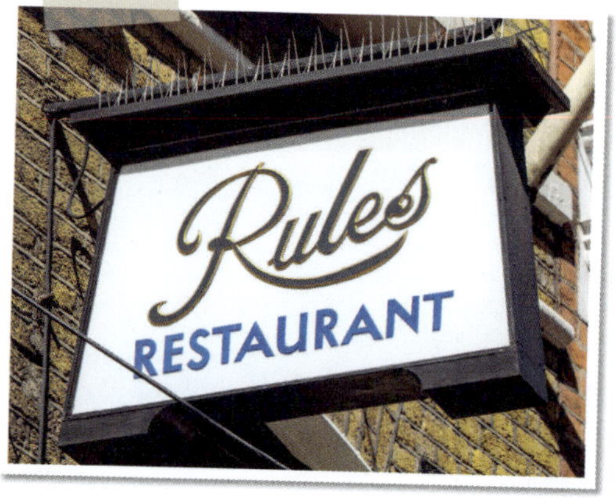


34-35 Maiden Lane
Londres, WC2E 7LB

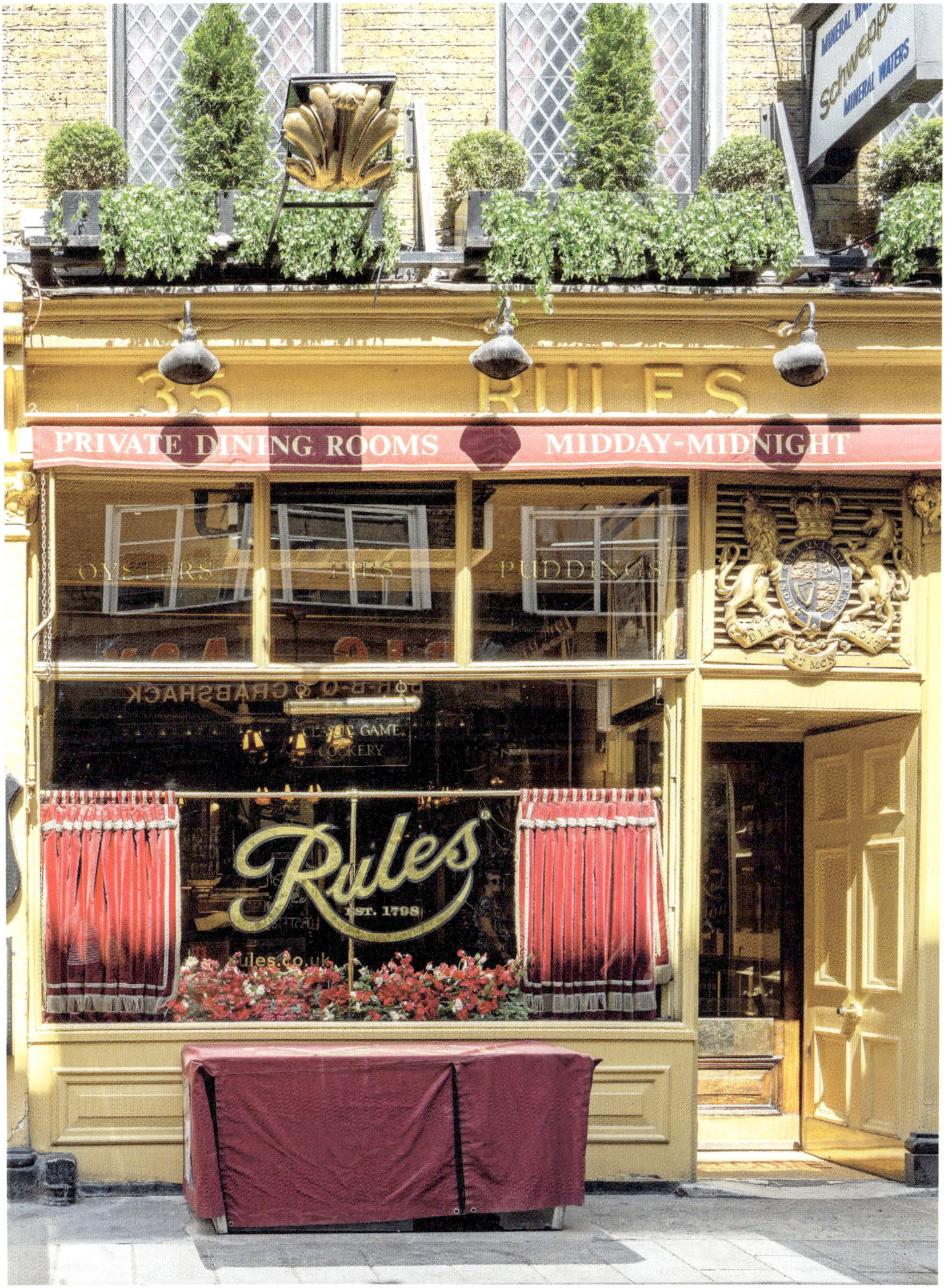
35
RULES
PRIVATE DINING ROOMS
MIDDAY-MIDNIGHT
OYSTERS
PIES
PUDDINGS
MINERAL WATERS
CLASSIC GAME
COOKERY
Rules
EST. 1798

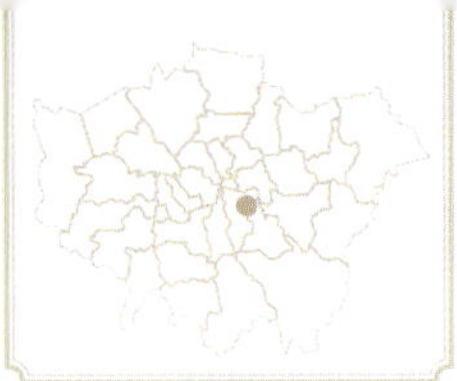



# Borough Market

## Un marché iconique

**Avec plus de 1 000 ans d'histoire,** Borough Market est un des plus grands marchés de Londres, et le plus populaire ! Sans revenir à ses origines au XIIe siècle, il était depuis les années 1860 un marché de gros destiné aux maraîchers de fruits et légumes du sud de Londres.

**Avec l'essor des supermarchés** dans les années 1980, le marché va se réinventer au tournant du XXIe siècle pour s'orienter vers le commerce de détail de haute qualité. Il est aujourd'hui géré par une association caritative de quartier qui soutient une agriculture locale et éthique : les commerçants sélectionnés doivent respecter des principes de qualité, de durabilité, de prix équitables pour les fournisseurs et les salariés, et un engagement en faveur de l'égalité et de la diversité.

**Le marché est ouvert** chaque semaine les lundi, mardi, samedi et dimanche (les horaires d'ouverture et de fermeture varient selon les jours) et vous y trouverez trois zones principales : Three Crown Square (grands producteurs et marchands), Green Market (petits marchands de produits spécialisés) et Borough Market Kitchen (marchands de street food).

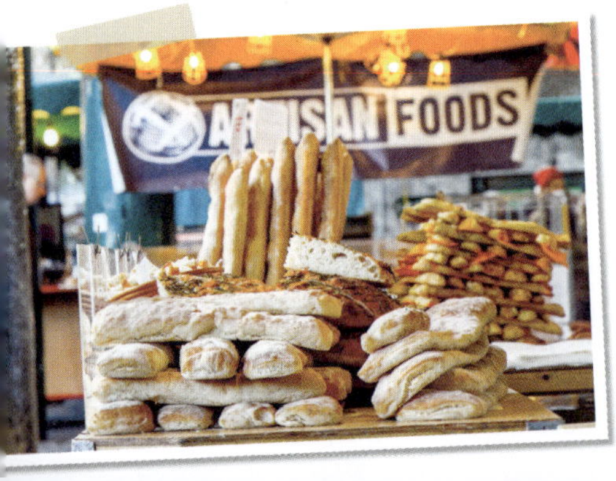


**8 Southwark Street**
**Londres, SE1 1TL**

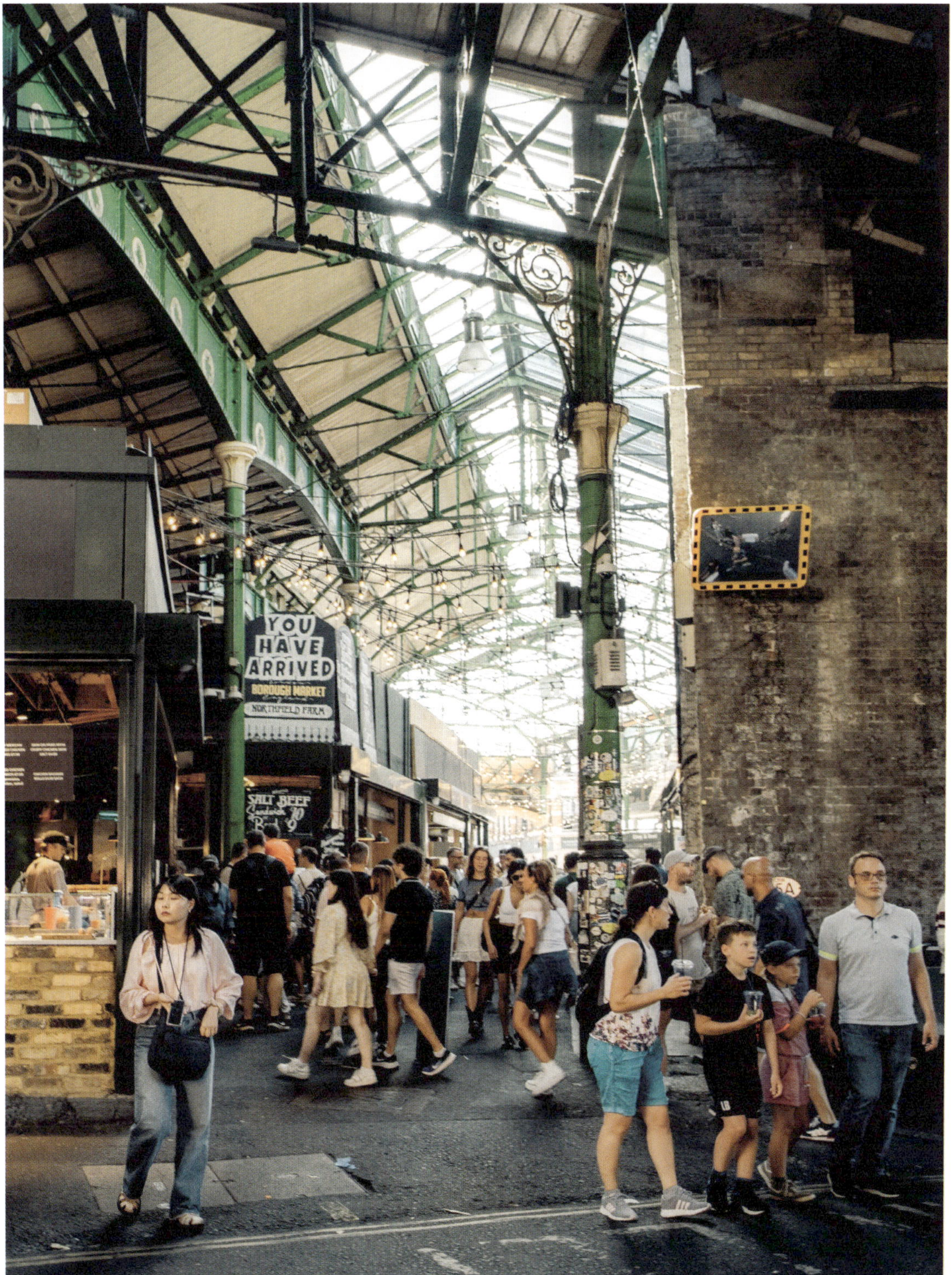
YOU
HAVE
ARRIVED
BOROUGH MARKET
NORTHFIELD FARM
SALT BEEF

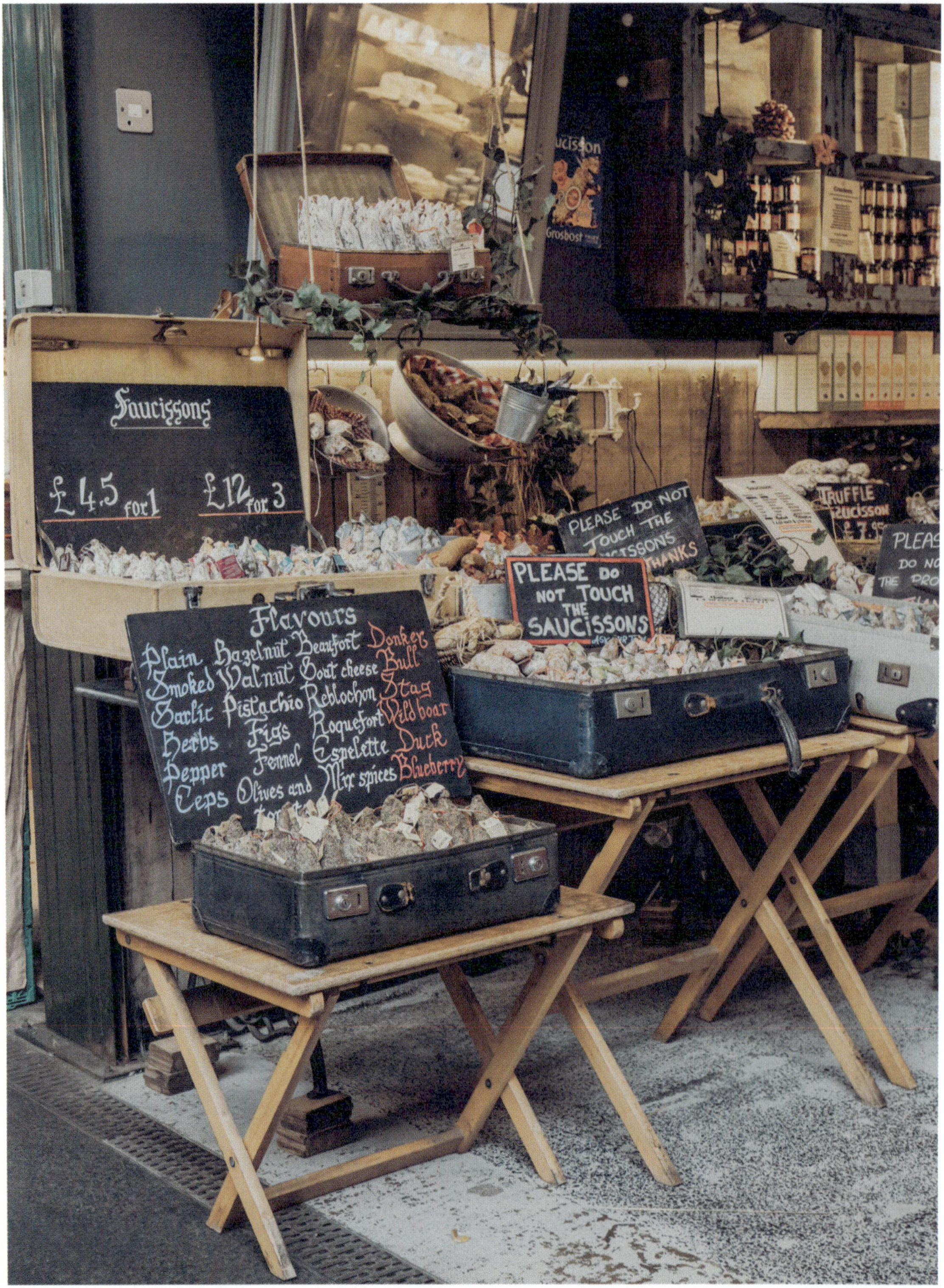
Saucissons
£4.5 for 1
£12 for 3
Flavours
Plain
Smoked
Garlic
Herbs
Pepper
Ceps
Hazelnut
Walnut
Pistachio
Figs
Fennel
Olives and
Beaufort
Goat cheese
Reblochon
Roquefort
Espelette
Mix spices
Donkey
Bull
Stag
Wild boar
Duck
Blueberry
PLEASE DO NOT TOUCH THE SAUCISSONS
PLEASE DO NOT TOUCH THE
TRUFFLE SAUCISSON
Grosbost

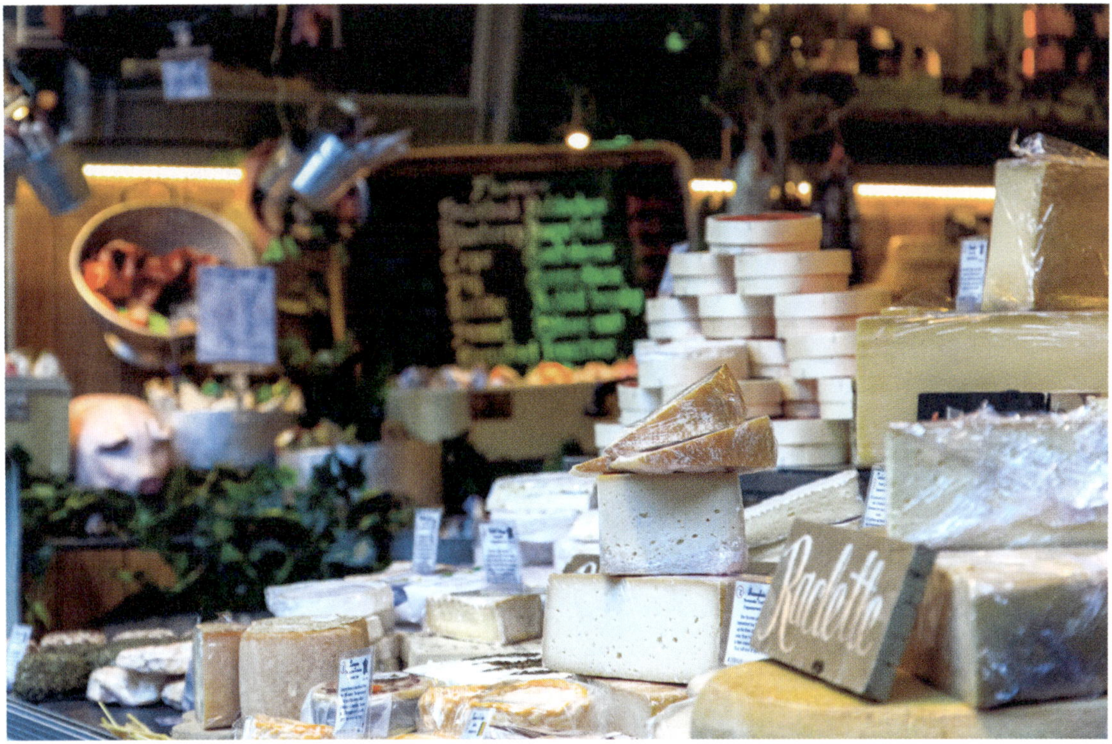
Raclette

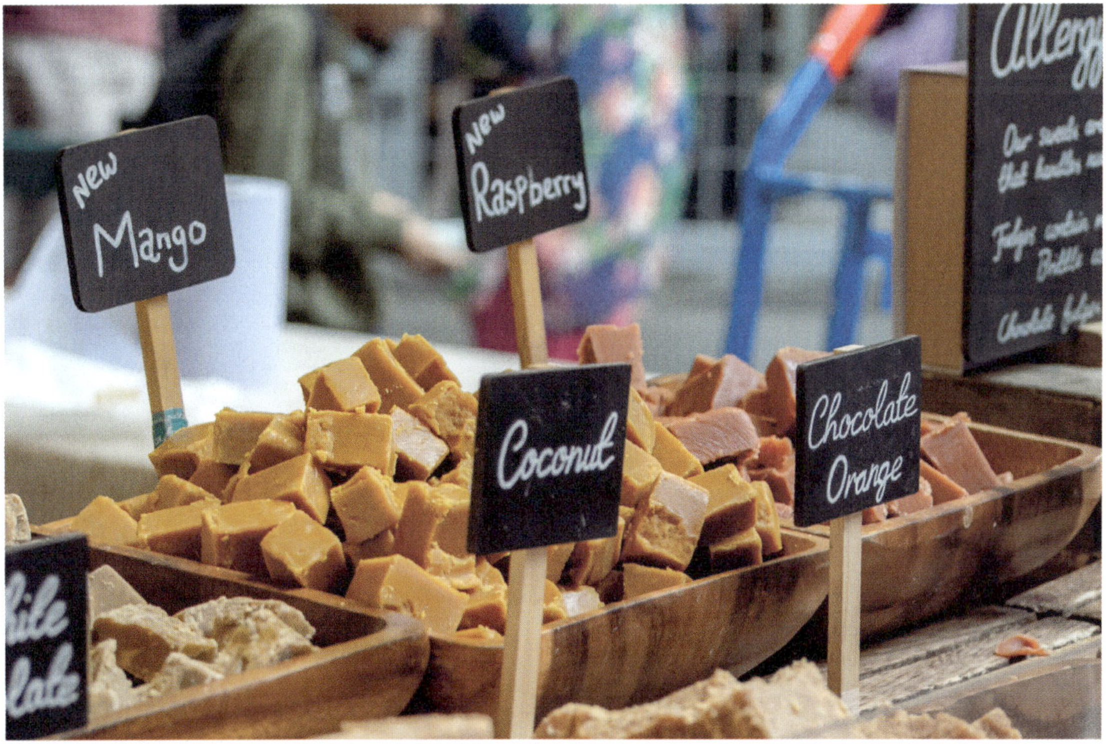
New
Mango
New
Raspberry
Coconut
Chocolate
Orange

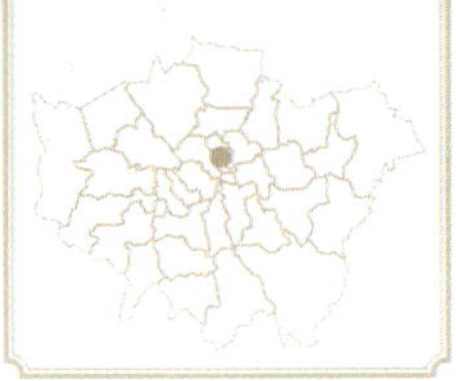



# Word on the Water

## Une librairie sur l'eau

**Considérée comme l'une des meilleures librairies** du Royaume-Uni, Word on the Water est le pari un peu fou de trois amis qui ont cru à l'idée de convertir une péniche hollandaise datant des années 1920 en un espace dédié à la littérature.

**Ouverte en 2011,** il aura fallu attendre 2015 pour que les propriétaires obtiennent le droit de maintenir leur péniche à quai sur le Regent's Canal après avoir passé quatre années à devoir déplacer leur péniche tous les quinze jours.

**Ce bateau-livre** est rapidement devenu l'une des librairies préférées des Londoniens. Il faut dire que l'espace a de quoi attirer les curieux : sélection de livres anciens et contemporains, décoration de bric et de broc, poêle à bois et fauteuil chesterfield, organisation de concerts et de spectacles de poésie, tout est réuni pour contenter les amoureux des mots !

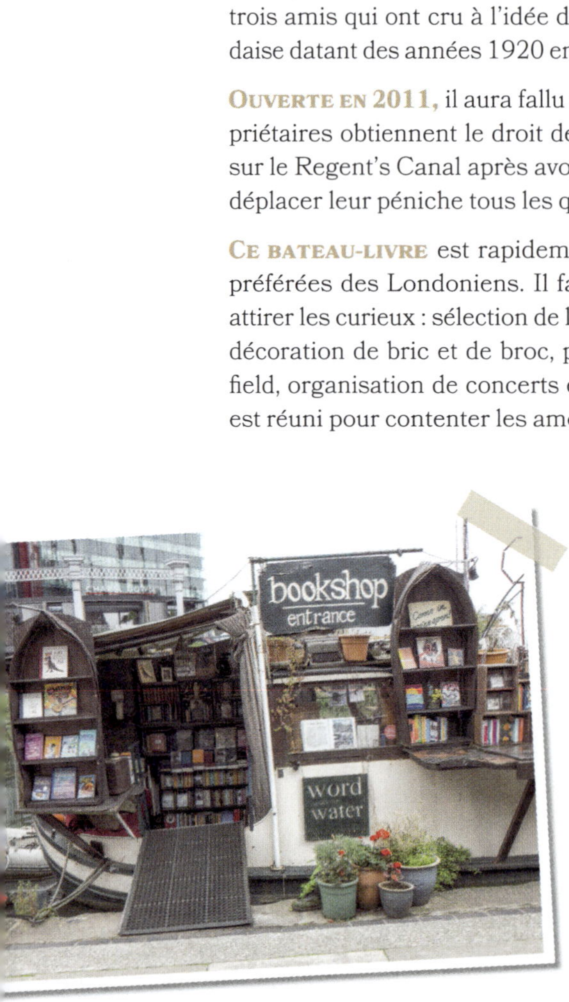


Regent's Canal
Towpath
Londres,
N1C 4LW

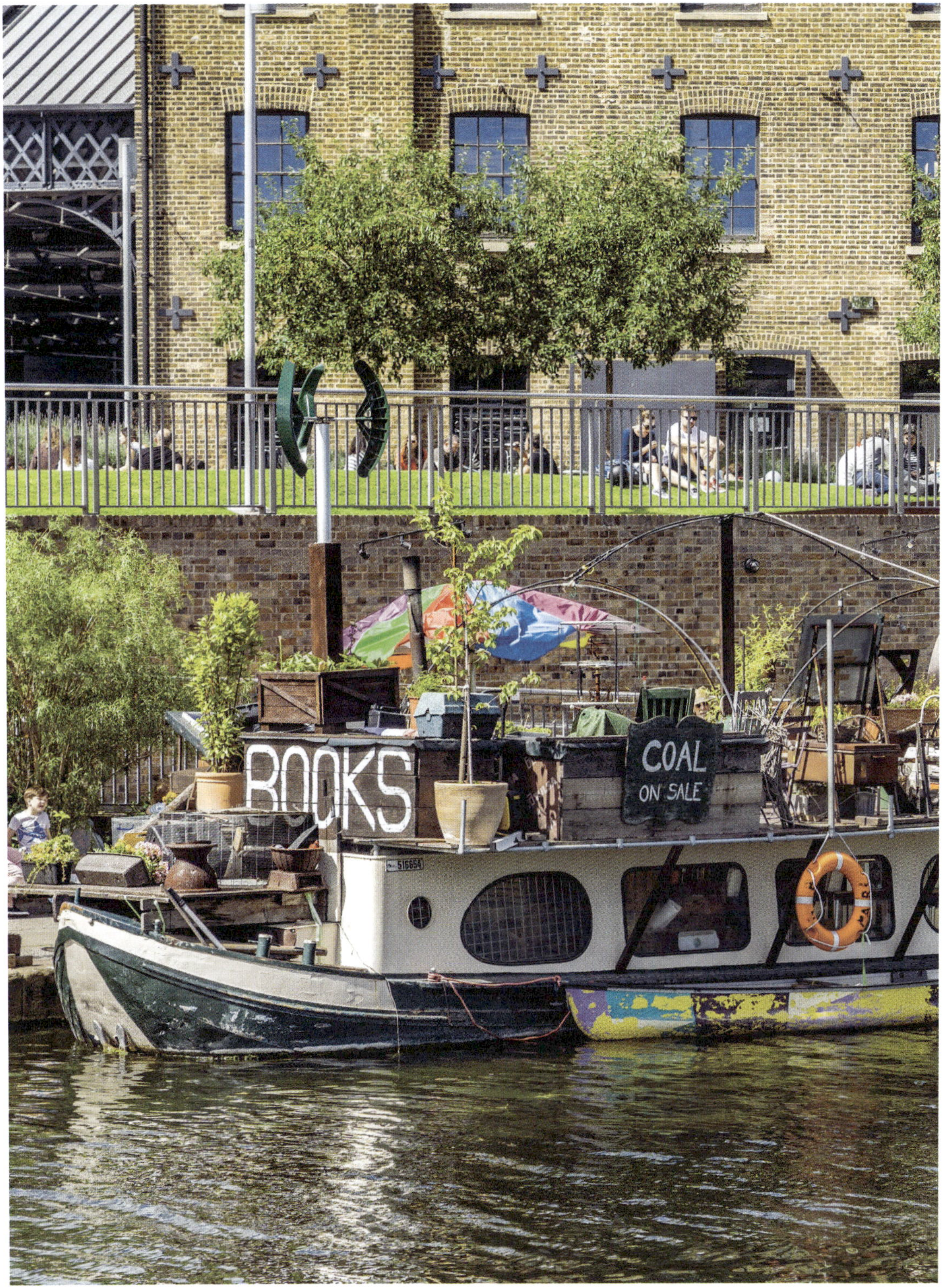
BOOKS
COAL
ON SALE
516654

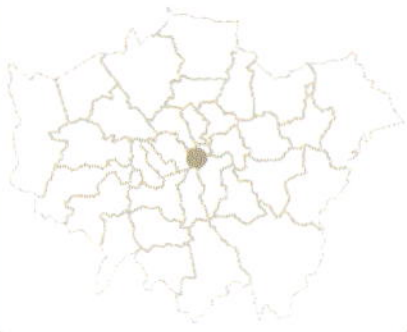



# Floris

## Parfumeur des plus grands

**La parfumerie Floris** a été fondée en 1730 par Juan Famenias Floris, immigré espagnol, et sa femme anglaise Elizabeth Floris. Contrairement à d'autres grands parfumeurs londoniens, l'entreprise Floris est restée indépendante et est aujourd'hui toujours dirigée par la famille Floris.

**Le soin apporté** à la sélection des fournisseurs et des essences utilisées, allié à une politique d'approvisionnement durable, dit beaucoup de l'esprit de la marque. Depuis trois cent ans, chaque formule de parfum est consignée à la main dans un grand livre où Juan Famenias Floris a noté la recette de son premier parfum.

**Au fil des siècles,** la boutique historique de Jermyn Street a accueilli de nombreux visages célèbres ; citons par exemple Ian Fleming, Cary Grant, David Bowie, ou Marilyn Monroe.

**À noter que Floris** possède un mini-musée présentant son histoire, et notamment les parfums portés par des icônes comme Winston Churchill ou la reine Victoria.

**89 Jermyn Street**
**Londres, SW1Y 6JH**

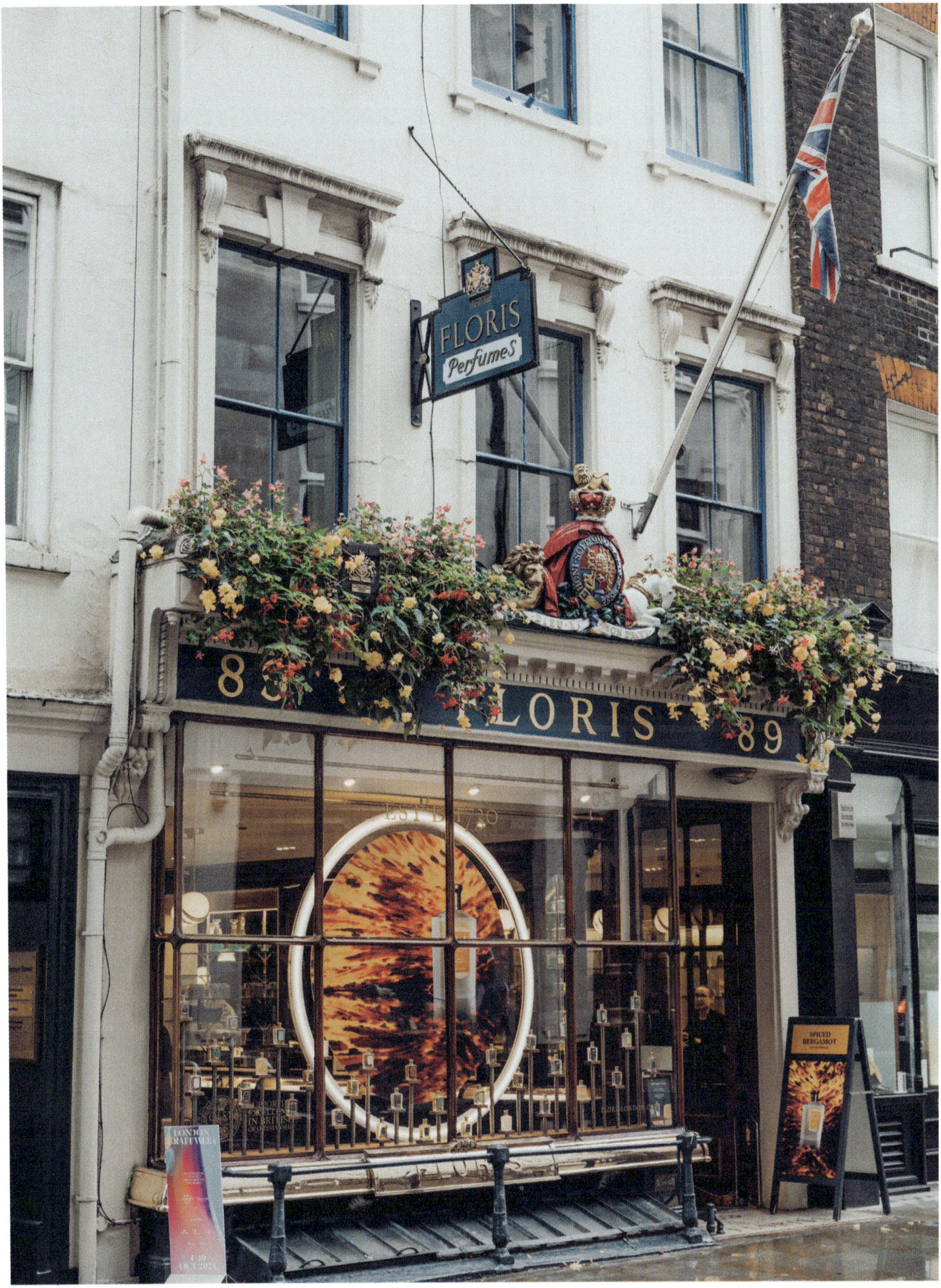
FLORIS
Perfumes
LORIS
89
SPICED BERGAMOT

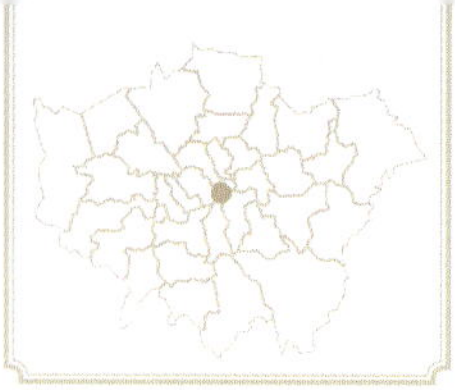



# D.R. Harris & Co.

## Un parfumeur historique

**À la fois pharmacie et parfumeur,** D.R. Harris & Co. est une institution du quartier de Saint James's, dont l'histoire remonte à 1790 et la vente d'eaux de Cologne dans ce quartier à la mode de Londres.

**Henry Harris était chirurgien,** tandis que Daniel Rotely (D. R.) était chimiste pharmaceutique. Titulaire de plusieurs mandats royaux, ils continuent de proposer des eaux de toilette, mais également toute une sélection de produits de soins de la peau de grande qualité. Dans la pharmacie du 29 St. James's Street, une grande partie du mobilier d'origine a été conservée. Y entrer donne l'impression de remonter dans le temps !

**Le sourire du personnel**, accueillant, rajoute au charme du lieu et contraste avec la froideur constatée chez certains concurrents de prestige à Londres. Pour ne rien gâcher, D.R. Harris & Co. favorise les circuits courts, les emballages réutilisables et a une politique stricte en matière de recyclage des déchets.

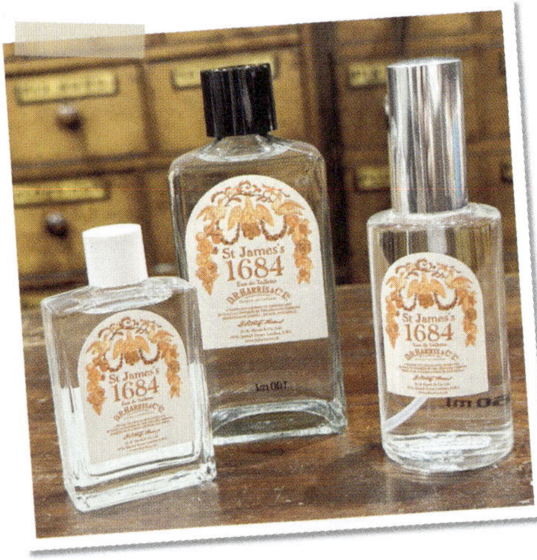


29 Saint James's Street
Londres, SW1A 1HD

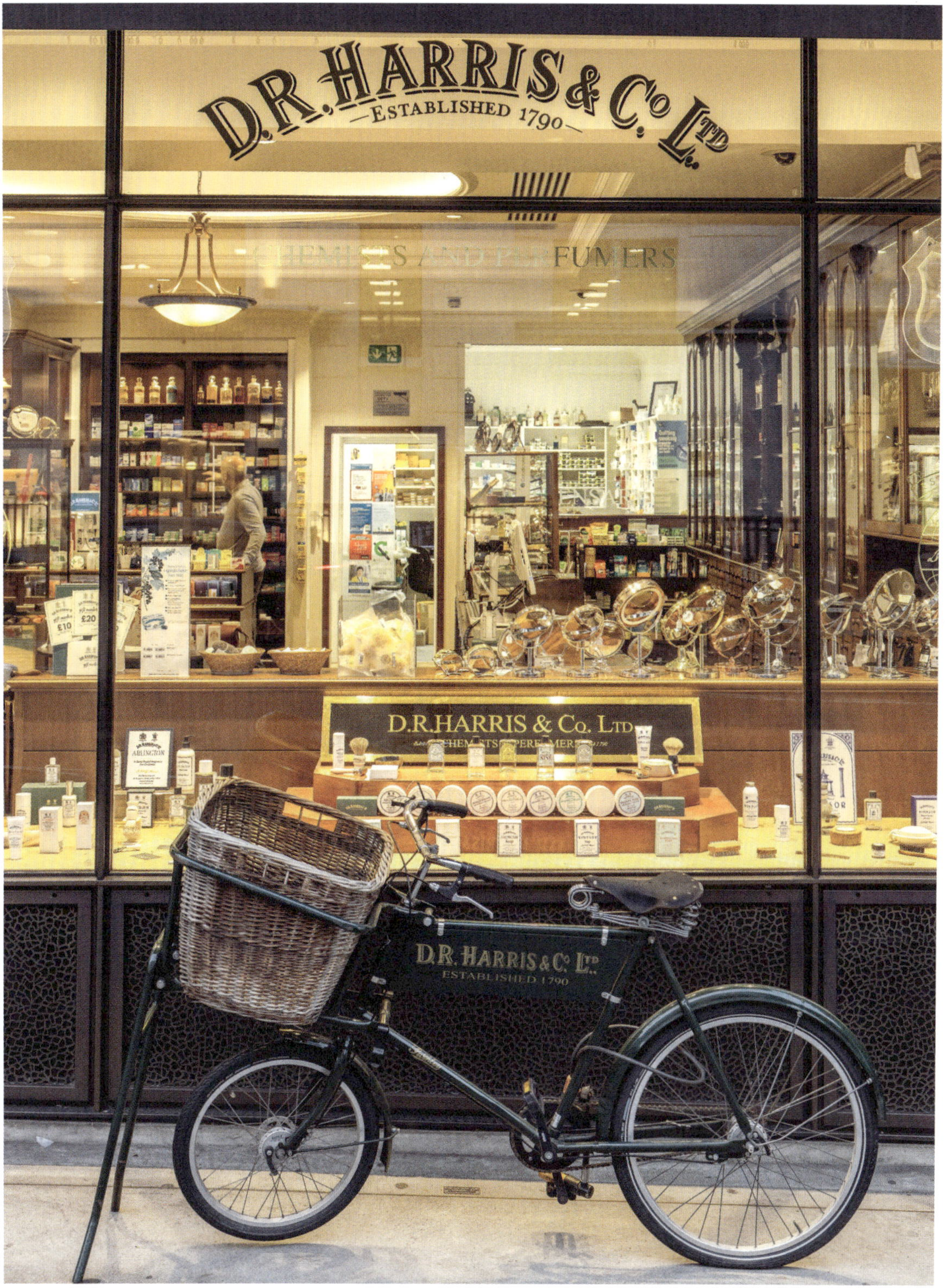
D.R. HARRIS & Co. Ltd
ESTABLISHED 1790
CHEMISTS AND PERFUMERS
D.R.HARRIS & Co. Ltd
D.R. HARRIS & Co. Ltd
ESTABLISHED 1790

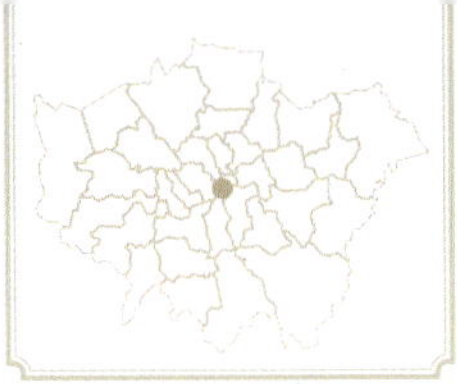



# Paxton & Whitfield

## L'art british du fromage

**Paxton & Whitfield** est la plus ancienne fromagerie de Londres. Ouverte en 1742 comme étal de fromages sur le marché d'Aldwych, elle se rapproche ensuite des quartiers chics en s'installant sur Jermyn Street.

**La réputation de la fromagerie** ne cesse de croître et, en 1850, elle a l'honneur d'être nommée fromager de Sa Majesté la reine Victoria. Ce fut le premier des nombreux mandats royaux que la société détient, jusqu'à Elizabeth II, et plus récemment Charles III.

**Un jour,** Winston Churchill a écrit « un gentleman achète [son fromage] chez Paxton & Whitfield » : il faut dire que la fromagerie se distingue en proposant une large gamme de fromages principalement britanniques (même si on pourra également y retrouver quelques fromages « du continent » en provenance de France et d'Italie).

**Quoi qu'il en soit,** la qualité étant au rendez-vous, c'est l'occasion de découvrir que, oui (en y mettant le prix) les Anglais aussi savent fabriquer du bon fromage artisanal.

93 Jermyn Street
Londres, SW1Y 6JE

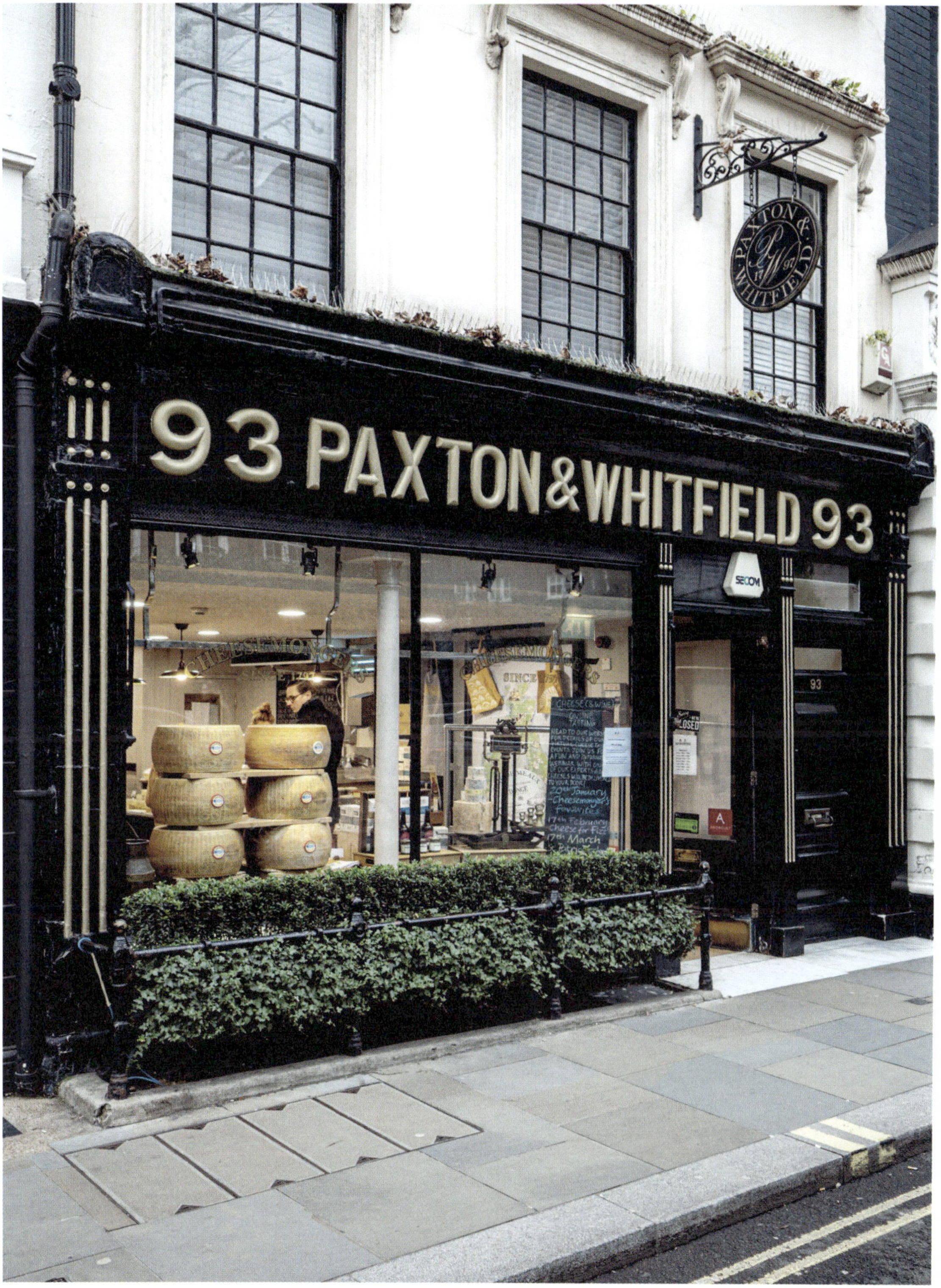
93 PAXTON & WHITFIELD 93
PAXTON & WHITFIELD
SECOM

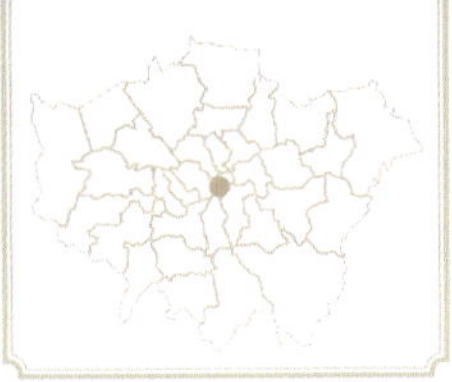



# Fortnum & Mason

## Les plaisirs gourmands

**Produits de beauté,** parfums, bijoux, sacs, papeterie, vins et spiritueux, thé et café, biscuits, chocolat, le tout réuni dans des paniers garnis extraordinaires... Depuis 1707, Fortnum & Mason est une véritable caverne d'Ali Baba où l'on peut trouver des cadeaux à offrir à ceux qu'on aime. Même Charles Dickens, dans un texte de 1845, fait mention du magasin : « Fortnum and Mason, à Piccadilly, est toujours un magasin magnifique et étonnant, rempli des plaisirs gourmands du monde entier. »

**Leurs paniers garnis** ont fait sa réputation à travers le monde et les anecdotes fleurissent au gré des plus de trois cent ans d'histoire de l'autoproclamée « plus célèbre épicerie du monde ». Des débuts aux services de la reine, aux secrets du thé Royal Blend commandé par Edouard VII, en passant par les grandes guerres et l'ascension du mont Everest, l'histoire de Fortnum & Mason est intimement liée à celle du Royaume-Uni. **Un incontournable !**

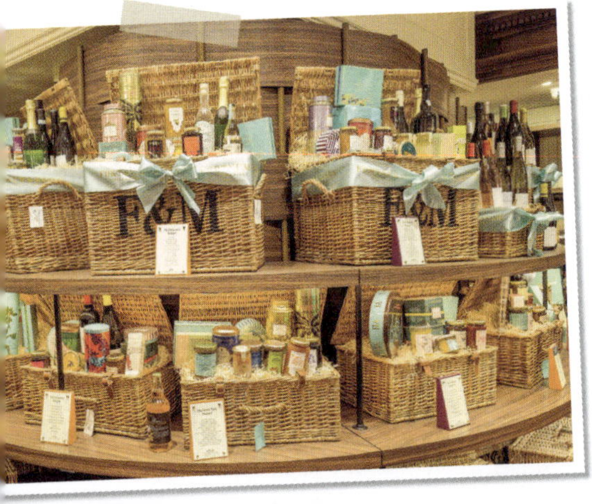


**181 Piccadilly**
**Londres, W1A 1ER**

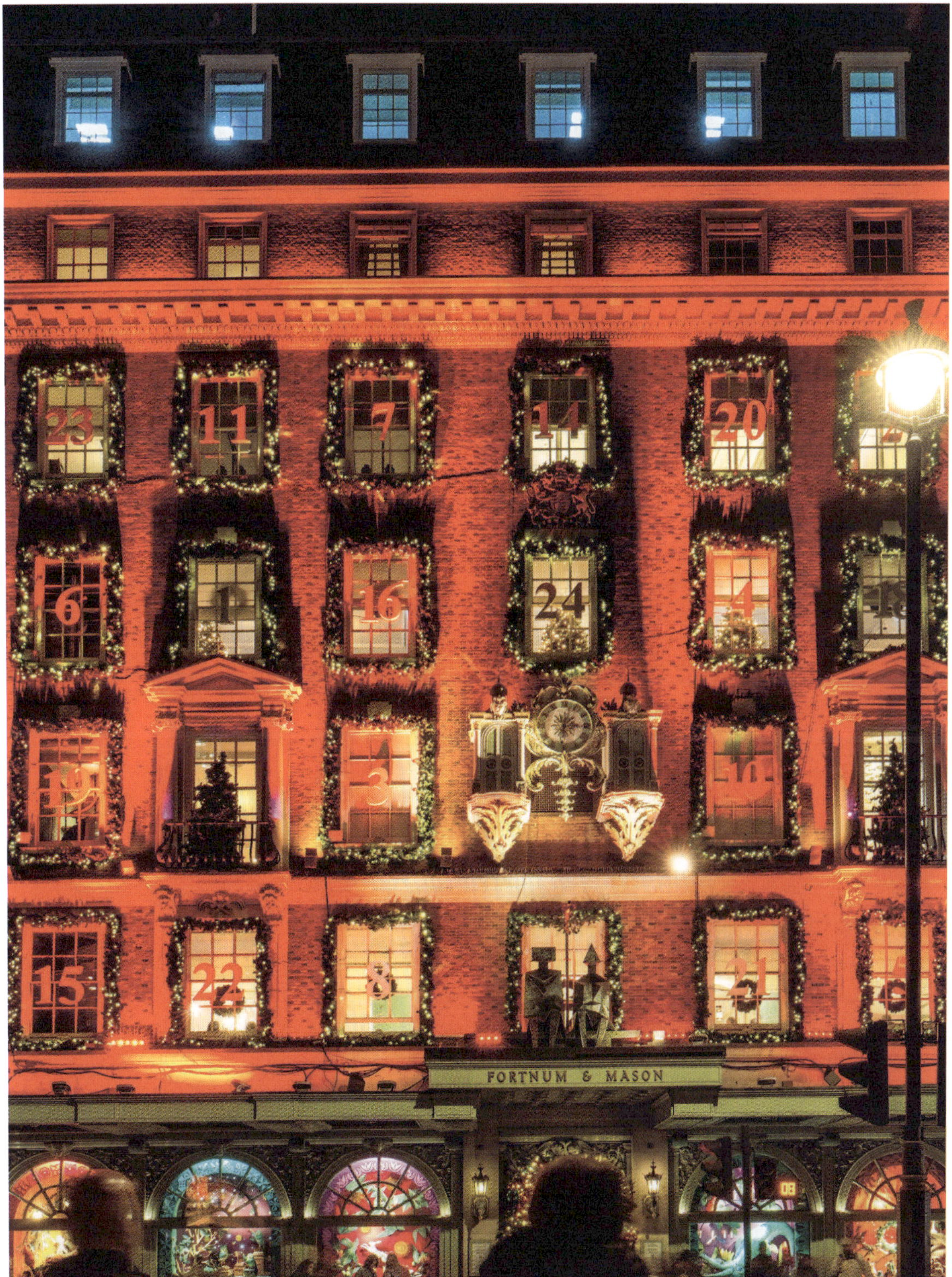
FORTNUM & MASON

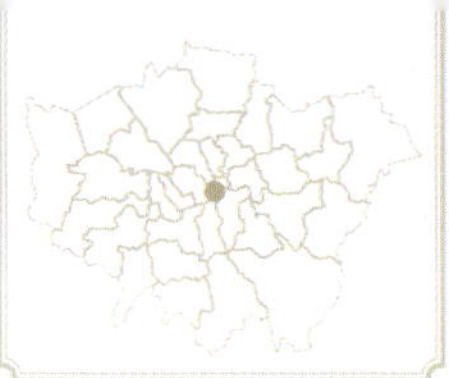



# Berry Bros. & Rudd

## Un ancien négociant en vin

**Bienvenue chez le plus prestigieux** et le plus ancien négociant en vin du Royaume-Uni ! Berry Bros. & Rudd vous contemple du haut de ses plus de trois cent ans d'histoire et ses deux mandats royaux, l'un pour le roi d'Angleterre et l'autre pour le prince de Galles. Cette distinction ultime, signifiant que l'entreprise est un fournisseur officiel de la famille royale, est une marque de prestige attestant de la qualité des produits proposés et « validés » par la Couronne britannique.

**Fondé en 1698, Berry Bros. & Rudd** est une véritable caverne d'Ali Baba pour les amateurs de vins et spiritueux, avec plus de cinq mille références venues du monde entier et sélectionnées par les meilleurs sommeliers du pays. Un lieu mythique où déambuler dans les différentes salles d'exposition à la recherche du nectar qui saura égayer vos futurs repas. Le personnel hautement qualifié saura vous guider dans ce labyrinthe des plaisirs coupables.

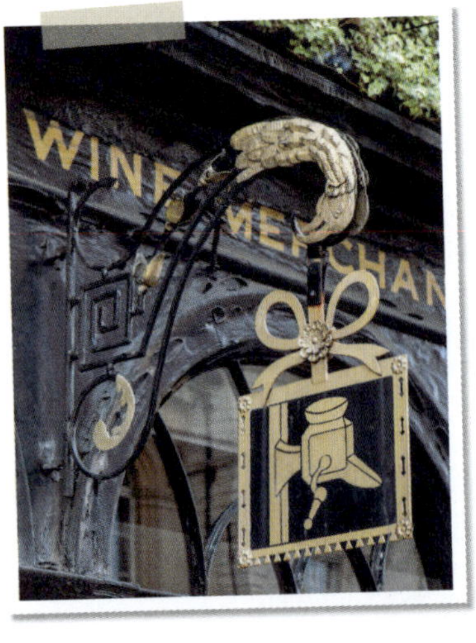

63 Pall Mall
Londres, SW1Y 5HZ

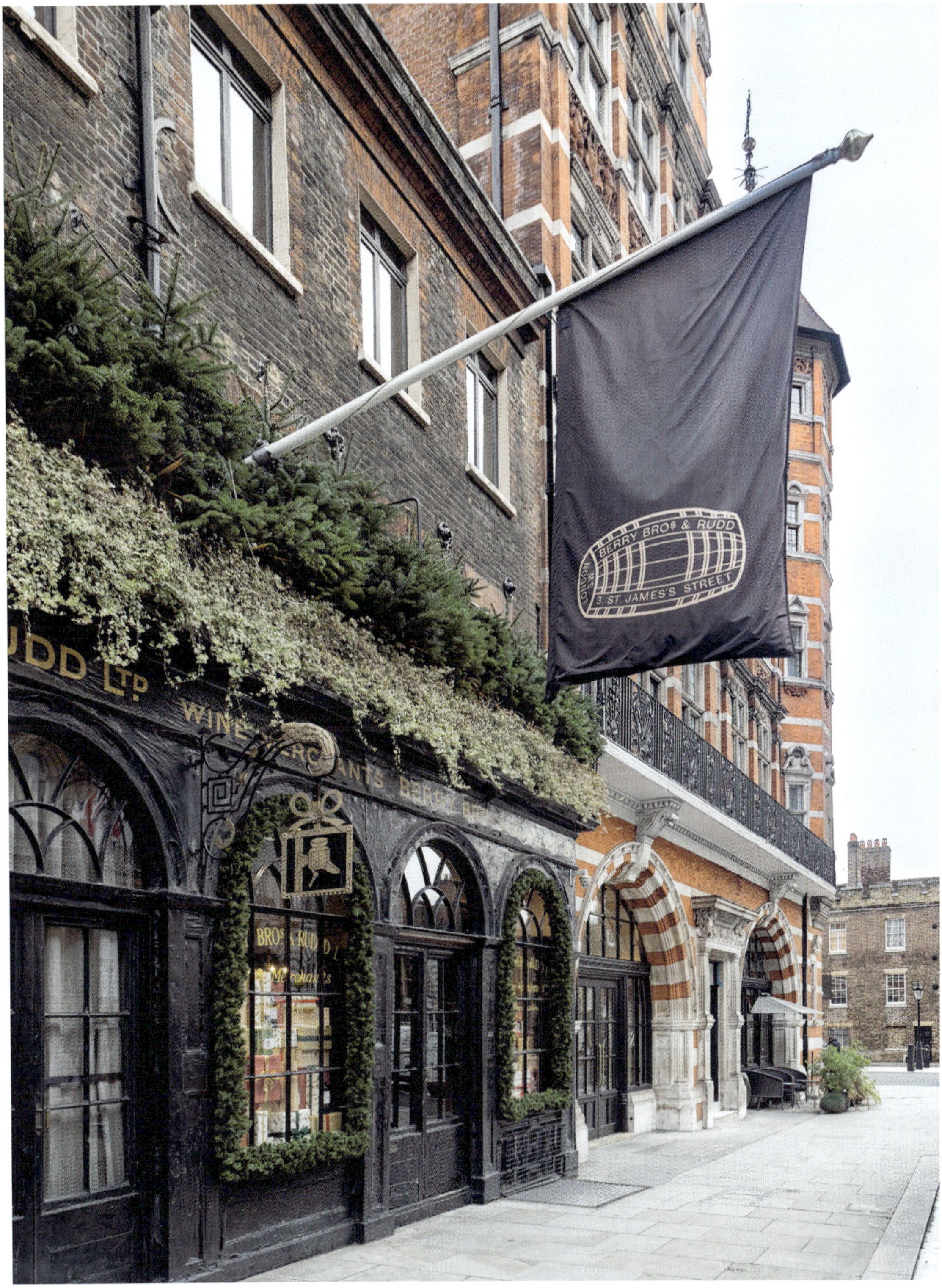
BERRY BROS & RUDD
3. ST JAMES'S STREET

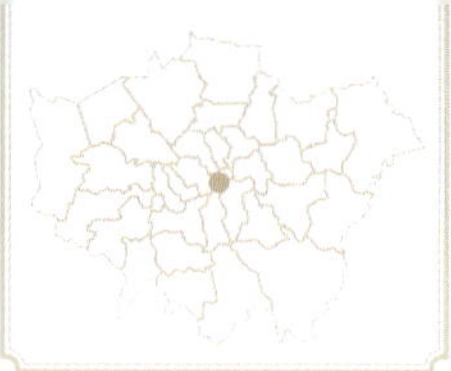



# James J. Fox

## Cigares en majesté

**Vous entrez ici** chez le plus ancien marchand de cigares du monde ! Ouverte en 1787 par Robert Lewis, pionnier du commerce du tabac à Londres, la boutique propose une sélection unique de prestigieuses marques.

**En 1992,** la famille Fox, autre grand acteur du secteur, rachète l'entreprise de Robert Lewis, réunissant ainsi deux des noms les plus respectés dans le monde du cigare. Curiosité, le magasin phare de la rue St. James fait partie des rares lieux publics à être exemptés de l'interdiction de fumer. Il est donc possible d'y « goûter » des échantillons avant achat, tout en s'asseyant dans le siège que Winston Churchill utilisait lorsqu'il venait renouveler son stock de cigares.

**Au sous-sol,** on trouve un petit musée gratuit ouvert au public avec de nombreux objets exposés, dont la plus ancienne boîte de cigares Havana du monde, datant de la Grande Exposition de 1851.

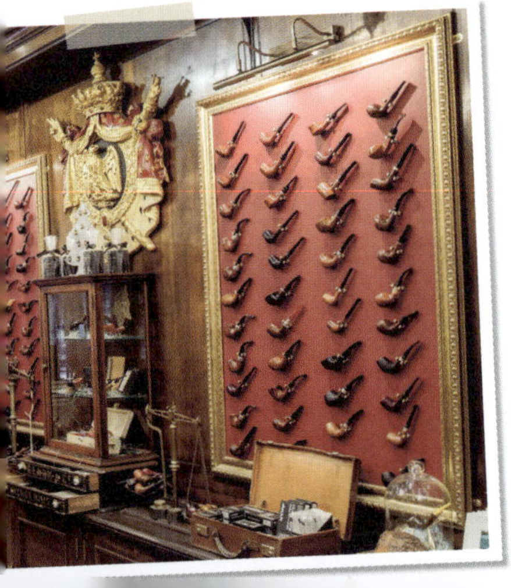

19 Saint James's Street
Londres, SW1A 1ES

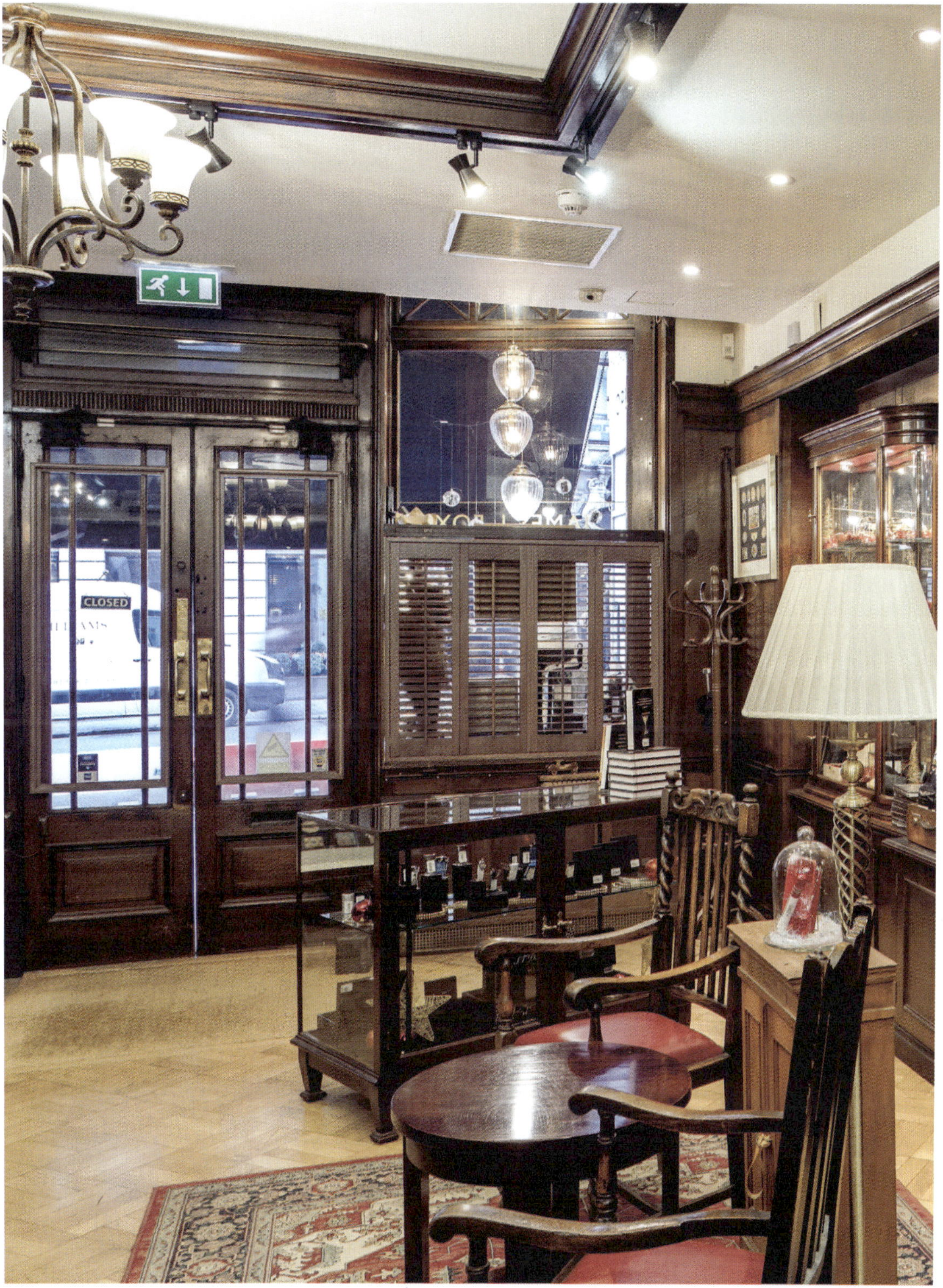
CLOSED

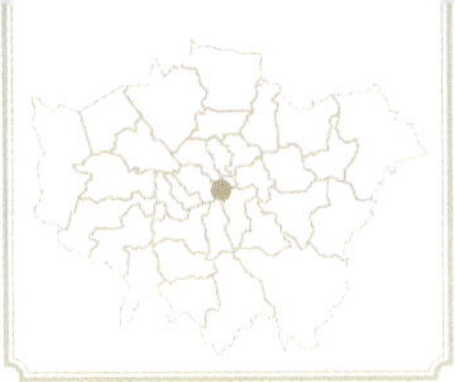



# Lock & Co.

## Le plus ancien magasin de Londres !

**Fondé en 1676,** Lock & Co. est à la fois le plus ancien magasin de Londres et le plus ancien magasin de chapeaux au monde !

**Détenteur de nombreux mandats royaux,** Lock & Co. est peut-être plus célèbre pour avoir créé le chapeau anglais par excellence : le chapeau melon. Commandé par Edward Coke, le neveu du comte de Leicester, qui souhaitait un chapeau de protection pour les gardes-chasse de son domaine, le chapeau melon est devenu l'accessoire inimitable des Londoniens.

**Aujourd'hui, le « Coke » reste l'un des chapeaux** les plus emblématiques de Lock & Co., porté par Patrick Macnee dans la série *Chapeau melon et bottes de cuir* ou par John Cleese dans les Monty Python. Mais le plus célèbre des clients de Lock & Co. restera sans doute Charlie Chaplin, qui y commandera régulièrement ses iconiques chapeaux à partir de 1952. Aujourd'hui, on s'y procure des chapeaux sur mesure de la meilleure qualité dans une ambiance *so british* !

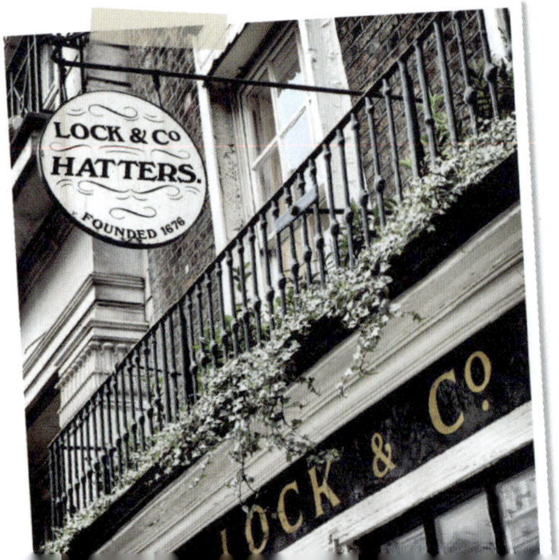


6 Saint James's Street
Londres, SW1A 1EF

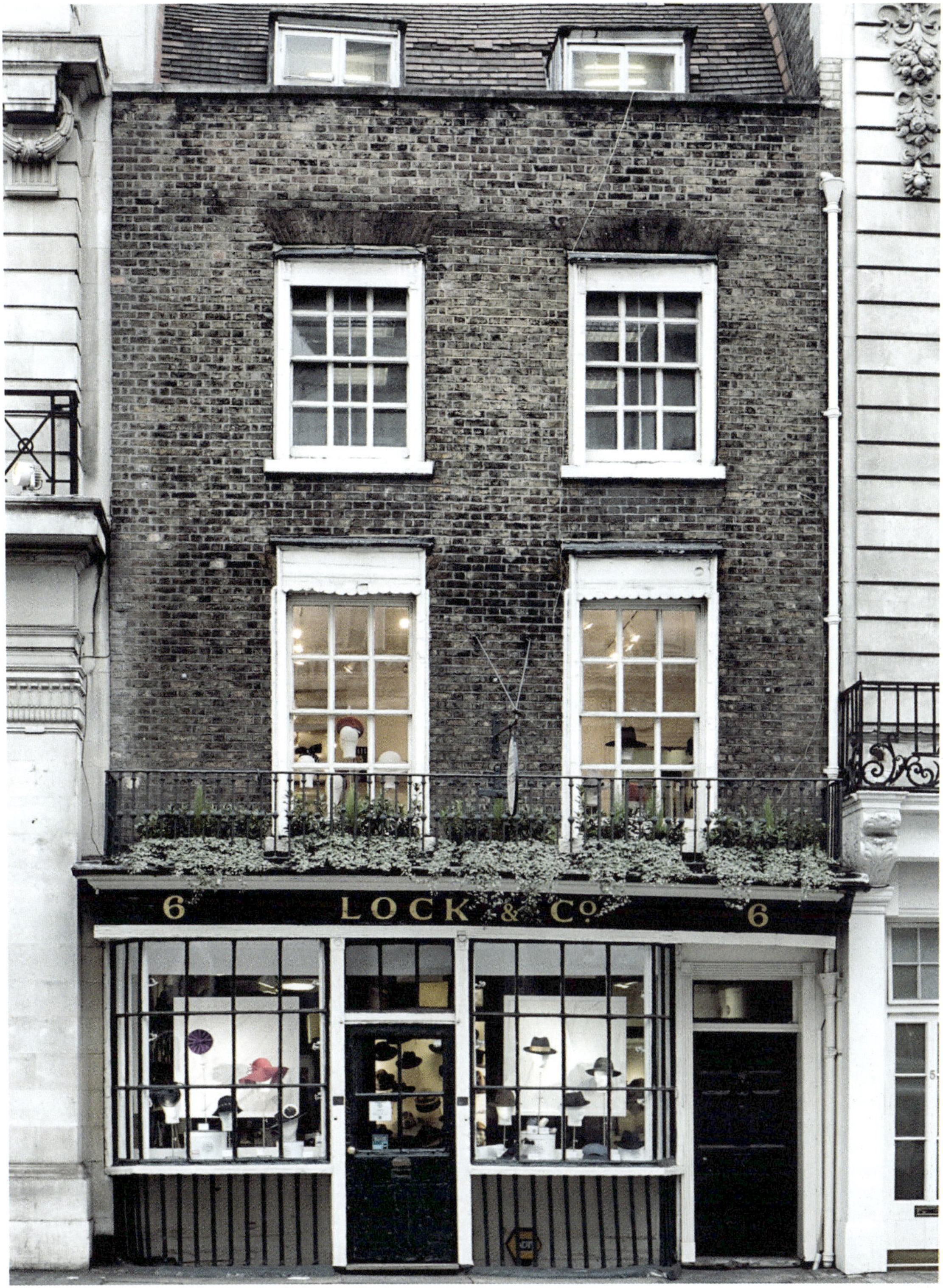
6
LOCK & Co.
6

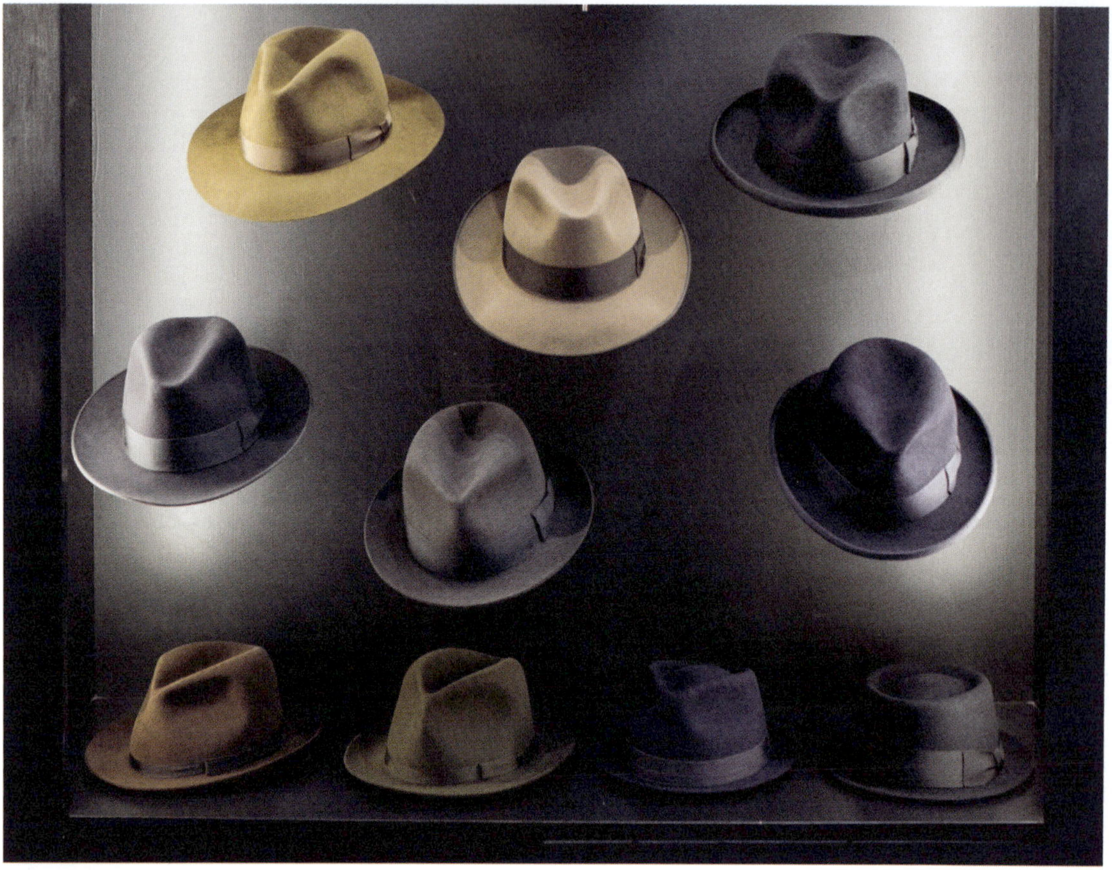

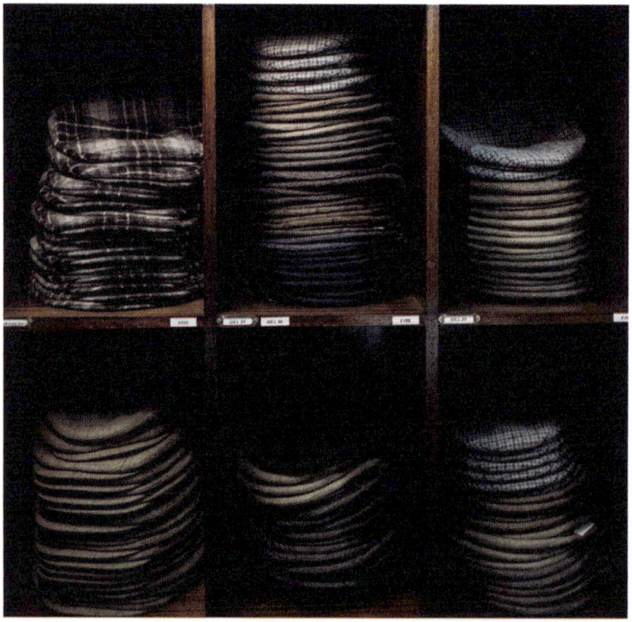

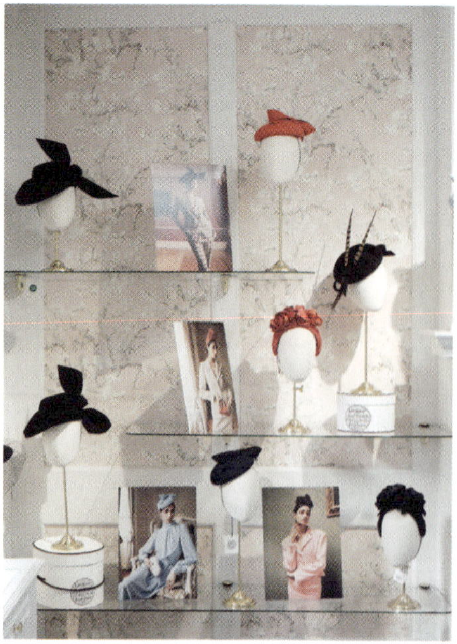

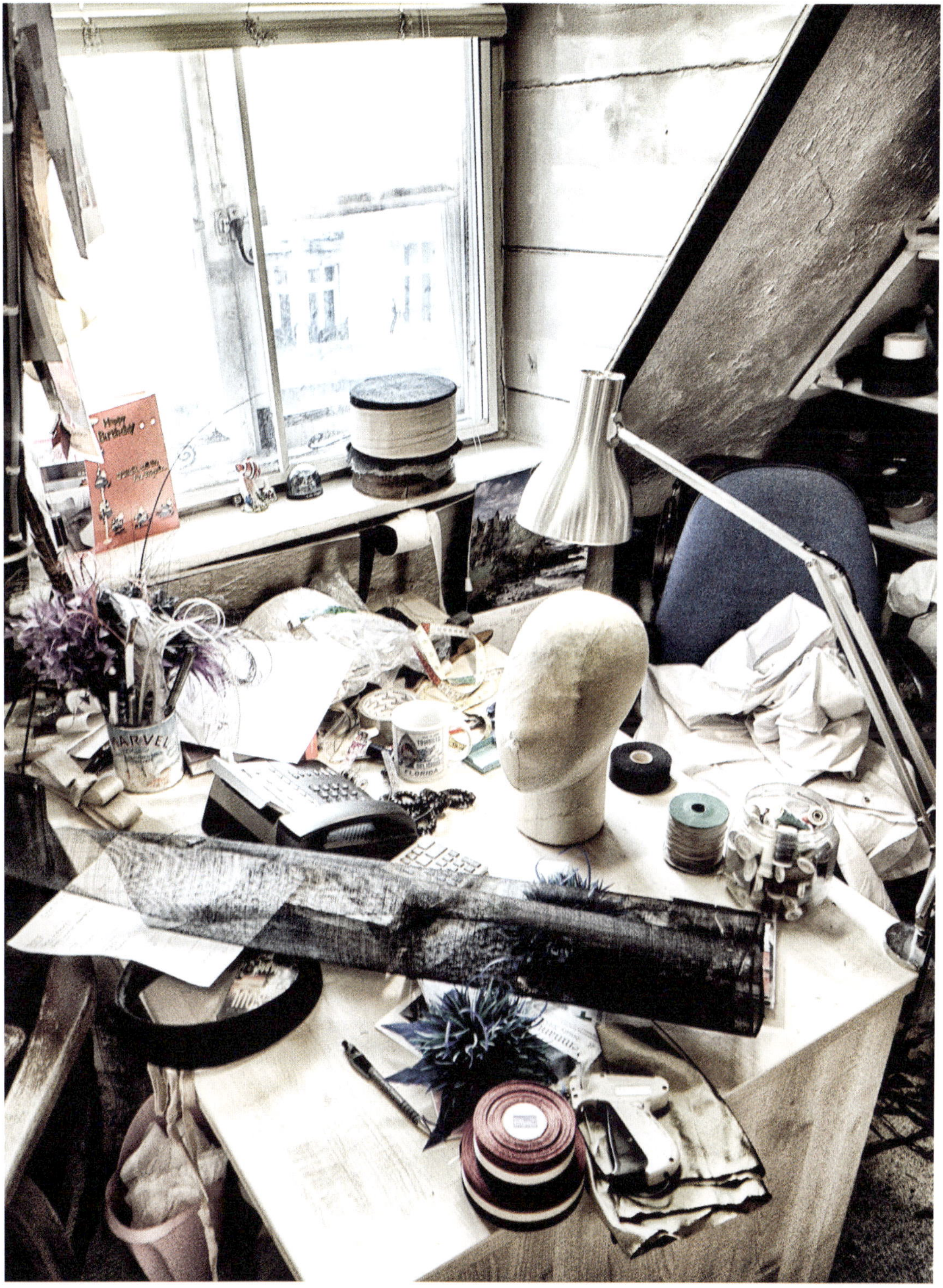
Happy Birthday
MARVEL
FLORIDA

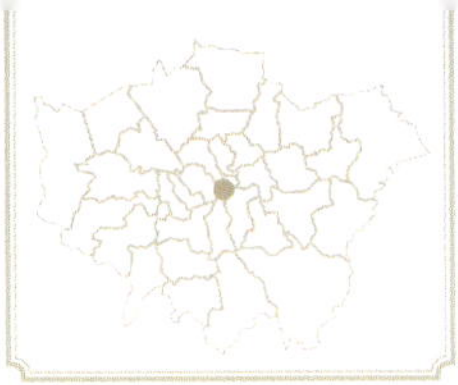



# John Lobb

## Chaussures sur-mesure

**La légende raconte** que John Lobb, jeune fermier des Cornouailles, après avoir été rejeté par tous les grands chausseurs londoniens, s'est installé en Australie pour fabriquer des bottes aux prospecteurs d'or. En 1863, il envoya au futur roi Édouard VII une paire de bottes d'équitation d'une telle qualité qu'il reçut un mandat royal entraînant succès et ouverture d'une première boutique à Londres dès 1866.

**Aujourd'hui,** c'est la cinquième génération de Lobb's qui poursuit l'entreprise fondée sur les valeurs de l'artisanat et du sur-mesure comme antidotes à la production de masse industrielle. En effet, ici, pas de chaussures standardisées, tout est fabriqué à la main.

**Dans la vitrine** sont exposées les formes de chaussures d'anciens clients célèbres, comme Duke Ellington et Franck Sinatra. Il est possible de venir avec une idée précise de chaussure et Lobb se charge d'y donner vie. La fabrication d'une paire de chaussures peut durer jusqu'à huit mois pour un nouveau client !

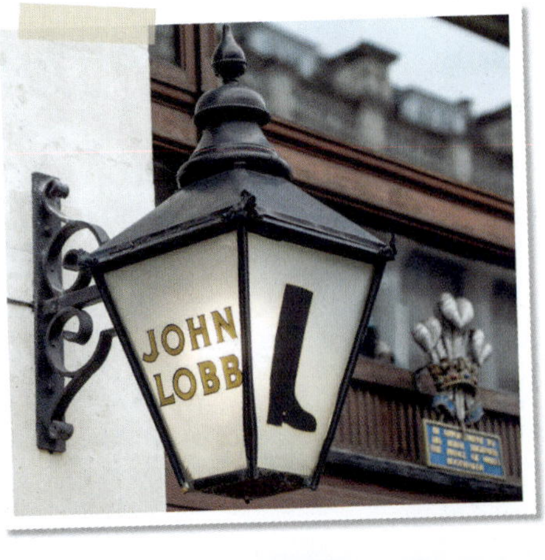


**9 Saint James's Street**
**Londres, SW1A 1EF**

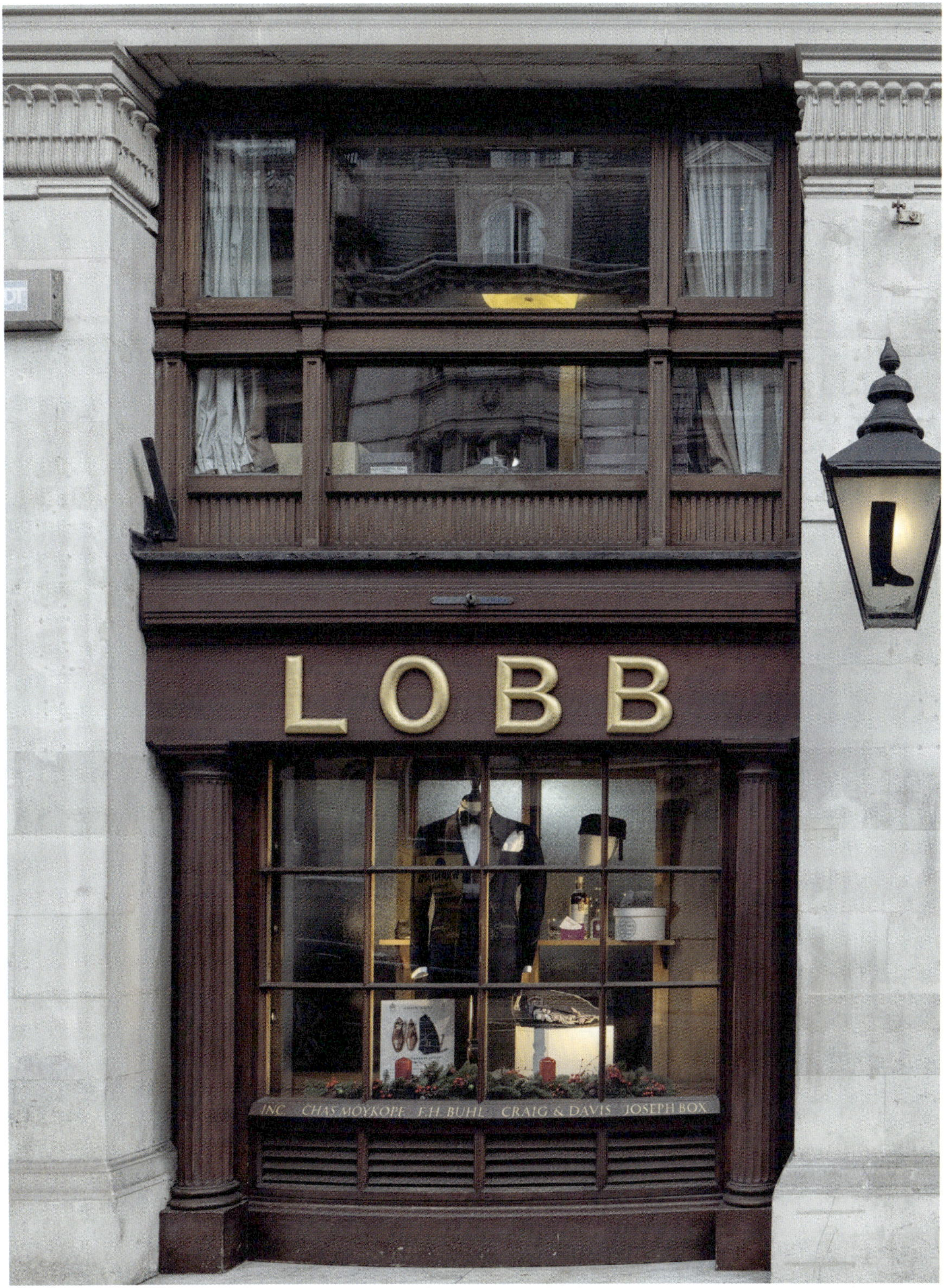
LOBB
INC. CHAS MOYKOPF F.H. BUHL CRAIG & DAVIS JOSEPH BOX

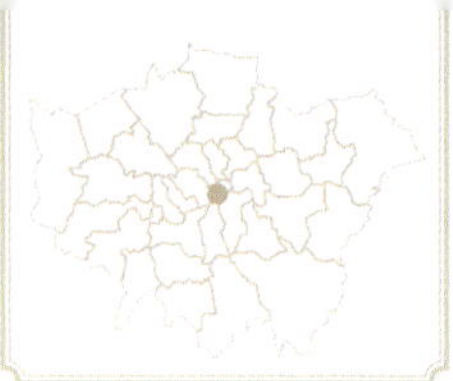



# Hatchards Bookshop

## UNE LIBRAIRE ROYALE

**VOICI LA PLUS ANCIENNE LIBRAIRIE DE LONDRES !** Fondée à la fin du XVIIIe siècle par John Hatchard, éditeur et militant anti-esclavagiste, elle occupe le numéro 187 de la célèbre rue Piccadilly depuis 1797 exactement.

**HATCHARDS BOOKSHOP** a rapidement attiré l'attention de la famille royale, et l'on raconte que la reine Charlotte, épouse du roi George III, en fut l'une des premières clientes. Depuis cette époque, la librairie a l'honneur de détenir deux mandats royaux attestant de la qualité du service et des références proposés. Une chose est sûre, après avoir vu passer plus de huit générations de clients, la connaissance et l'expertise des libraires de chez Hatchards sont immuables.

**DANS LES RAYONS,** livres rares et éditions limitées côtoient les derniers best-sellers, et dans les différents espaces de la librairie, événements littéraires et autres dédicaces d'auteurs sont régulièrement organisés.

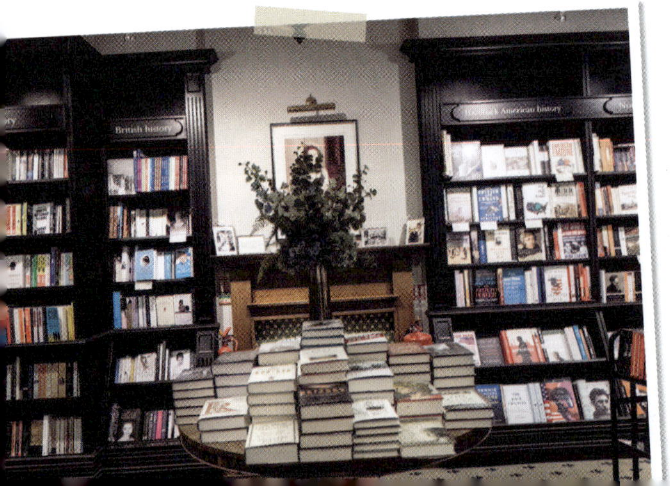


**187 PICCADILLY**
**LONDRES,**
**W1J 9LE**

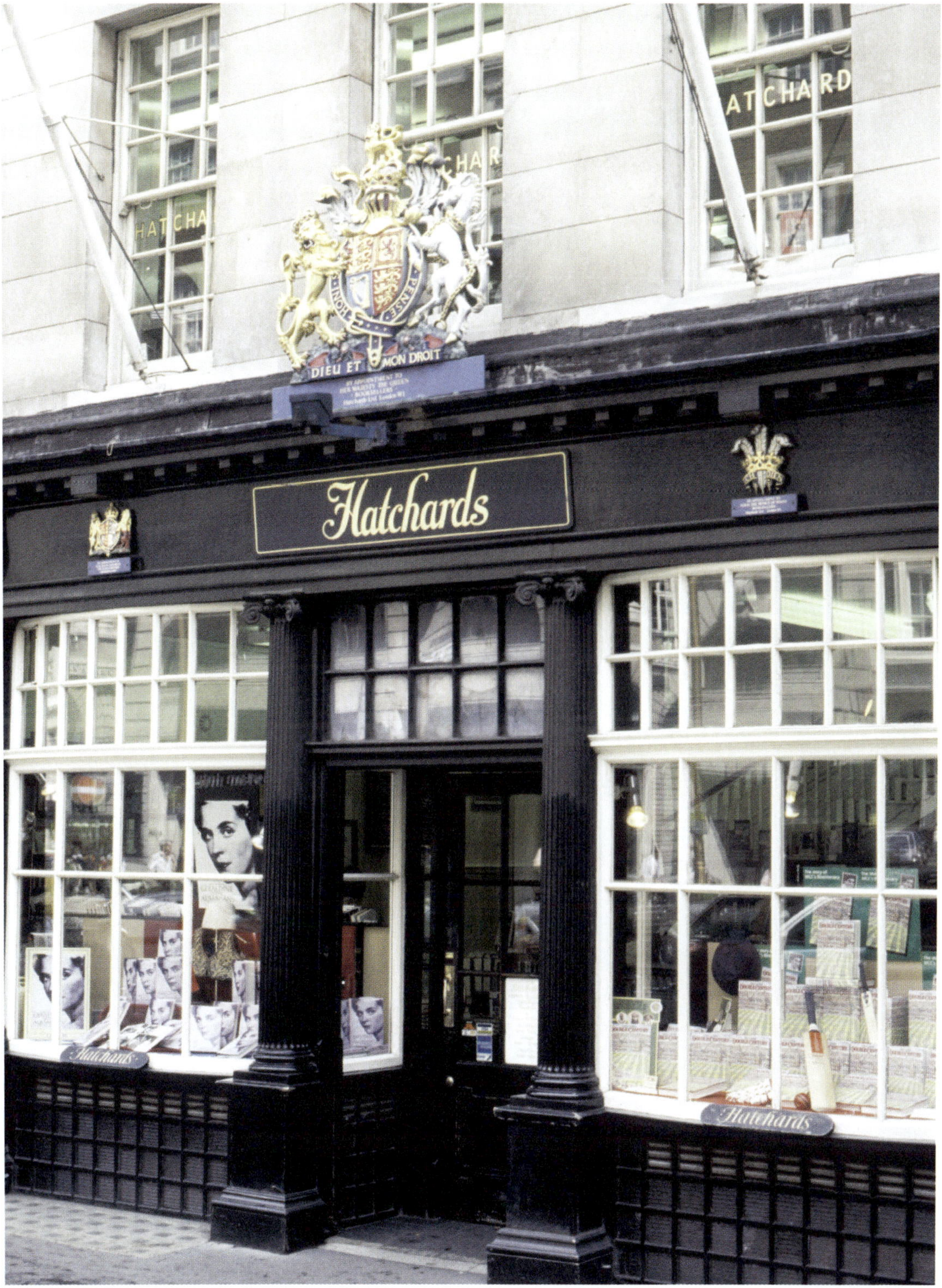
HATCHARD
DIEU ET MON DROIT
Hatchards
Hatchards
Hatchards

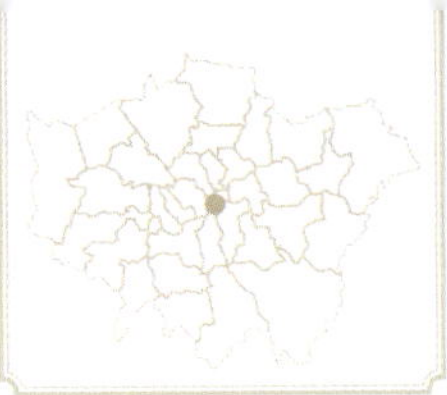



# Maison Assouline

## Un cabinet de curiosités

**Située dans un ancien hall de banque** conçu par Sir Edwin Lutyens en 1922, la maison Assouline est un lieu difficile à définir en un seul mot : librairie, concept store, showroom, boutique, café, bar, restaurant, salle d'exposition... c'est en tout cas un lieu entièrement dédié à l'univers élégant de la famille française Assouline, dont les parents, Martine et Prosper, sont les fondateurs de la maison d'édition du même nom créée au détour des années 1990.

**Spécialistes des « livres-objets »** et du marché de l'illustré, les éditions Assouline naviguent entre l'art, la mode, le luxe et les destinations touristiques en vogue. L'ambiance y est chic et choc, colorée et chaleureuse, avec un petit air de « cabinet de curiosité » où beaux livres, meubles design, objets en édition limitée et antiquités se mêlent.

**Chaque mois des expositions à thèmes** sont proposées sur les deux étages et la superbe mezzanine de l'immeuble.

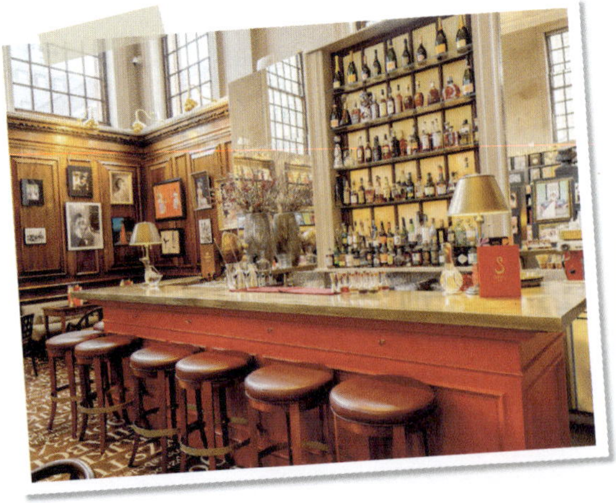

196A Piccadilly
Londres, W1J 9EY

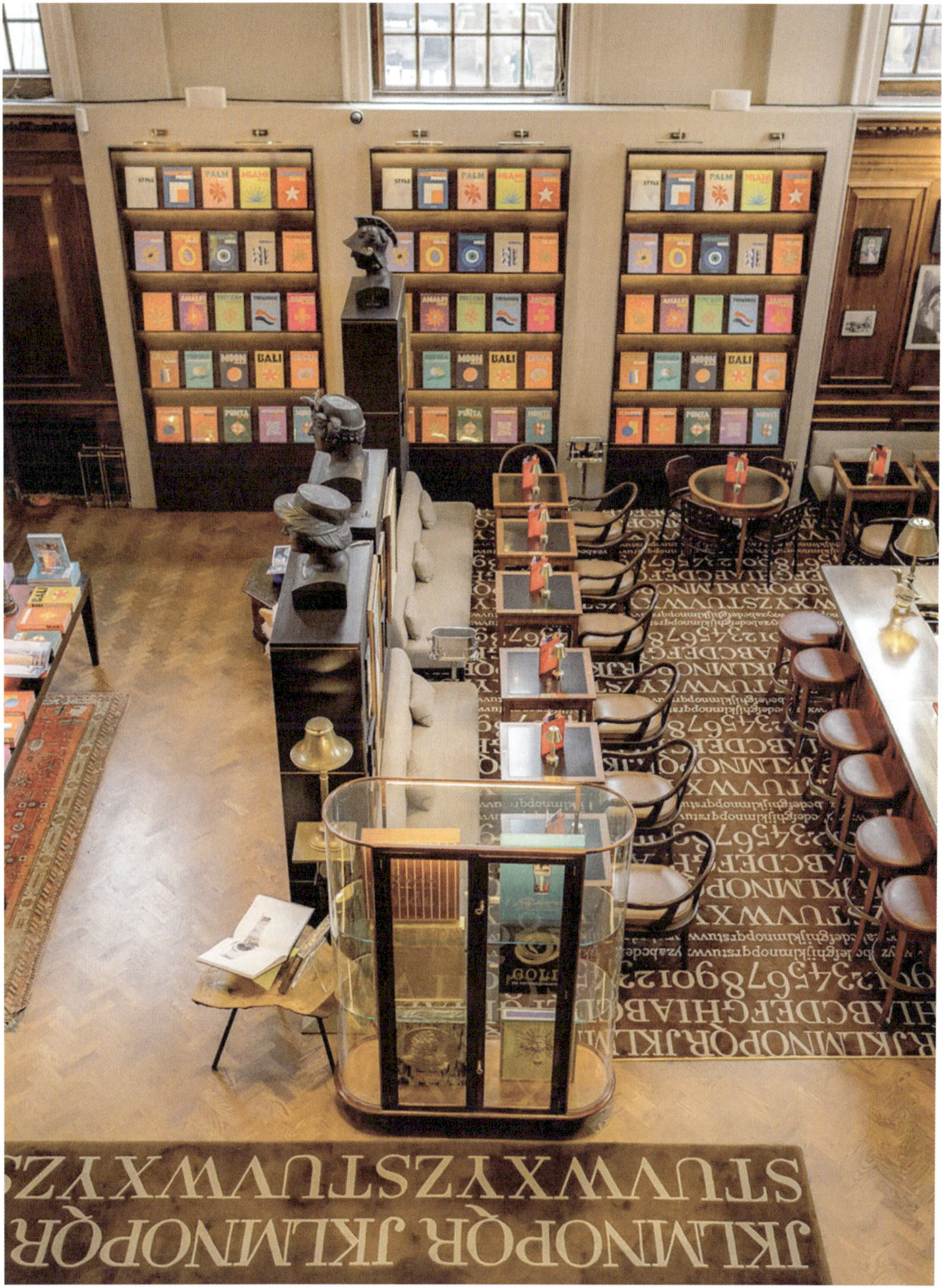
PALM
MIAMI
BALI

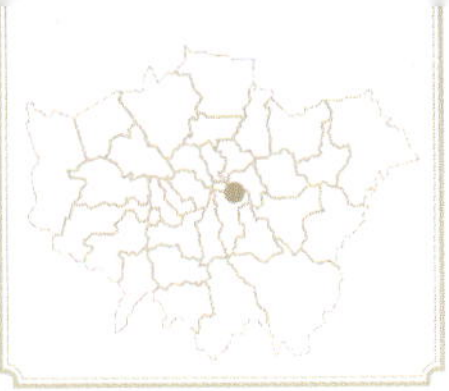



# Florattica

## Le pouvoir des fleurs

**Ce bar en rooftop** est situé au onzième étage de l'hôtel Canopy by Hilton London City, à l'est du quartier de la City. Avec son plafond orné de fleurs et ses sièges couverts d'imprimés floraux, il rend hommage à l'industrie textile de l'est de Londres et aux motifs des tissus en soie fabriqués par les huguenots français du XVIIe siècle.

**Le bien nommé Florattica** file la métaphore jusque dans sa carte des cocktails, aussi belle pour les yeux que savoureuse pour les papilles, proposant des alliances étonnantes comme une liqueur de violette au champagne.

**Vous pourrez également y profiter d'une vue sublime** sur les immeubles et monuments les plus emblématiques de la City, comme The Gherkin ou la cathédrale Saint-Paul. Côté cuisine, le restaurant propose des plats raffinés inspirés des codes du bistro à tapas où fraîcheur et finesse sont au rendez-vous. Le lieu parfait pour passer un moment en amoureux !

11-15 Minories
Londres, EC3N 1AX

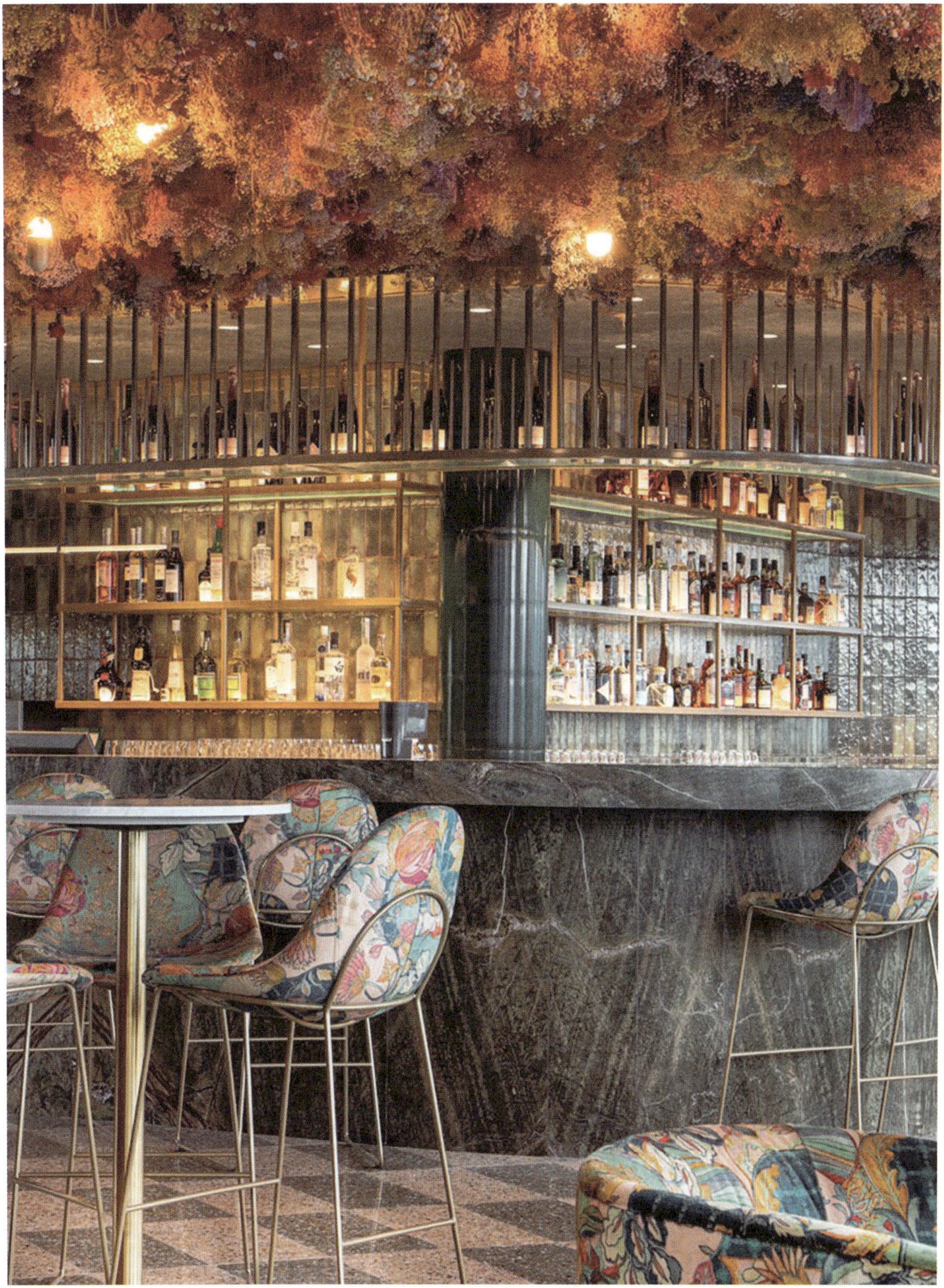

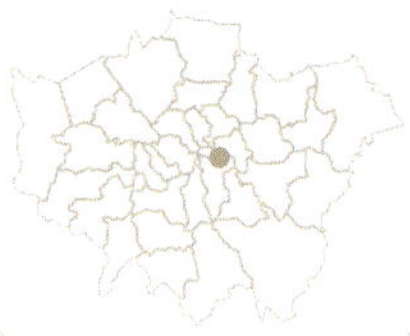



# Host Café

## Tea Time dans une église

**Au moment d'aller prendre un café,** pourquoi faire simple quand on peut faire grandiose ? Mais ici, nous ne parlons pas forcément du contenu de la tasse, mais du décorum exceptionnel qui vous laissera un souvenir marquant. Le Host Café se situe à l'intérieur de Saint Mary Aldermary, une église toujours en activité située au cœur de la City de Londres.

**Fondée il y a plus de 900 ans** par les moines bénédictins du prieuré de Christchurch Canterbury, cette église a été partiellement détruite lors du grand incendie de Londres en 1666, et reconstruite quelques décennies plus tard par le célèbre architecte Sir Christopher Wren, responsable également de la cathédrale Saint-Paul.

**Le Host Café** propose des cafés et des thés que vous pourrez accompagner de quelques friandises. Il est même possible de venir y travailler en réservant une table si vous souhaitez rester plus de 1 h 30 d'affilée. Une fois le café fermé, à partir de la fin d'après-midi et le week-end, l'activité religieuse de l'église reprend son cours.

St Mary Aldermary, 69 Watling Street
Londres, EC4M9BW

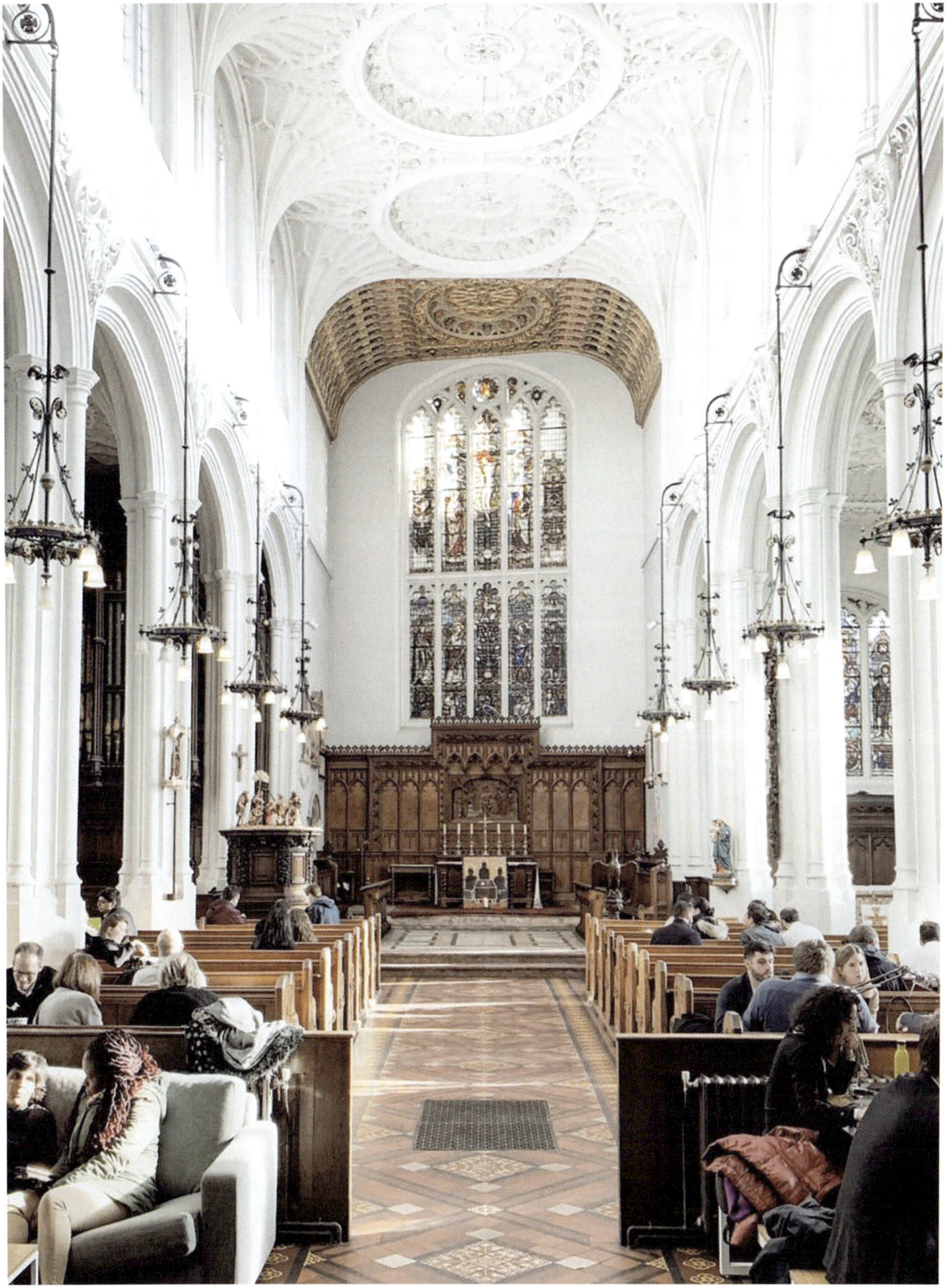

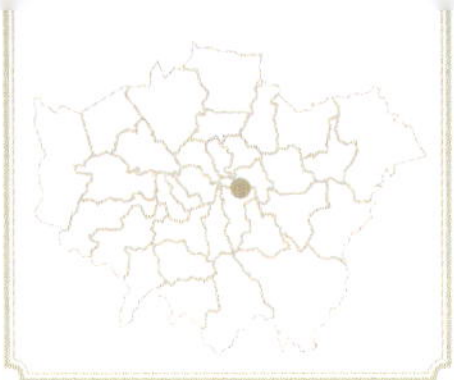



# Leadenhall Market

## Les ors de l'âge victorien

**À la croisée de trois rues** du quartier des affaires de la City, le Leadenhall Market est un des plus beaux passages couverts de Londres, et l'un des plus vieux marchés de la capitale. À l'origine construit sur l'emplacement d'une ancienne basilique romaine, il accueillait au Moyen Âge un marché de viande où l'on pouvait également acheter du cuir.

**La légende raconte que son nom,** « Leadenhall », viendrait de « Leather-hall », la « Halle du cuir ». En 1881, le marché est rénové pour faire place à l'édifice victorien actuel, bâti en fer forgé et en verre, qui abrite aujourd'hui une quinzaine de boutiques haut de gamme et une vingtaine de pubs et restaurants.

**Pour les fans de la série *Harry Potter*,** le Leadenhall Market a servi de décor pour le Chemin de Traverse (*Diagon Alley*, en anglais). Les plus perspicaces reconnaîtront la porte bleue du magasin d'optique situé dans Bull's Head Passage : c'est la porte d'entrée du pub des sorciers, le Chaudron Baveur !

Gracechurch Street
Londres, EC3V 1LT

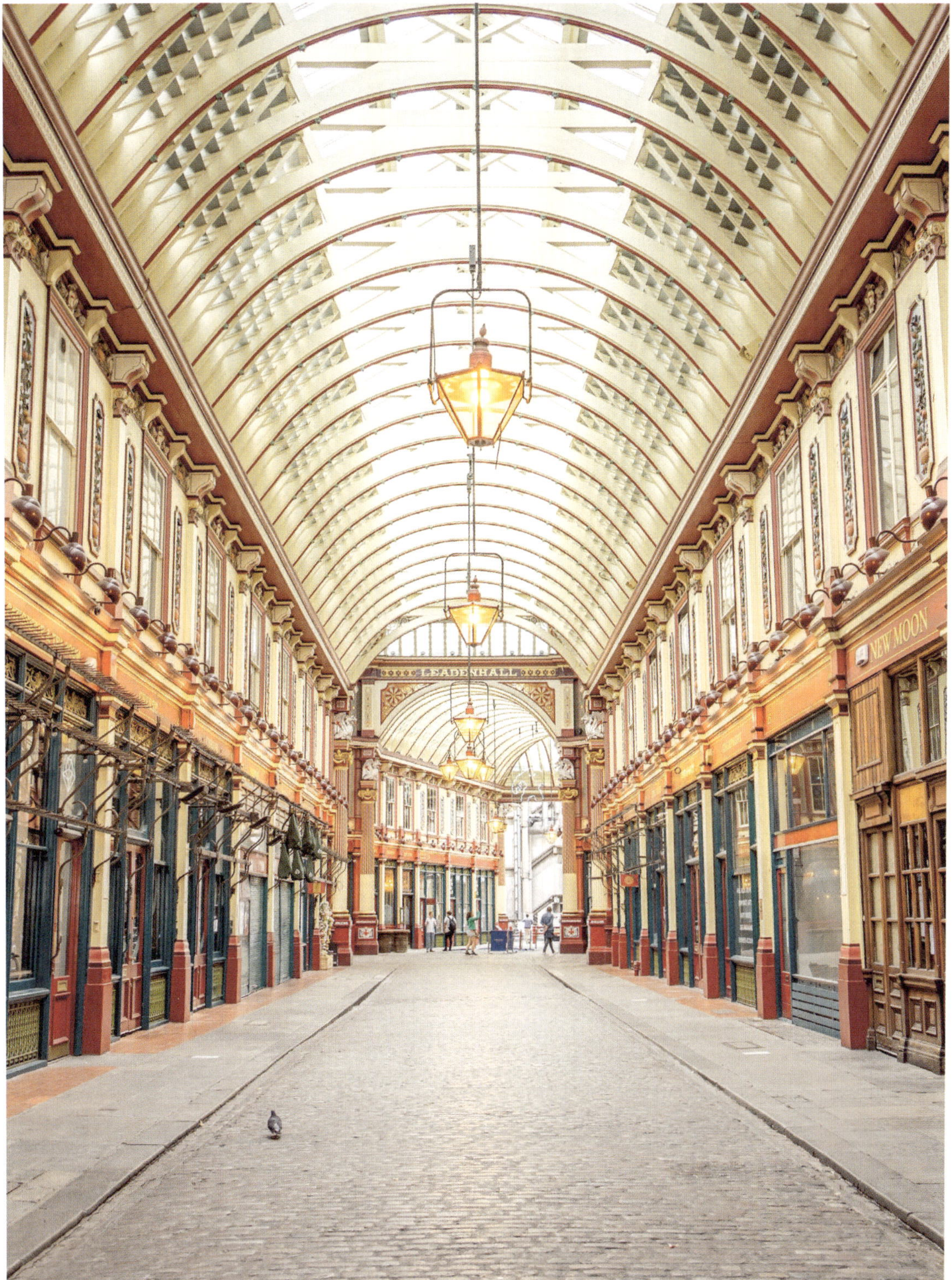
LEADENHALL
NEW MOON

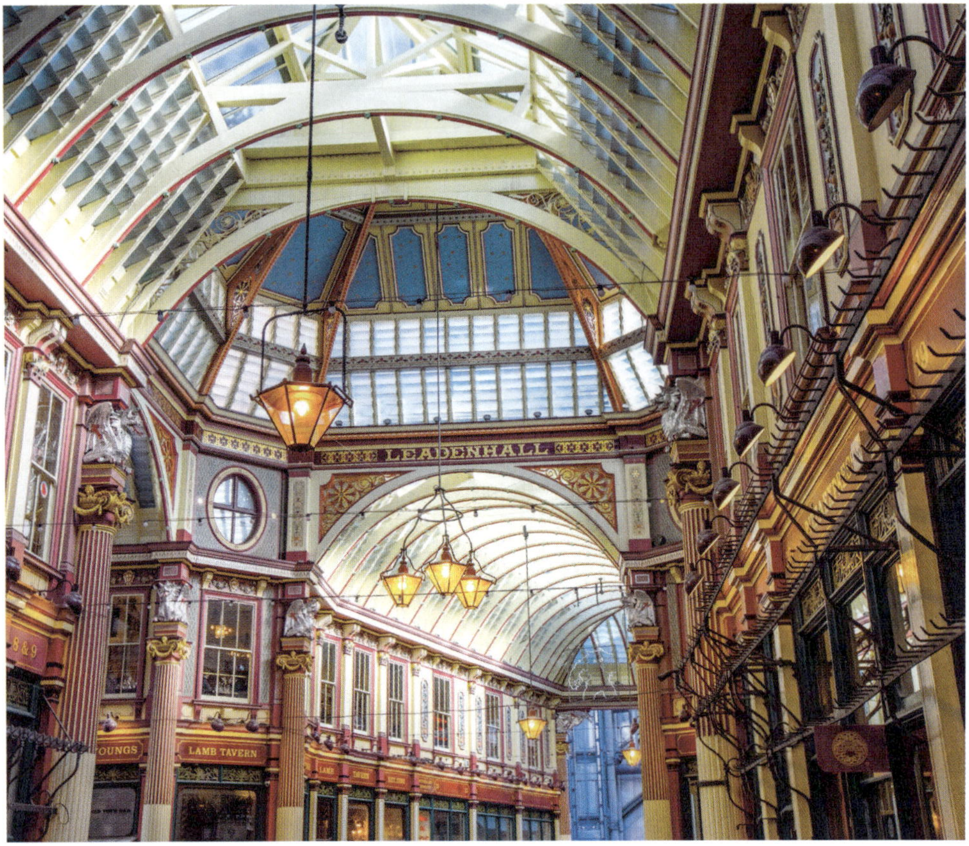
LEADENHALL
LAMB TAVERN
YOUNGS
8&9

3

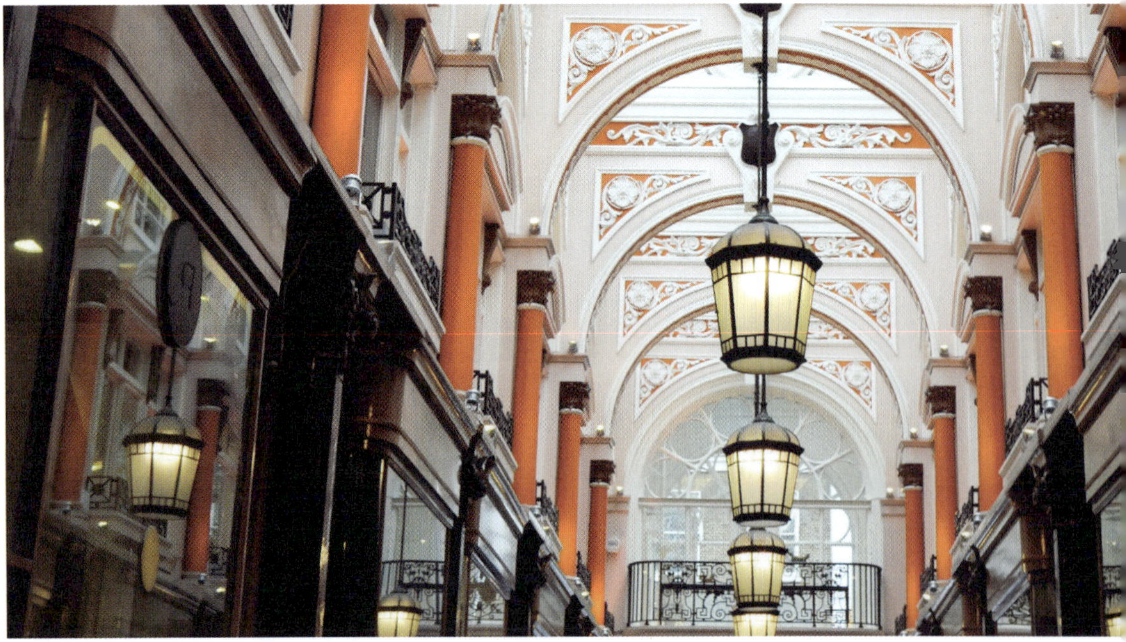

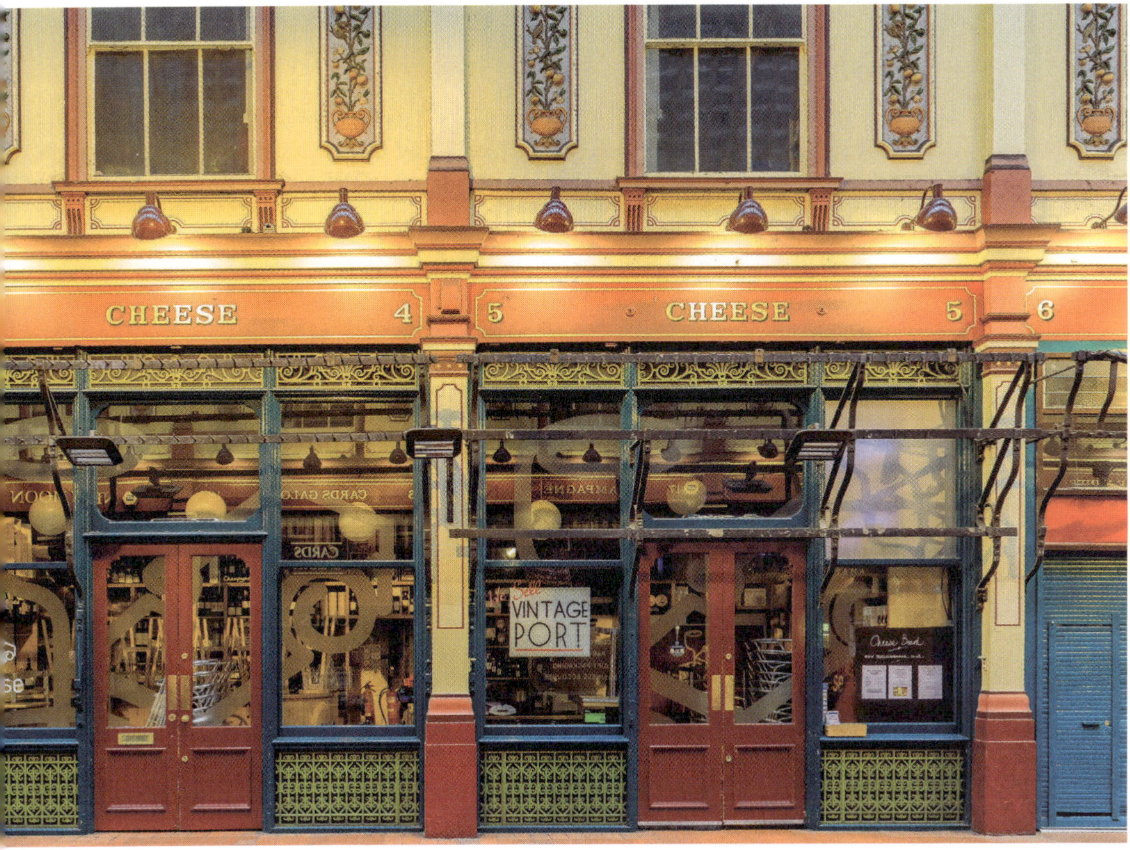
CHEESE
4
5
CHEESE
5
6
VINTAGE
PORT

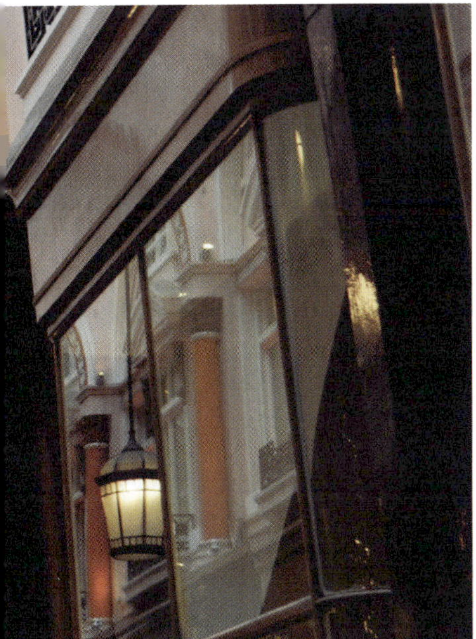

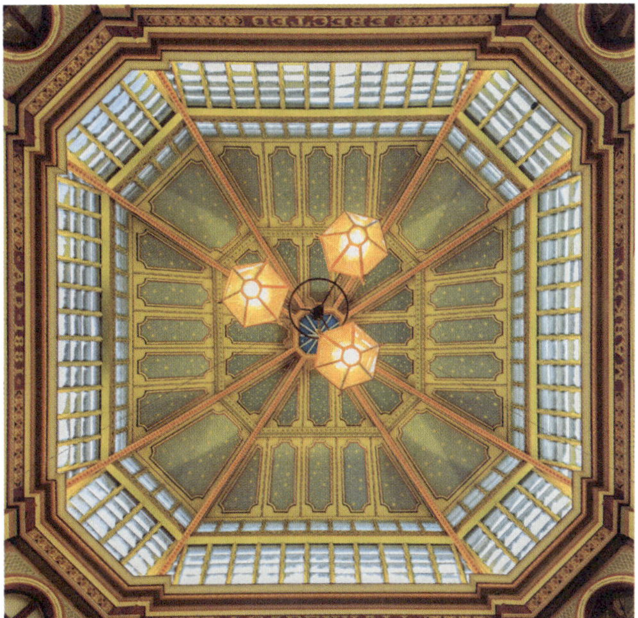

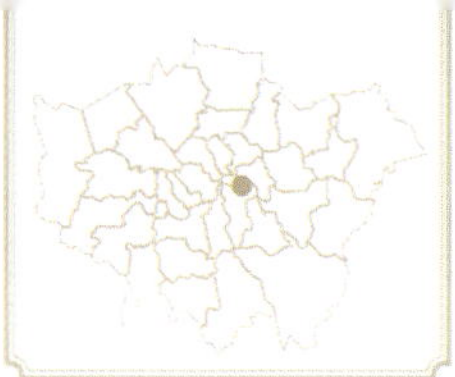



# The Royal Exchange

## Le temple du luxe

**Dès 1571,** la reine Elizabeth Ire ouvre le premier marché financier d'Angleterre à l'emplacement même du bâtiment actuel. Suite à différents incendies, le Royal Exchange sera détruit puis reconstruit plusieurs fois et, en 1844, Sir William Tite reprend les plans originaux du bâtiment en y ajoutant une façade à huit colonnes inspirée du Panthéon de Rome.

**Le bâtiment est officiellement inauguré** par la reine Victoria la même année. Après la Seconde Guerre mondiale, la bourse de Londres va déménager, laissant l'immeuble en désuétude.

**En 2001,** le bâtiment est profondément remodelé par l'architecte Aukett Fitzroy Robinson afin d'accueillir une trentaine de boutiques de luxe (Hermès®, Tiffany & Co.®, Jo Malone®, etc.) et une quinzaine de restaurants. Le Royal Exchange se transforme en un temple du luxe, du shopping et de la gastronomie. Pour la petite histoire, le 10 septembre 2022, la proclamation du roi Charles III a eu lieu sur les marches du Royal Exchange.

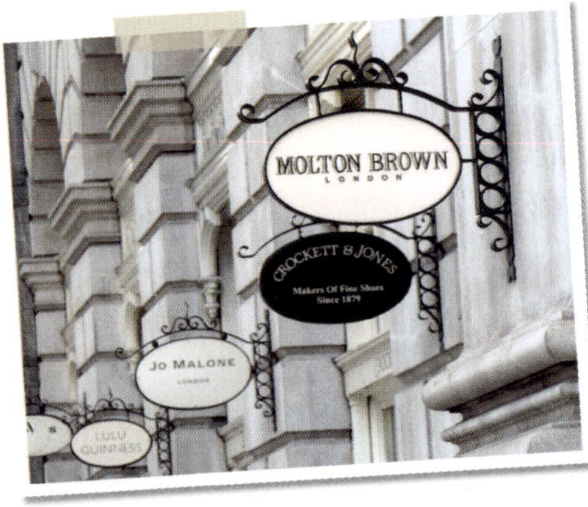


**Royal Exchange**
**Londres, EC3V 3LL**

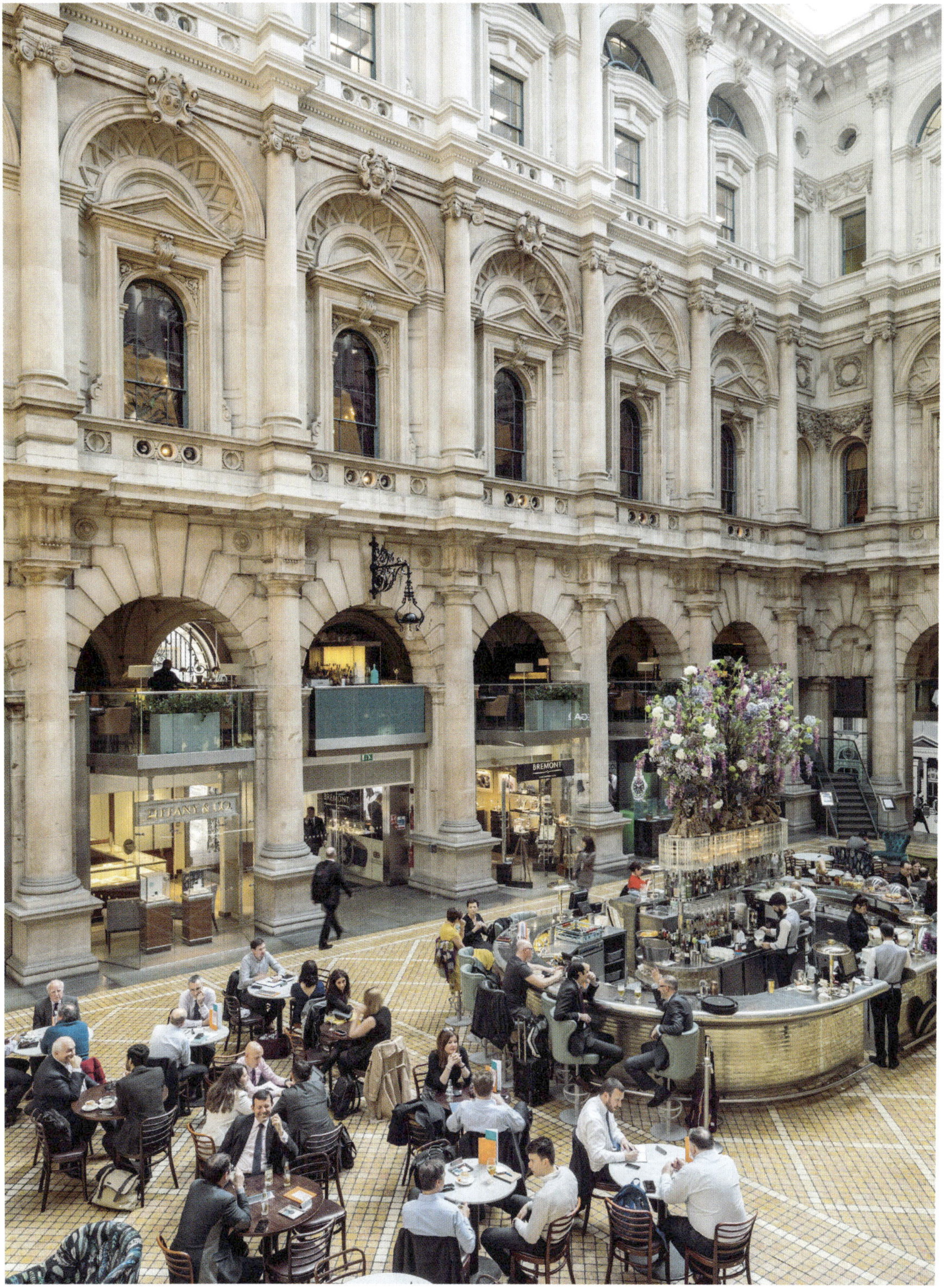
TIFFANY & CO.
BREMONT

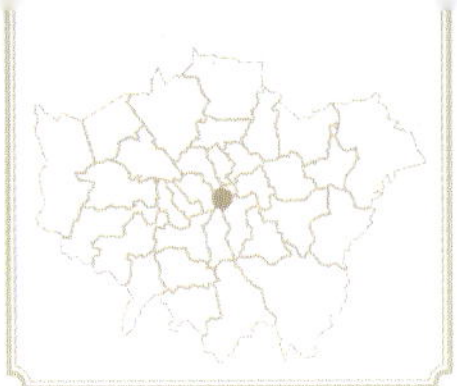

SOHO

# Goldsmith Vintage

## VINTAGE STORIES

**LORS DE SA CRÉATION EN 1990,** Goldsmith Vintage n'était qu'un petit stand de marché sur Brick Lane. Depuis, l'établissement s'est développé pour devenir le Q.G. de tous ceux qui aiment les trouvailles vintage.

**PIONNIER DE L'ÉCONOMIE CIRCULAIRE,** avec plus de trente tonnes de vêtements récupérés annuellement, Goldsmith Vintage a fait sa réputation sur sa riche sélection de vêtements de marques telles que Levis®, Adidas®, Lacoste®, Nike®, Burberry®, Valentino®, Prada®, Louis Vuitton®, etc.

**SON LIEN AVEC LA COMMUNAUTÉ LGBTQ+** affirme son goût pour une esthétique révolutionnaire, ainsi que son engagement fort en faveur de l'inclusivité. Des lunettes de soleil aux chaussures, en passant par les combinaisons de ski et les tailleurs Chanel®, sans oublier leur option d'achat au kilo, il y en a (vraiment) pour tous les goûts.

121, 123 CHARING CROSS ROAD
LONDRES, WC2H 0EW

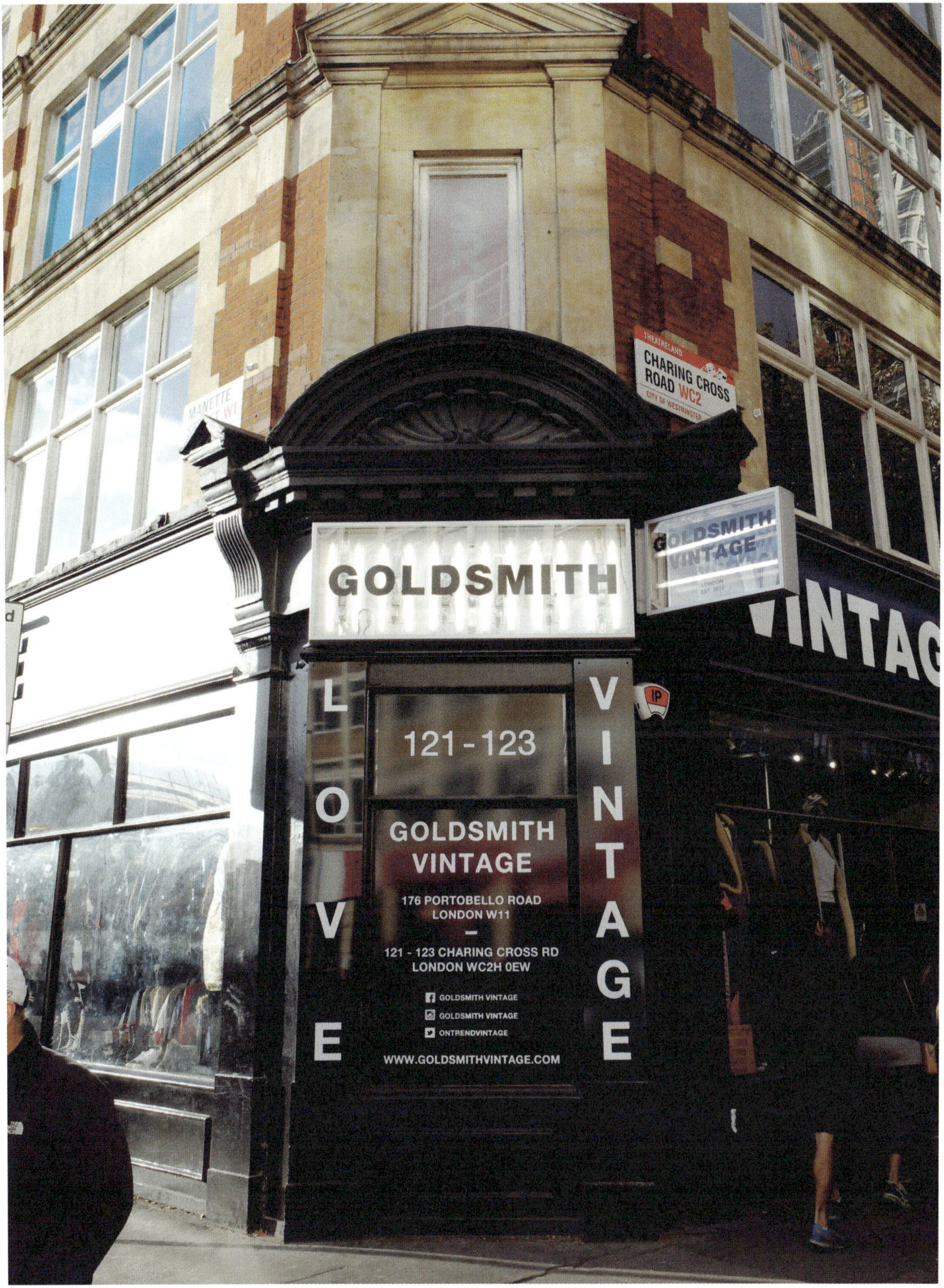
THEATRELAND
CHARING CROSS
ROAD WC2
CITY OF WESTMINSTER
GOLDSMITH
GOLDSMITH
VINTAGE
LOVE
VINTAGE
121 - 123
GOLDSMITH
VINTAGE
176 PORTOBELLO ROAD
LONDON W11
–
121 - 123 CHARING CROSS RD
LONDON WC2H 0EW
GOLDSMITH VINTAGE
GOLDSMITH VINTAGE
ONTRENDVINTAGE
WWW.GOLDSMITHVINTAGE.COM

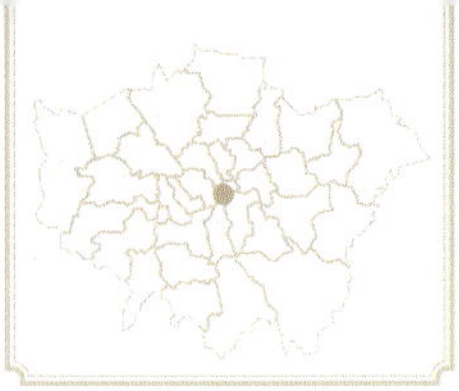



# Liberty London

## À LA GLOIRE DU LIBERTY

**À L'ORIGINE,** lorsqu'en 1875, Arthur Lasenby Liberty conçoit les plans d'un magasin saturé de produits de luxe et de tissus provenant de pays lointains, son rêve était d'amarrer métaphoriquement un navire dans les rues de la ville avec un credo : « Ne pas suivre les modes existantes, mais [en] créer de nouvelles. »

**DANS LA RÉALITÉ,** le magasin Liberty est devenu une institution de la capitale. Un grand magasin général qui a surtout fait sa réputation sur les vêtements et articles de maisons de luxe utilisant ses propres tissus, les fameux tissus Liberty.

**LE BÂTIMENT MÉRITE EN LUI-MÊME LE DÉTOUR.** Il est construit en 1924 dans le style néo-Tudor à partir des bois de deux anciens navires de guerre (y compris les ponts qui constituent aujourd'hui le sol du magasin). À l'extérieur, la façade à colombages rappelle son architecture d'inspiration médiévale. À l'intérieur, les boiseries, balcons ornés, charpentes et autres verrières sont d'une beauté déconcertante.

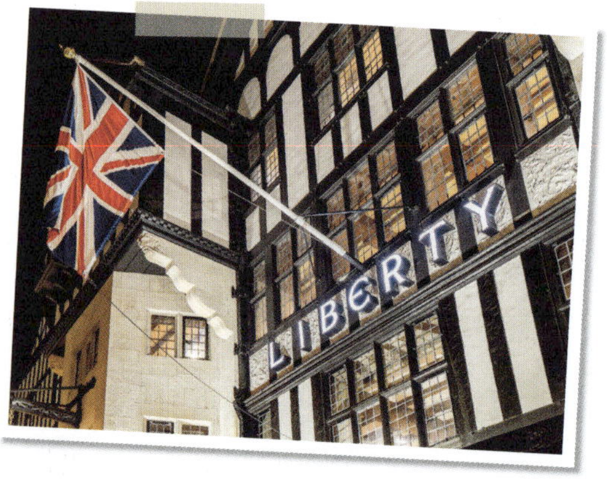


REGENT STREET
LONDRES, W1B 5AH

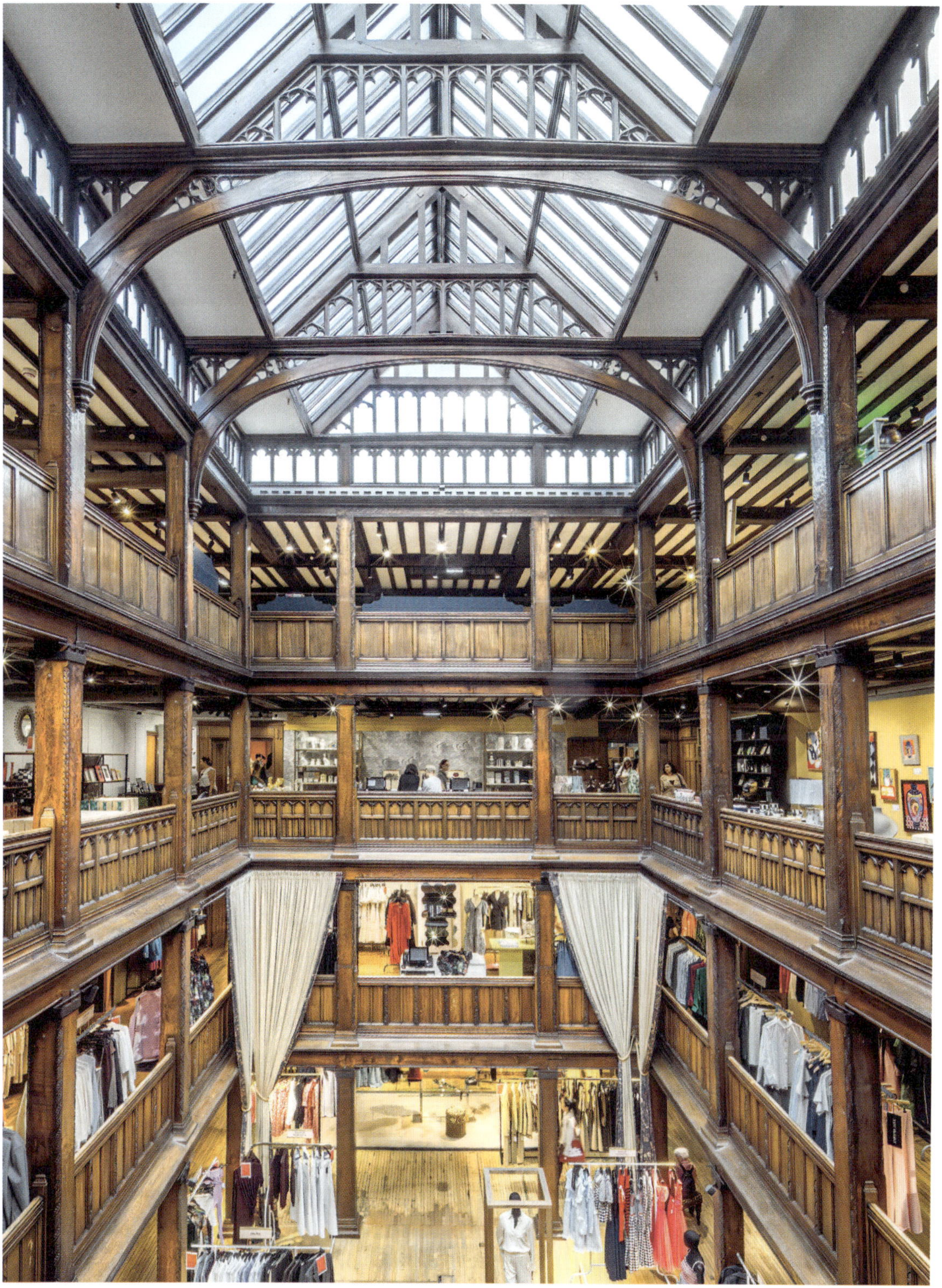

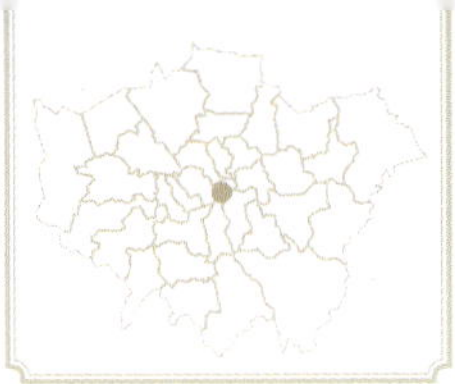



# Hamleys

## Le paradis des enfants

**Bienvenue** dans le plus grand magasin de jouets du monde ! L'histoire de William Hamley et de son rêve d'ouvrir un magasin de jouets débute en 1760. Le succès est immédiat : Hamleys devient une institution londonienne et, en 1881, ouvre un grand magasin sur Regent Street.

**Deux cent soixante ans plus tard,** ce sont sept étages sur plus de cinq mille mètres carrés qui sont entièrement dédiés à l'univers de l'enfance ! Des chiffres qui ont de quoi faire tourner la tête.

**Lego®, animaux en peluche, jeux de société,** puzzles, sciences et découvertes, poupées, déguisements, jeux artistiques, véhicules téléguidés, petits trains, figurines de superhéros, bonbons... Vous y trouverez des jouets par milliers, de toutes catégories, pour tous les âges.

**Les animations à l'intérieur** du magasin ajoutent à l'ambiance magique qui ravira les petits et les grands ! En effet, Hamleys ne se limite pas à la petite enfance, puisqu'on y trouve également toute la gamme des jouets pour adolescents, et la partie gaming et consoles de jeux n'est pas en reste !

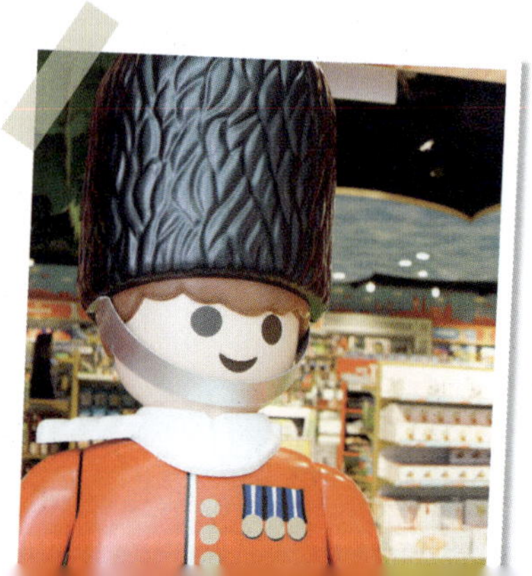

188-196 Regent Street
Londres, W1B 5BT

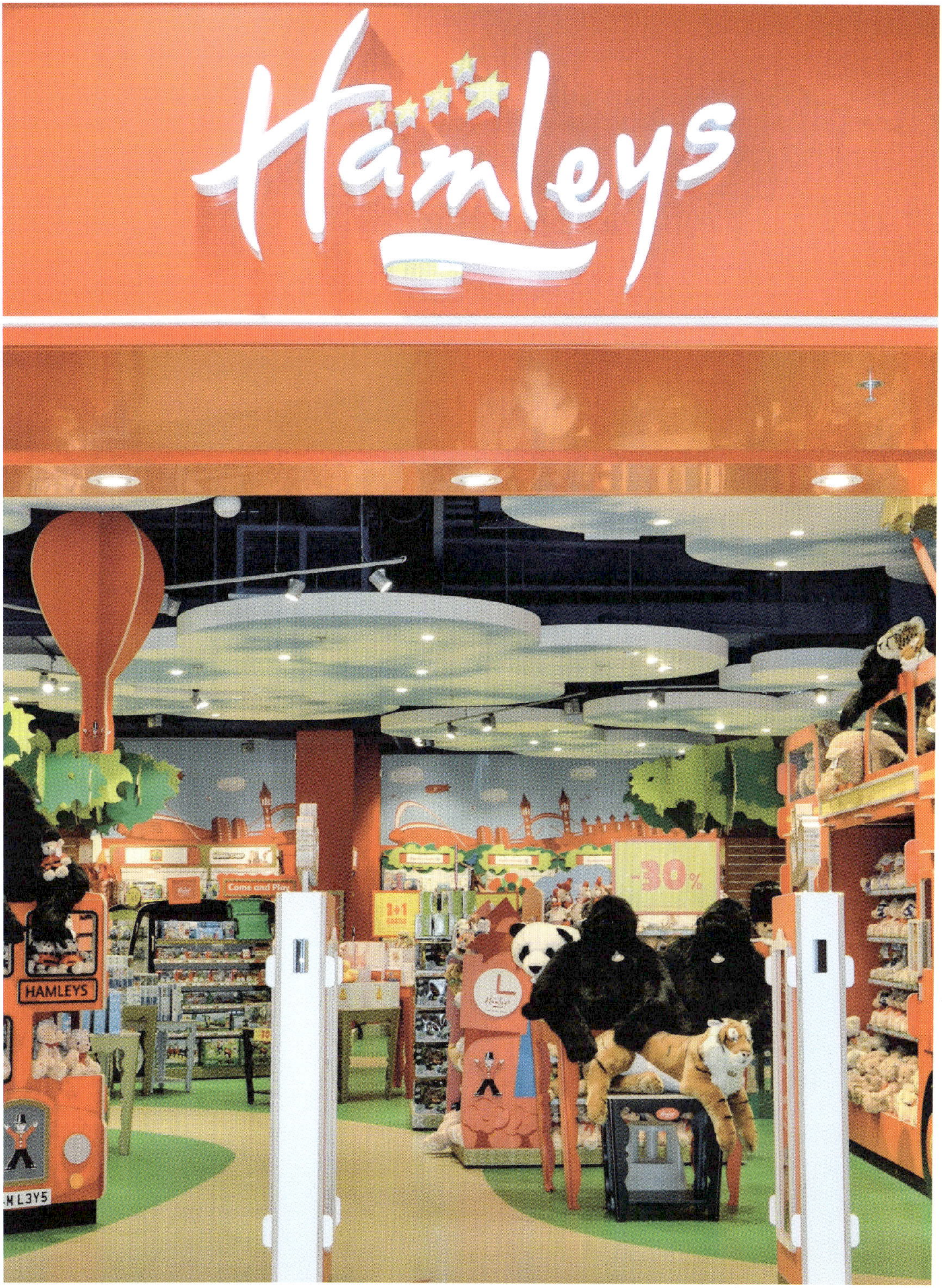
Hamleys
Come and Play
-30%
1+1
HAMLEYS

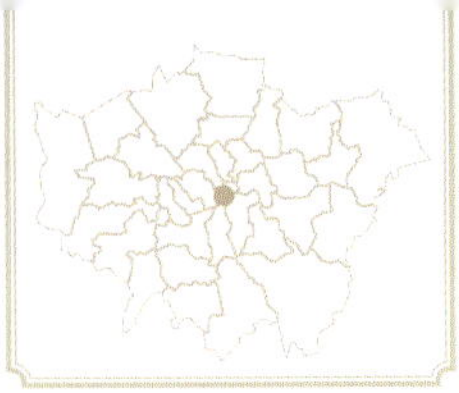



# House of MinaLima

## Dans le monde d'Harry Potter

**Miraphora Mina et Eduardo Lima** sont deux graphistes ayant travaillé sur les films *Harry Potter* et qui décident, en 2009, de créer leur propre studio de design. Ils conçoivent l'intégralité du style graphique de tous les films *Harry Potter,* mais aussi les accessoires graphiques des films *Les Animaux fantastiques*, *Sweeney Todd* ou *The Imitation Game*. Leur dernière aventure en matière de design est cette galerie qu'ils nomment House of MinaLima.

**Ce lieu fascinant** est également une boutique présentant l'ensemble de leurs trésors artistiques. Vous y trouverez une quantité astronomique d'objets et illustrations en lien avec la franchise *Harry Potter*, ainsi que d'autres œuvres et publications issues de leur collaboration. Un paradis pour les petits et les grands, les fans de magie bien sûr, mais aussi les amateurs d'œuvres graphiques et de design.

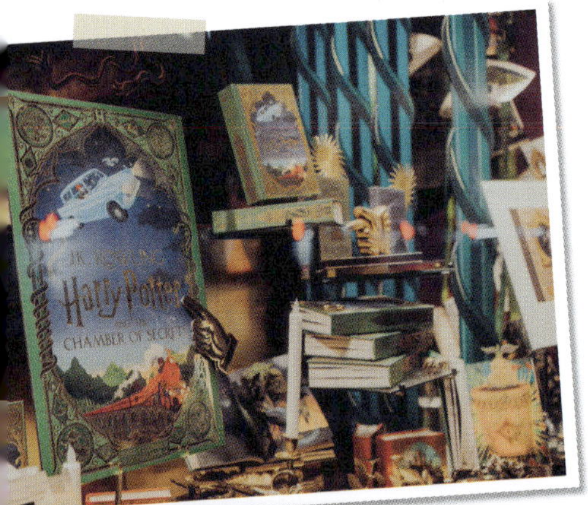


**157 Wardour Street**
**Londres, W1F 8WQ**

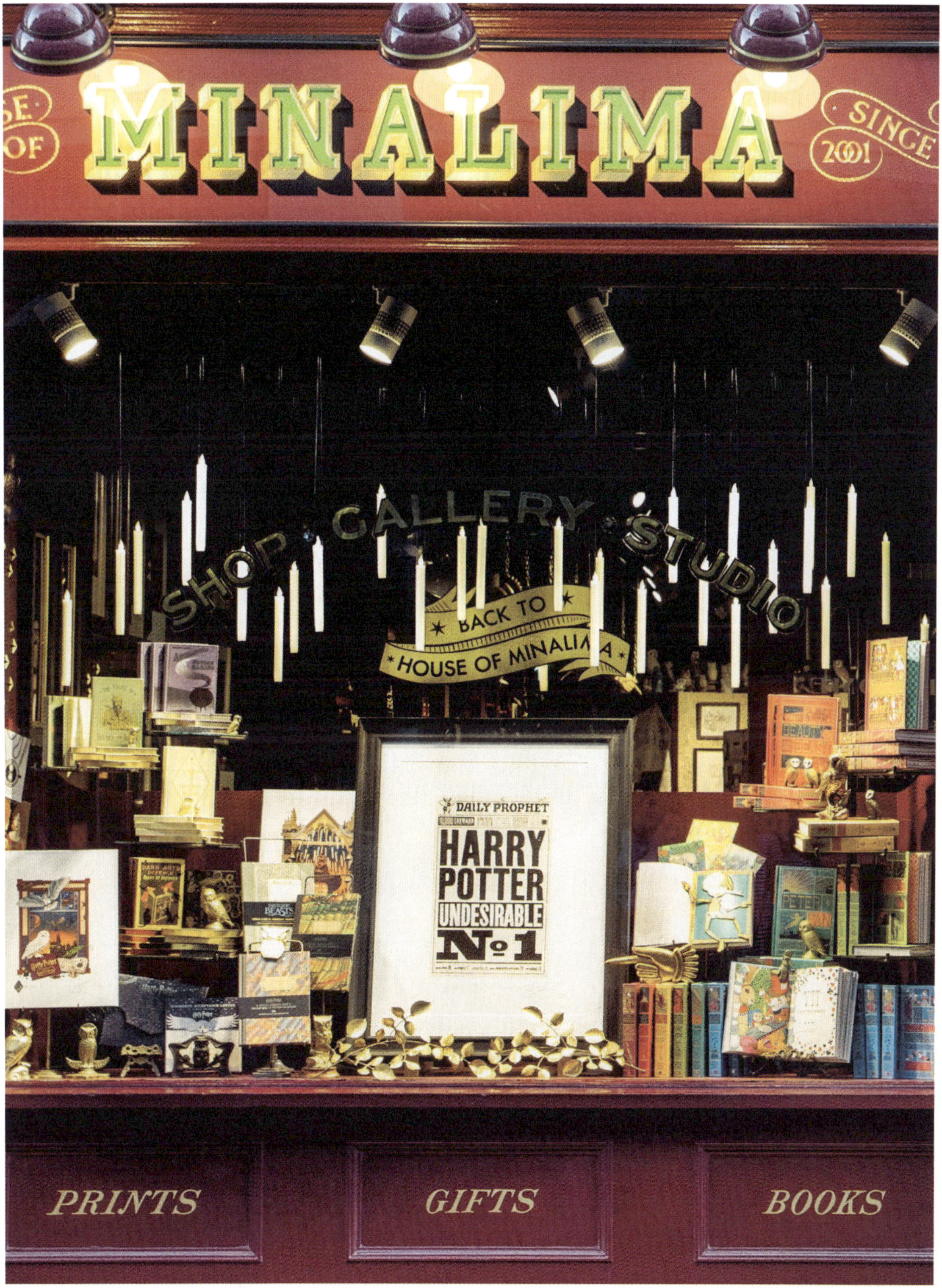
MINALIMA
SINCE 2001
SHOP · GALLERY · STUDIO
BACK TO
HOUSE OF MINALI A
DAILY PROPHET
HARRY POTTER
UNDESIRABLE
No 1
PRINTS
GIFTS
BOOKS

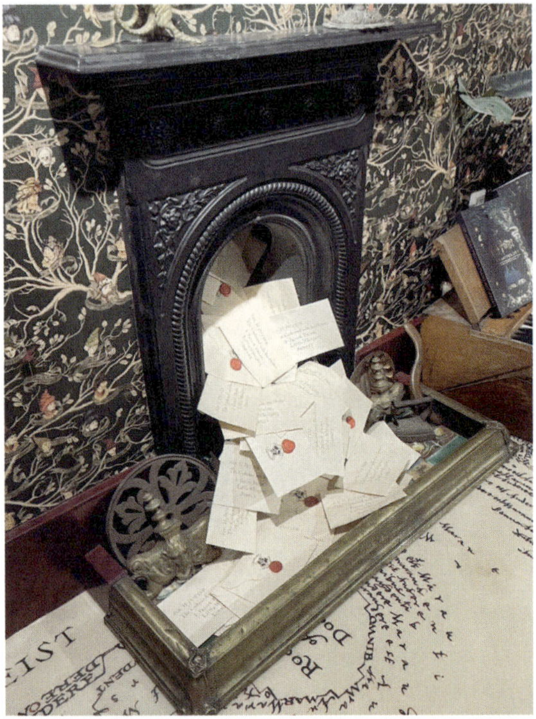

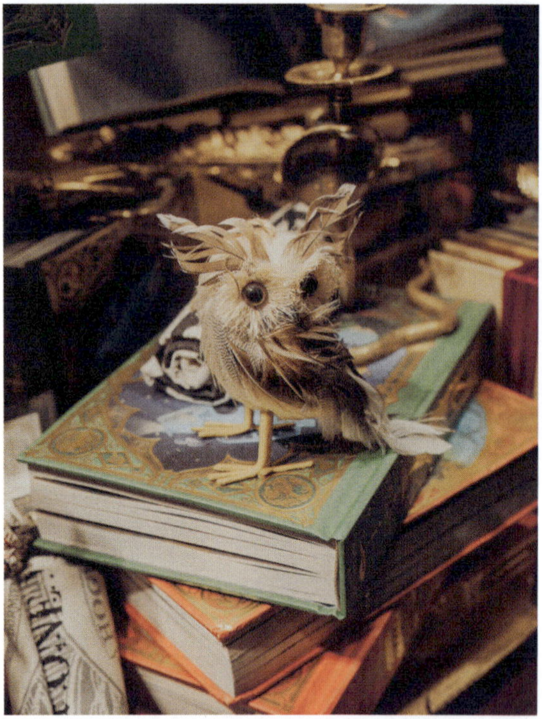

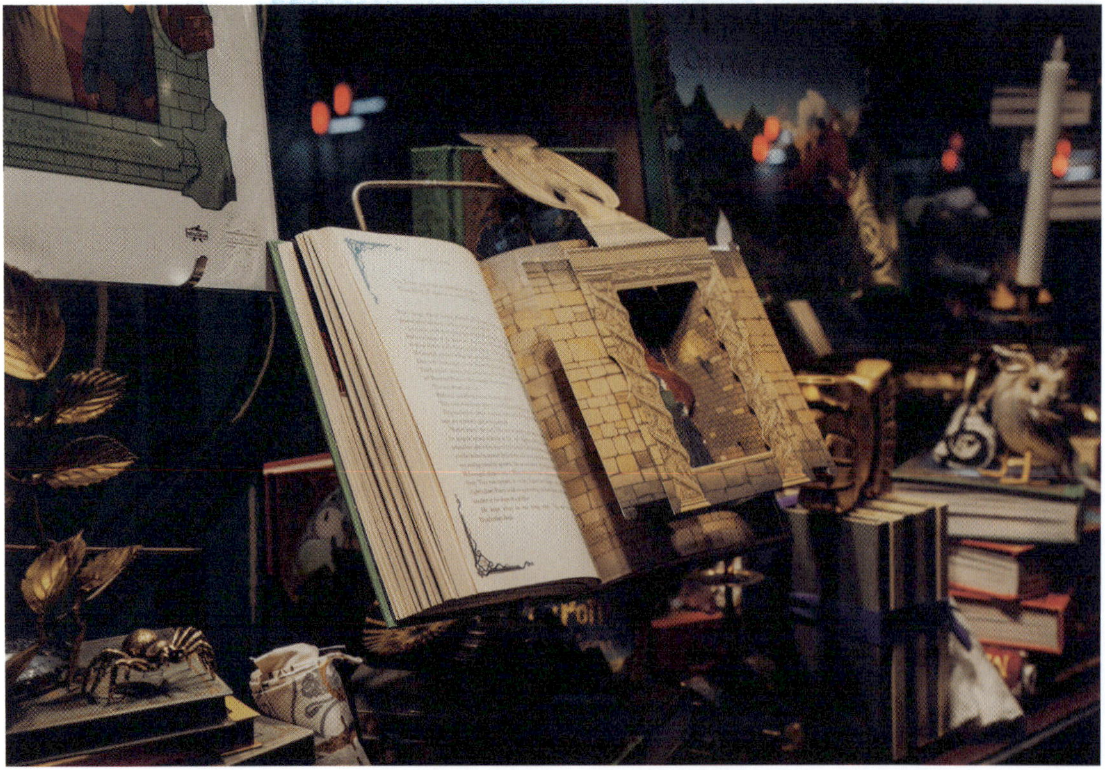

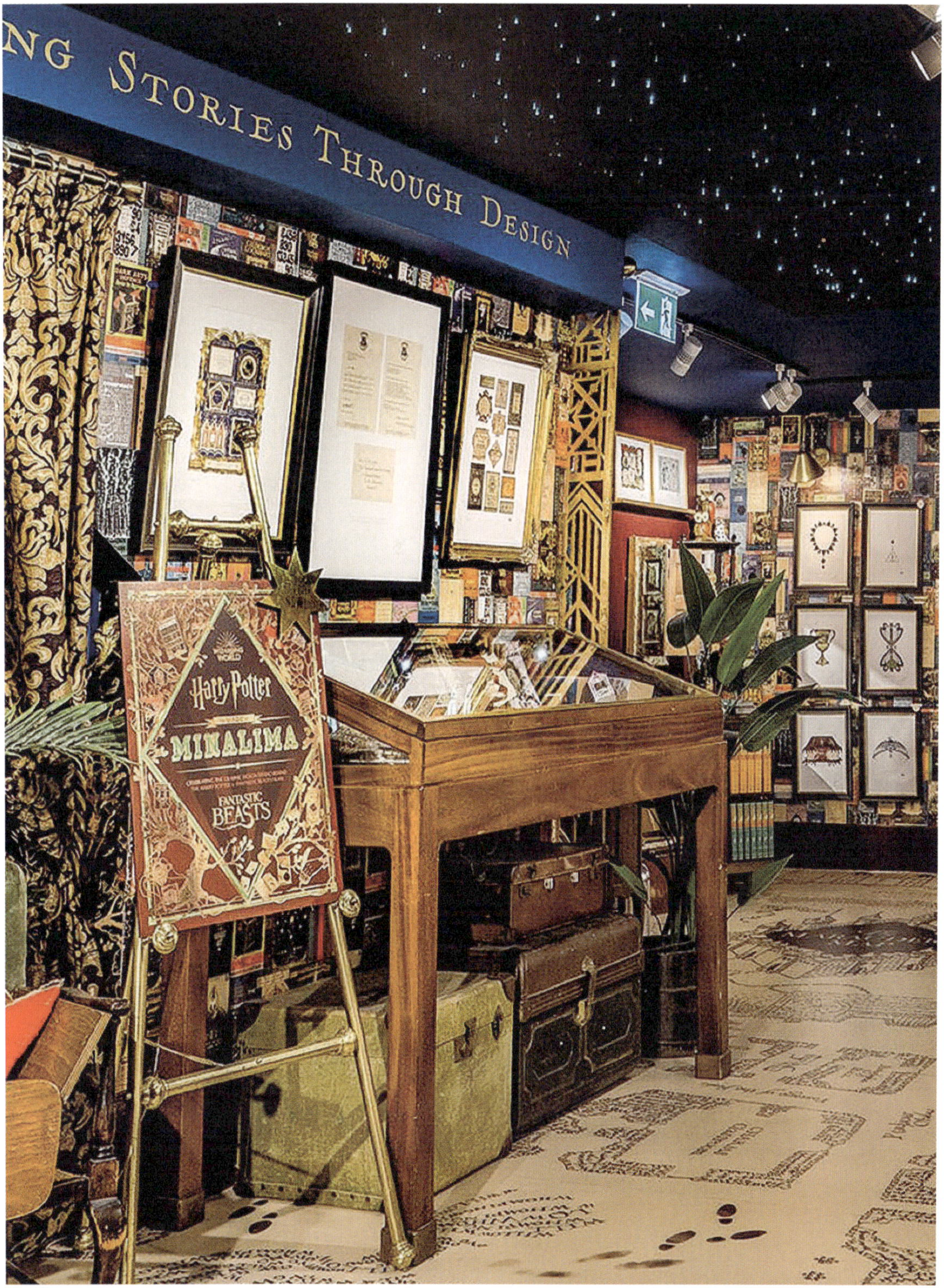
NG STORIES THROUGH DESIGN
Harry Potter
MINALIMA
FANTASTIC BEASTS

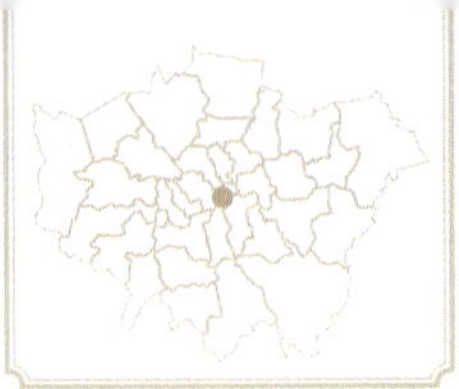



# Algerian Coffee Stores

## Un voyage dans le temps

**Classé par *The Telegraph*** dans la liste des plus beaux coffee shops du monde, l'Algerian Coffee Stores est une institution du quartier de Soho, et une véritable curiosité londonienne.

**Ouvert à la fin du XIX$^{e}$ siècle** par un commerçant algérien (d'où son nom), il est considéré comme l'un des plus anciens coffee shops de Londres. La boutique est passée entre les mains de différentes familles au fil du temps, mais son esthétique, elle, n'a quasiment pas bougé depuis.

**Aujourd'hui encore,** le magasin présente la façade d'origine, un authentique comptoir en bois, et des présentoirs et étagères débordant de cafés et de thés en tous genres.

**Vieilles enseignes, anciennes étiquettes de prix,** photos d'époques, tout est réuni pour effectuer un véritable voyage dans le temps ! Une boutique qui, au-delà des produits proposés – plusieurs centaines de cafés pure origine, d'herbes médicinales et de thés du monde –, vaut le détour pour son histoire et son atmosphère de souk oriental.

52 Old Compton Street
Londres, W1D 4PB

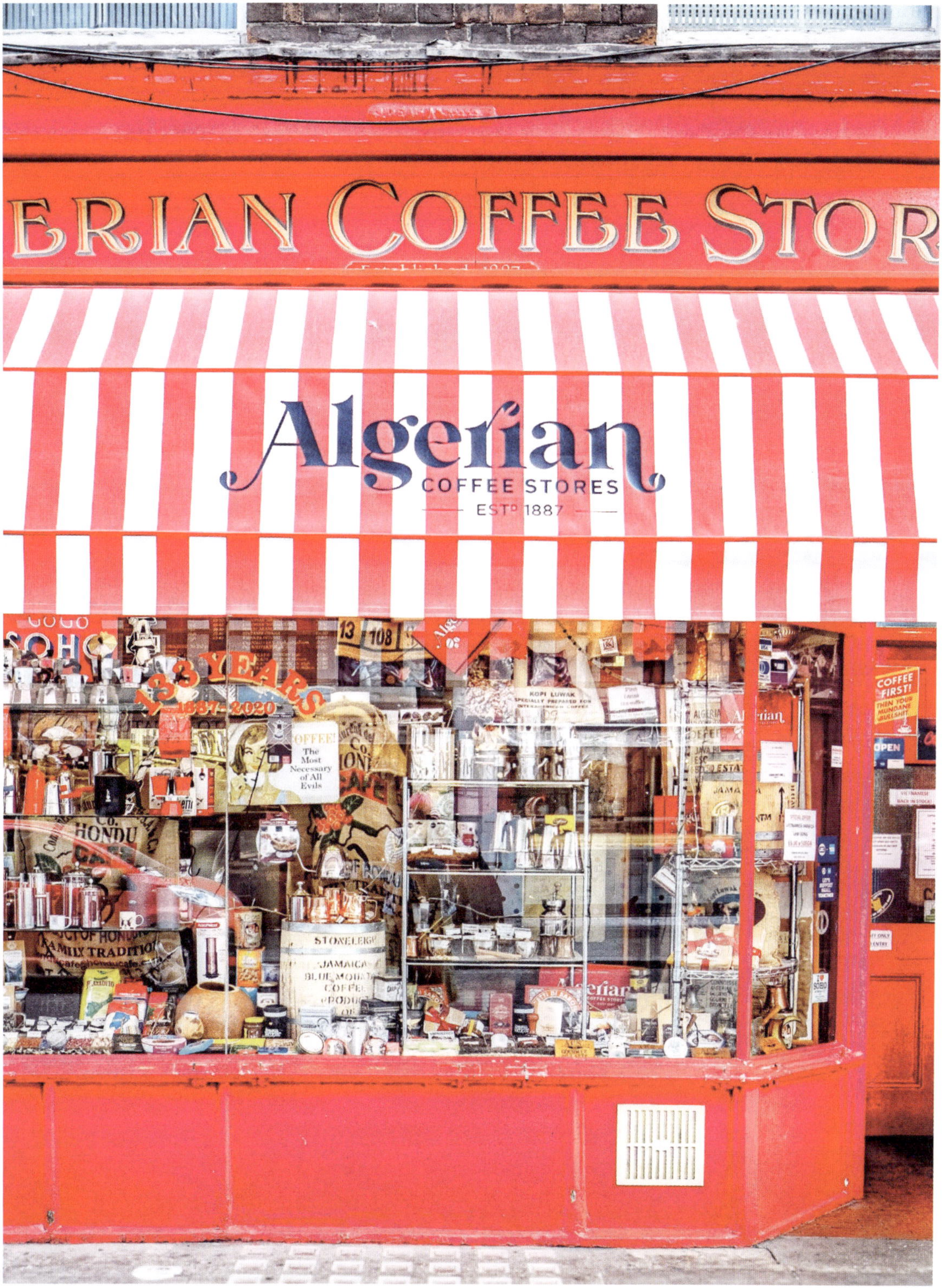
ERIAN COFFEE STOR
Algerian
COFFEE STORES
ESTD 1887
133 YEARS
1887-2020
COFFEE!
The
Most
Necessary
of All
Evils
KOPI LUWAK
COFFEE FIRST!
OPEN

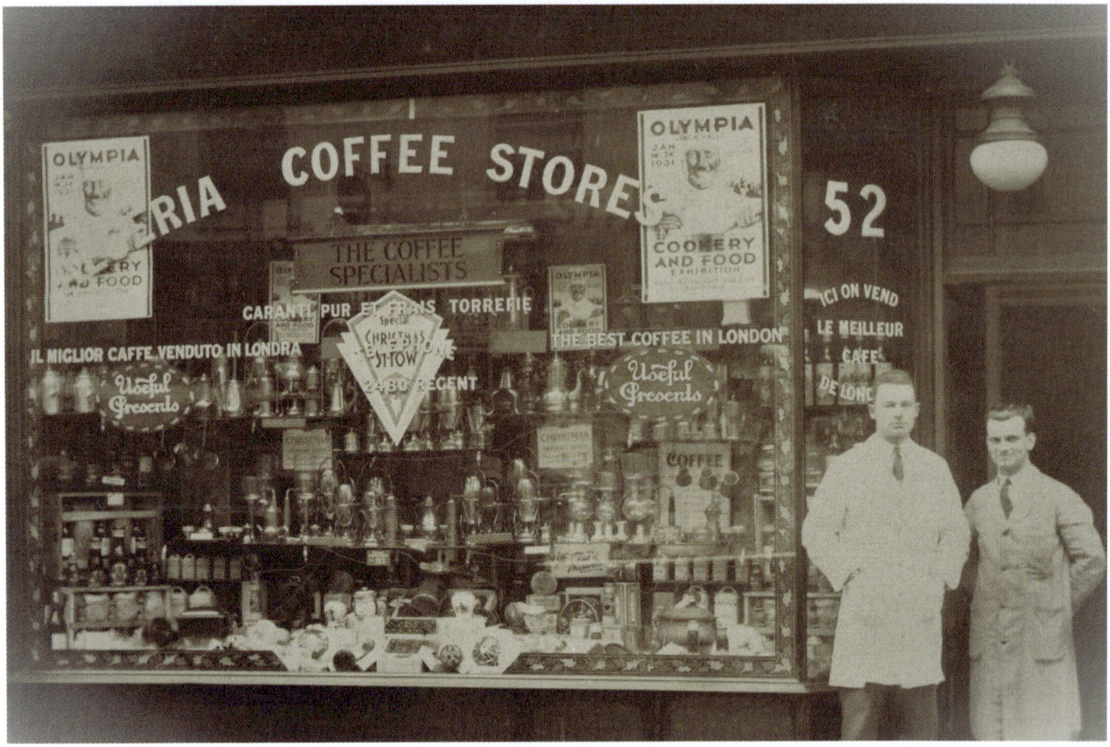
COFFEE STORES
52
OLYMPIA
COOKERY AND FOOD
EXHIBITION
THE COFFEE SPECIALISTS
PUR ET FRAIS TORREFIE
IL MIGLIOR CAFFE VENDUTO IN LONDRA
THE BEST COFFEE IN LONDON
ICI ON VEND
LE MEILLEUR
Useful Presents
Useful Presents
Christmas
SHOW
COFFEE

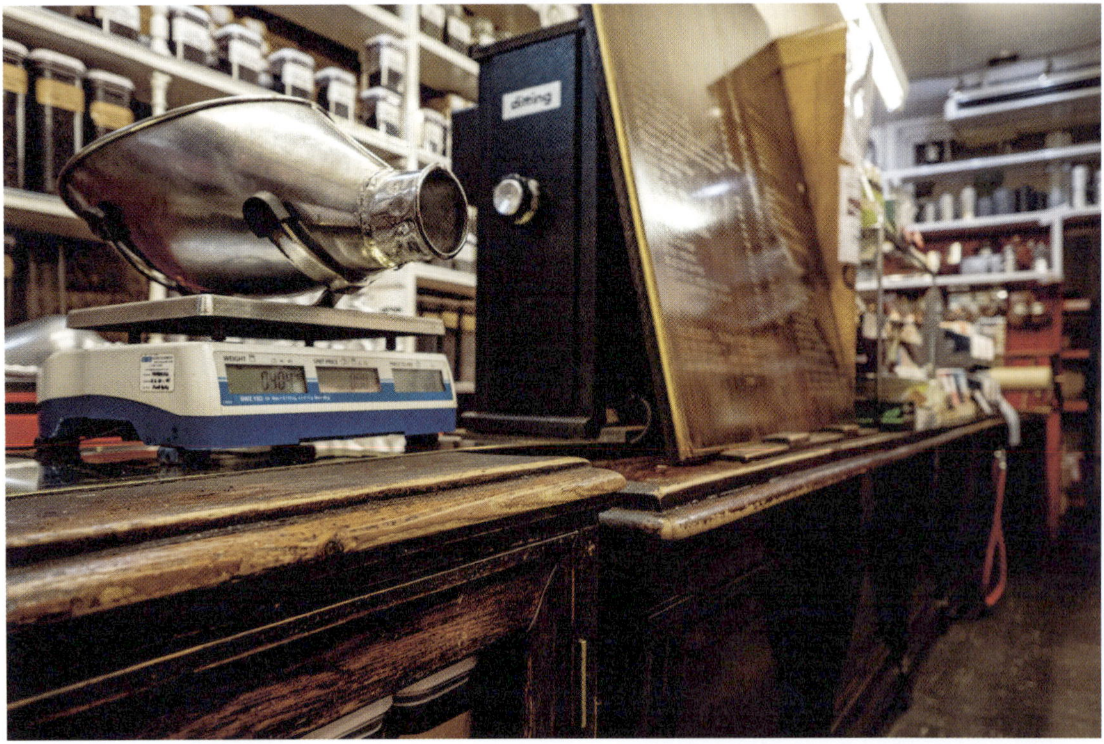
ditting

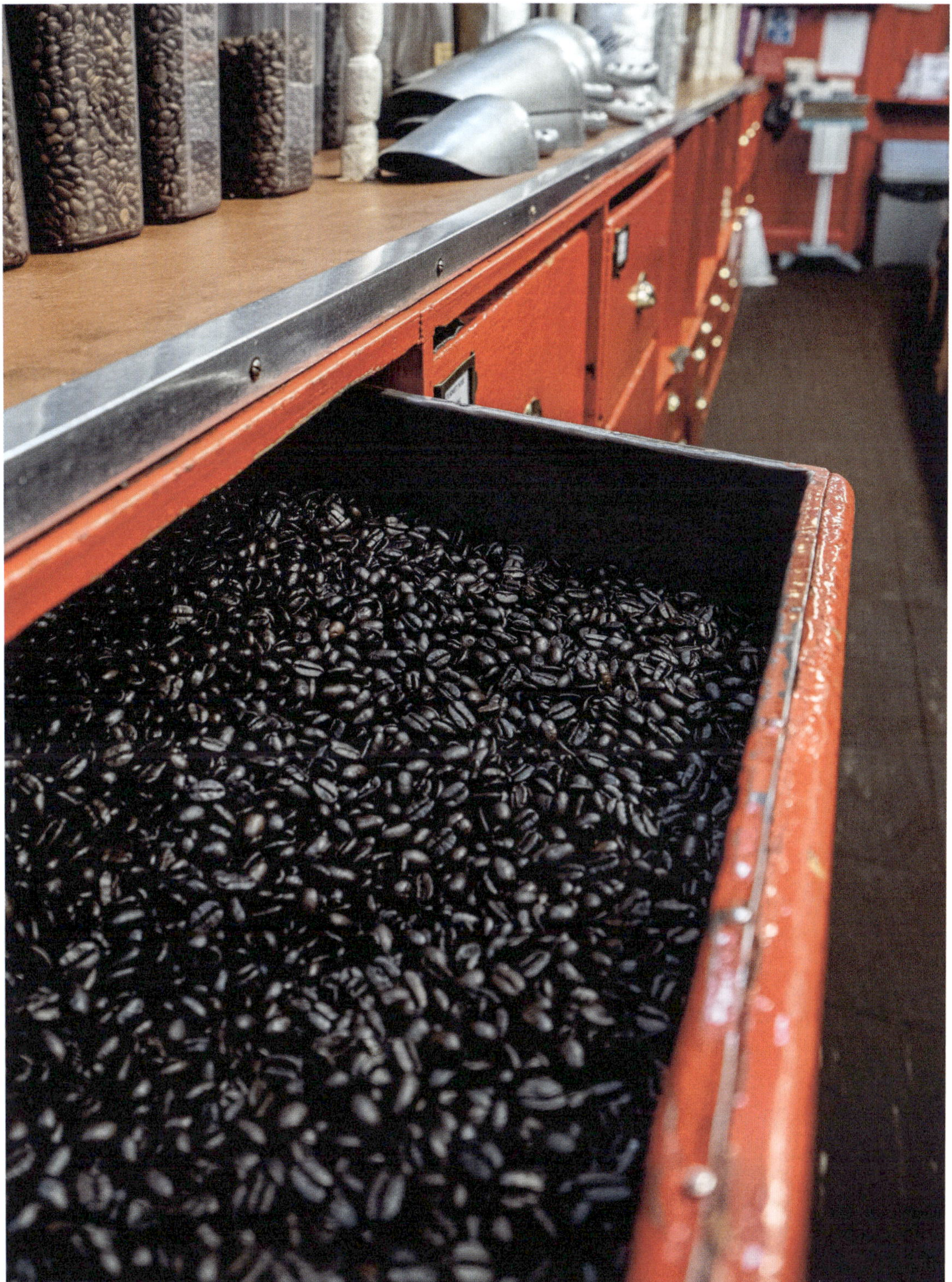

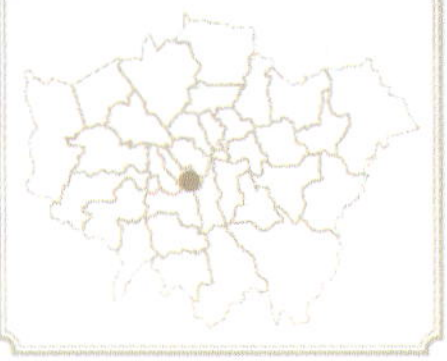



# The Cadogan Arms

## Classiques britanniques

**Pub historique du quartier de Chelsea** avec ses plus de deux siècles d'histoire, The Cadogan Arms a été joliment rénové en 2021 avec l'intention de lui redonner son lustre d'antan. Et on peut dire que le pari est réussi.

**Le design géorgien** d'origine a été mis en valeur, avec son sol magnifique tout en mosaïques et son bar en bois sculpté à la main ; l'escalier en fer forgé a été conservé et les cheminées achèvent de planter le décor d'un pub à l'ambiance à la fois chic et chaleureuse.

**Dans l'assiette,** les grands classiques de la gastronomie britannique et de la cuisine de pub ont été revisités avec un accent mis sur la qualité des produits, la saisonnalité et la traçabilité. Et si l'on sait que le menu est supervisé par le chef James Knappett du restaurant étoilé Kitchen Table à Fitzrovia, on peut avoir l'assurance d'une cuisine de qualité pour un établissement qui promet un bon moment si vous passez dans le quartier !

**298 King's Road**
**London, SW3 5UG**

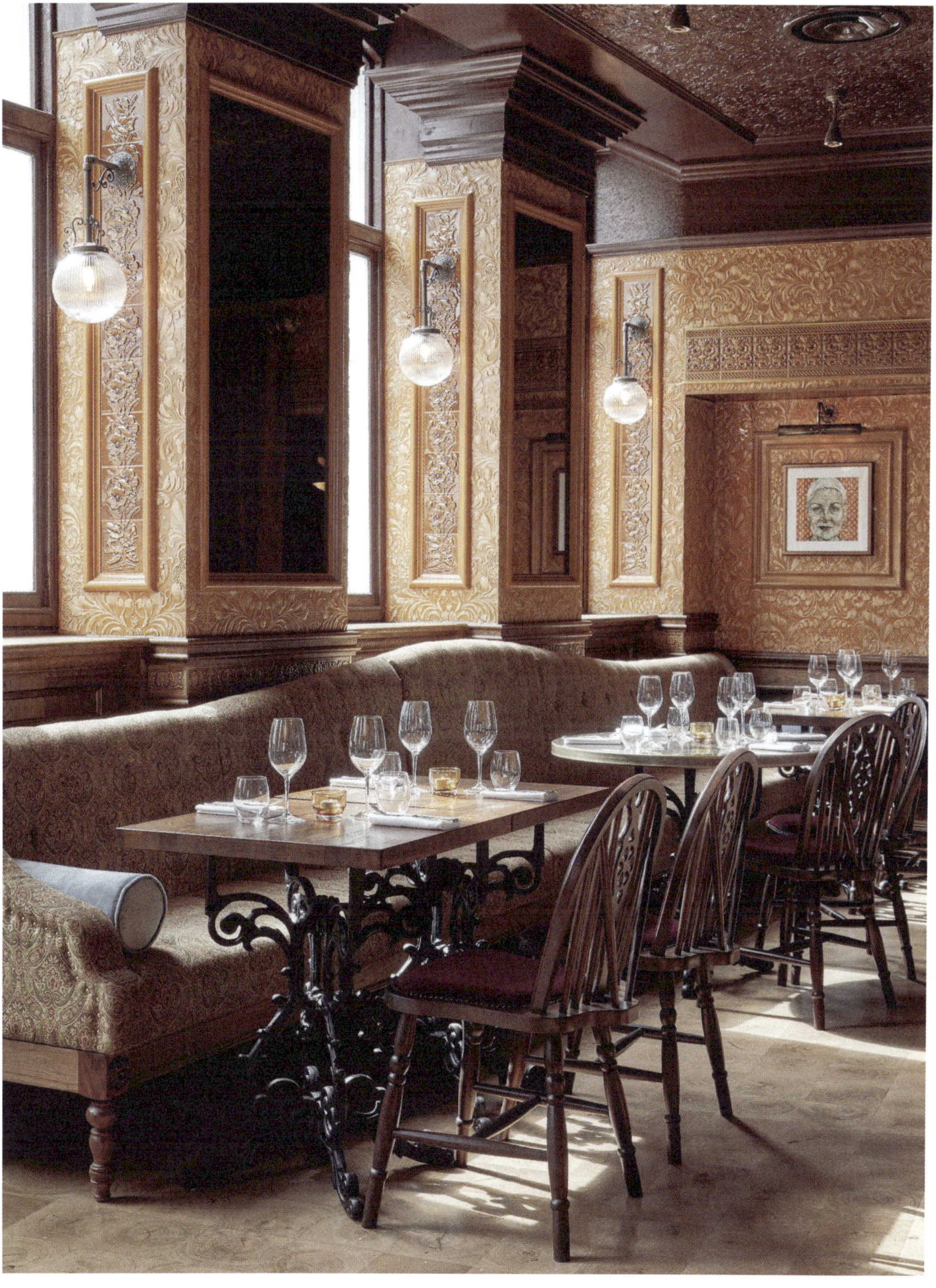

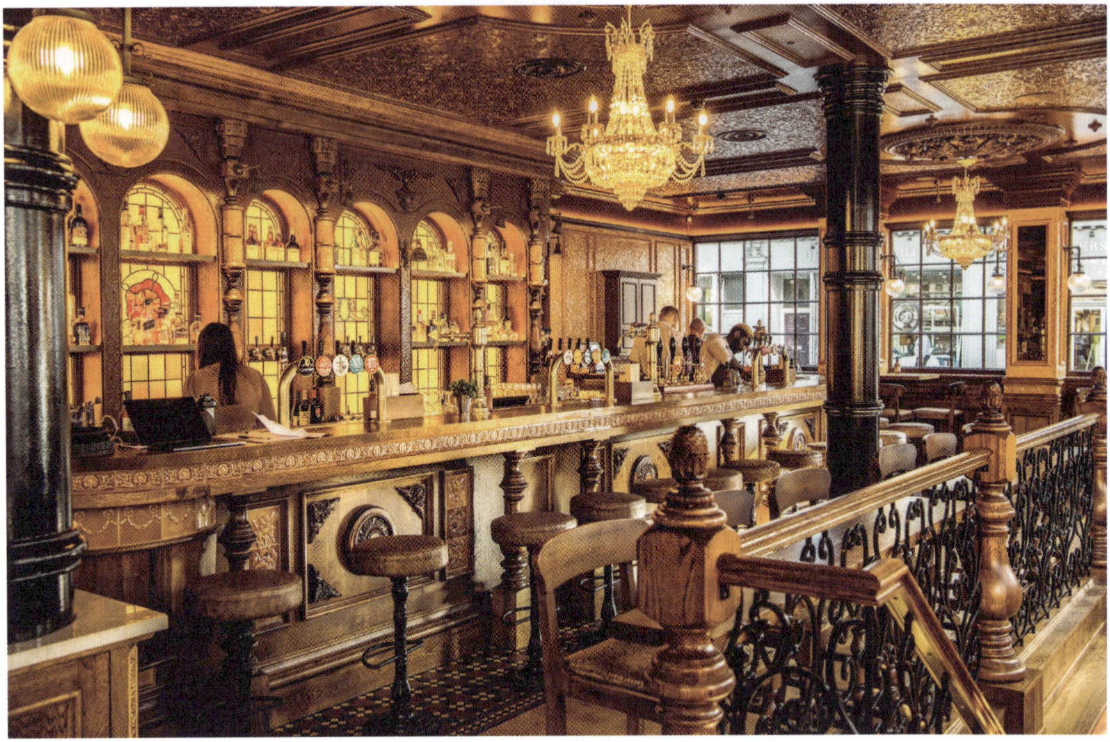

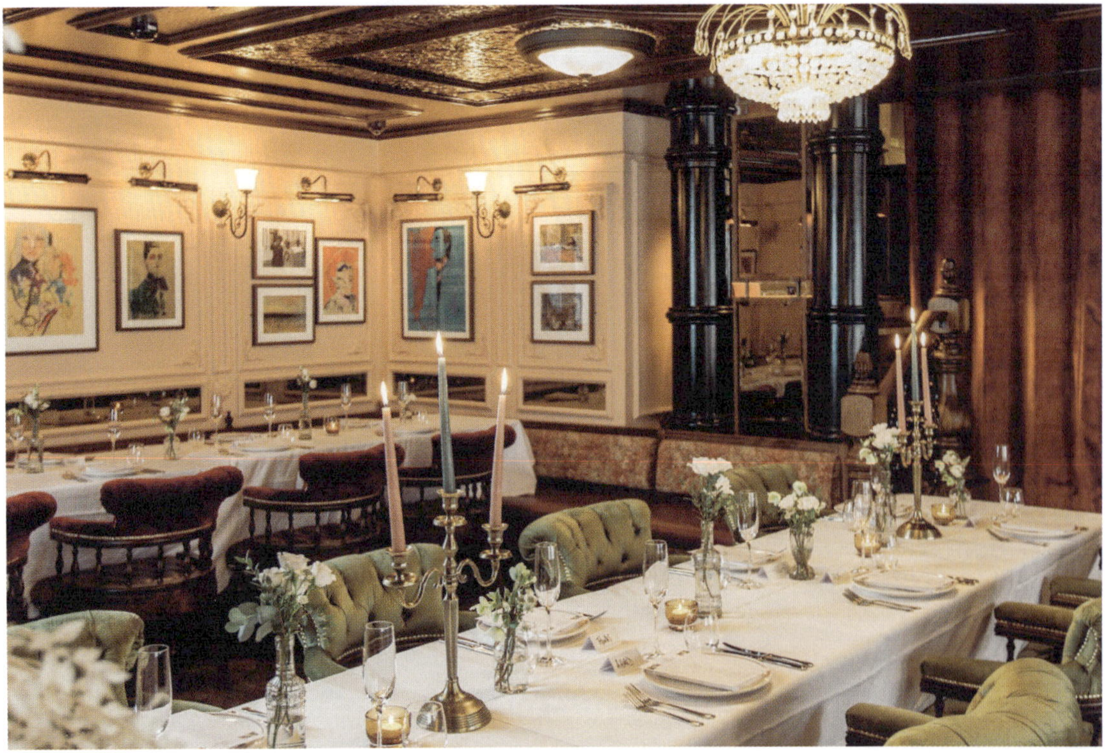

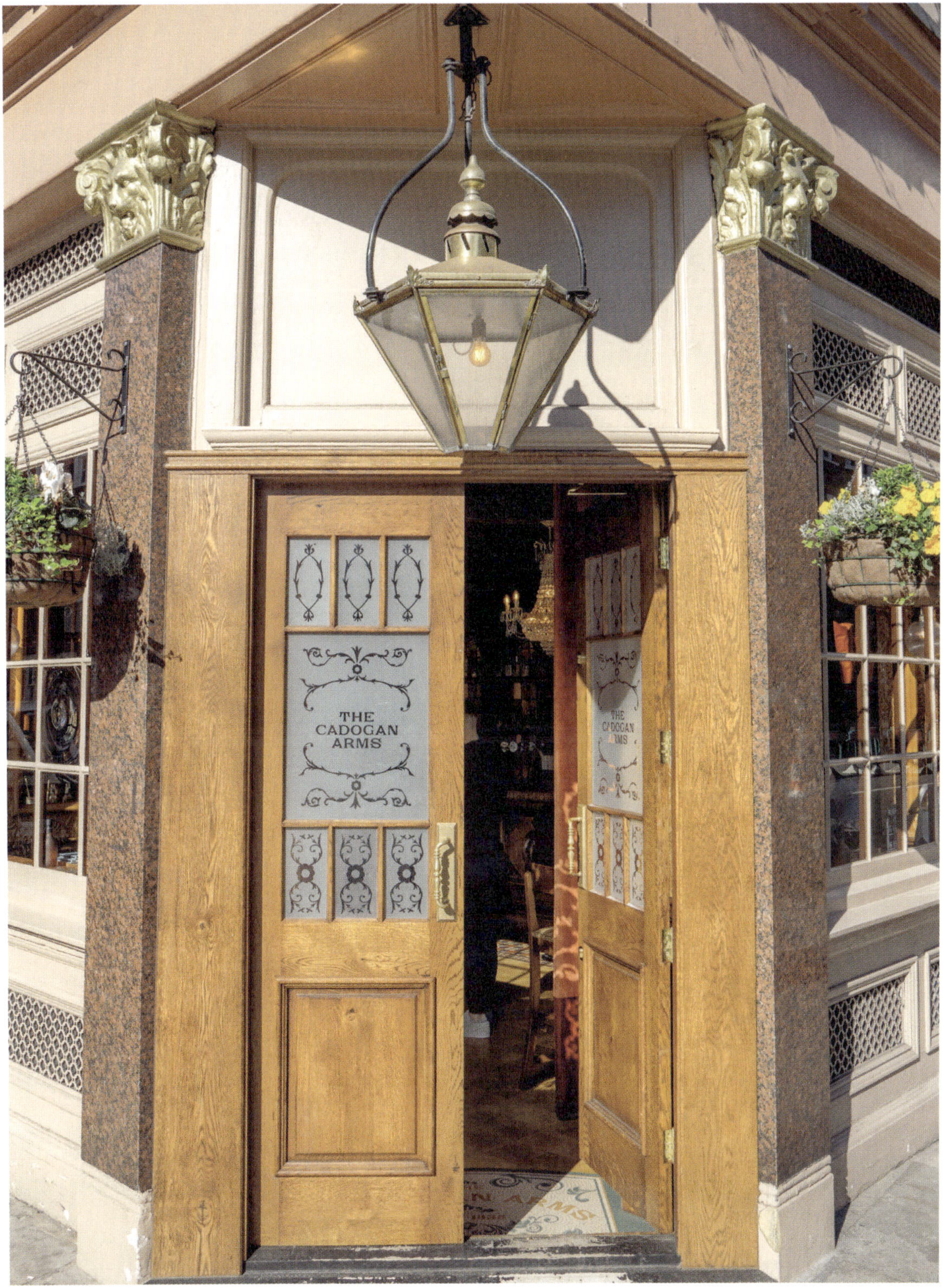
THE
CADOGAN
ARMS
THE
CADOGAN
ARMS

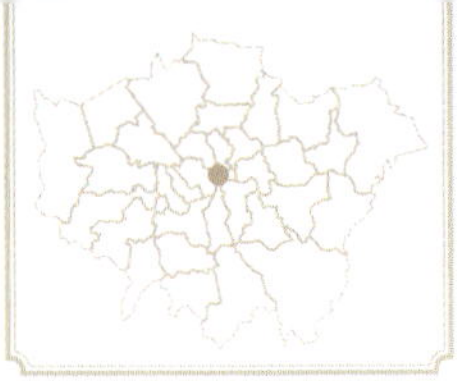



# Postcard Teas

## Des trésors à l'anglaise

**Avec ses fenêtres à petits carreaux,** la façade de Postcard Teas nous plonge dans le Londres de Dickens. Pourtant, à l'intérieur, c'est à un voyage vers les pays asiatiques que nous convie cette boutique de thés.

**Tout y est épuré,** calme et rangé avec soin du détail. Chaque boîte de thé est un plaisir pour les yeux avec des étiquettes aux allures de cartes postales venues d'une autre époque. Chez Postcard Teas, vous ne trouverez pas de grandes marques productrices de thé. Les propriétaires sélectionnent uniquement des petits producteurs indépendants avec lesquels ils travaillent sans intermédiaire.

**Loin des typiques sachets de thé à l'anglaise,** on ne propose ici que des thés en vrac et de prestige, notamment des thés Oolong d'une rareté exceptionnelle. La précision des informations apportées ravira passionnés et amateurs, tant sur la traçabilité des produits que sur les explications détaillées des thés que contient chacune de ces boîtes à trésor.

9 Dering Street, New Bond Street
Londres, W1S 1AG

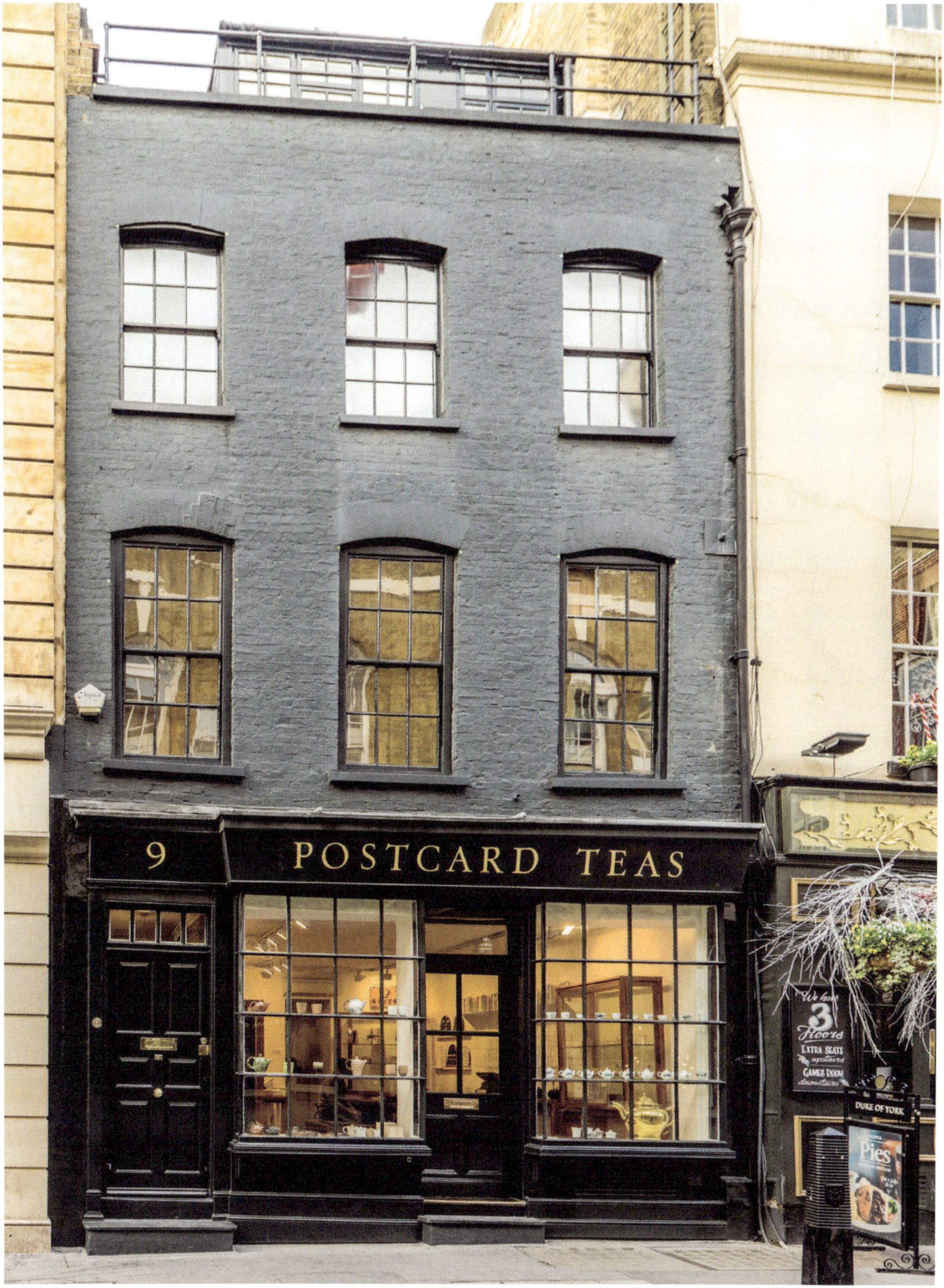
9
POSTCARD TEAS
DUKE OF YORK
Pies

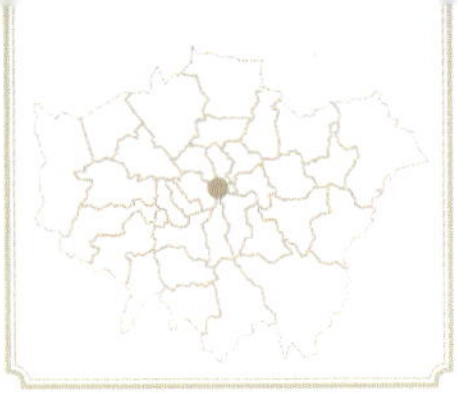



# The Wolseley

## LE GRAND CAFÉ DE LONDRES

**CET IMMEUBLE CONSTRUIT EN 1921** par l'architecte William Curtis Green a tour à tour servi de salle d'exposition pour les voitures de la marque Wolseley (qui fit rapidement faillite), puis de bureaux pour la banque Barclays, période durant laquelle le bâtiment sera surnommé la « perle brillante de Piccadilly », avant de devenir en 2003 un restaurant où l'essence du bâtiment original, avec son dôme, ses colonnes, ses arcades et son magnifique sol en marbre, a été préservée.

**LES PANNEAUX JAPONAIS** rouge et or et les élégantes banquettes en cuir terminent de poser le décor de cette grande brasserie à l'européenne ouverte toute la journée et considérée comme le premier Grand Café de Londres.

**C'EST TOUT À LA FOIS** un lieu réputé pour la qualité de sa carte, et où l'on vient également pour voir et être vu. Lauréat de nombreuses distinctions, on y compte parmi les habitués des personnalités célèbres comme Kate Moss, Madonna, ou David et Victoria Beckham.

**160 PICCADILLY**
**LONDRES, W1J 9EB**

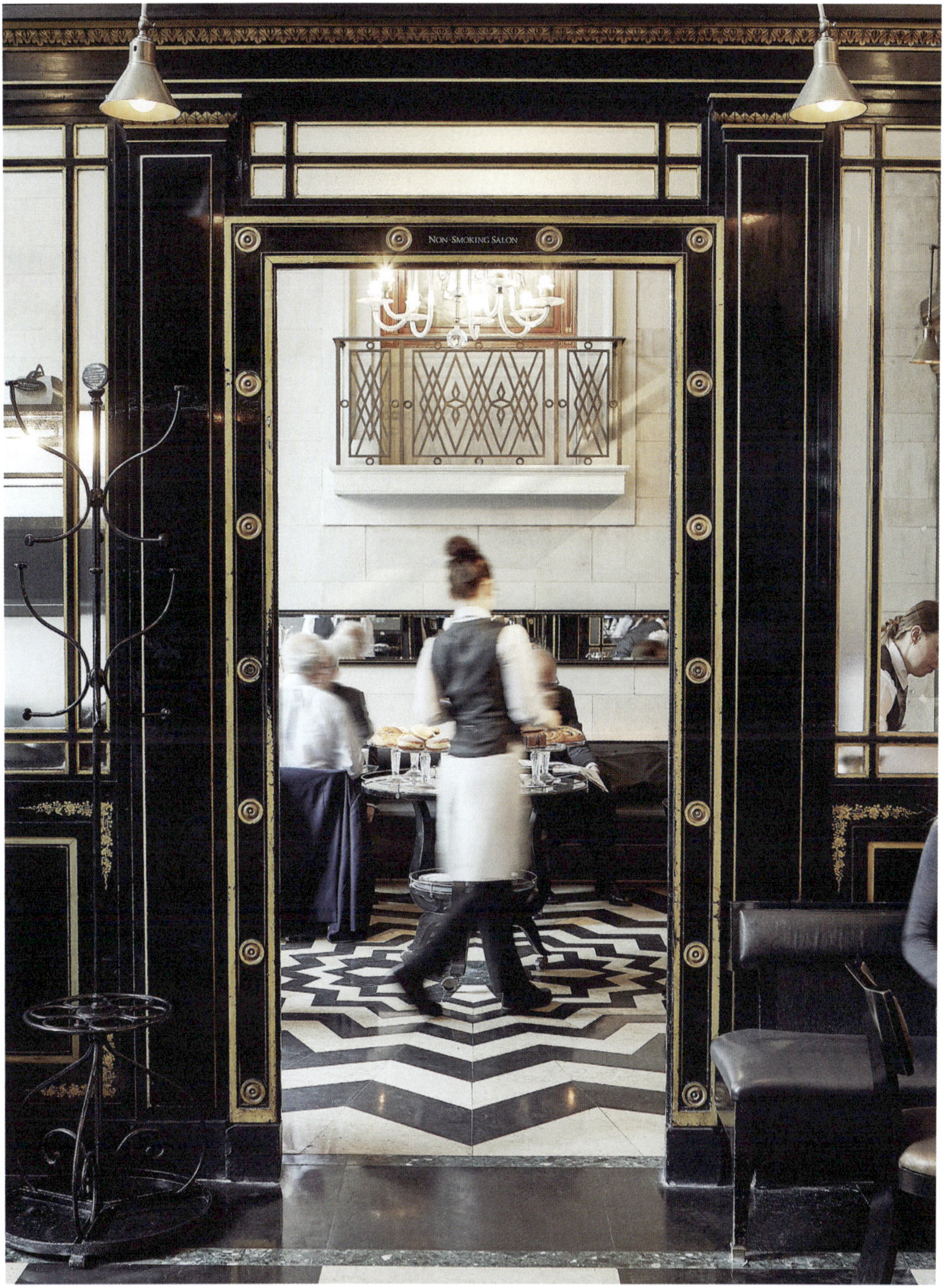
NON-SMOKING SALON

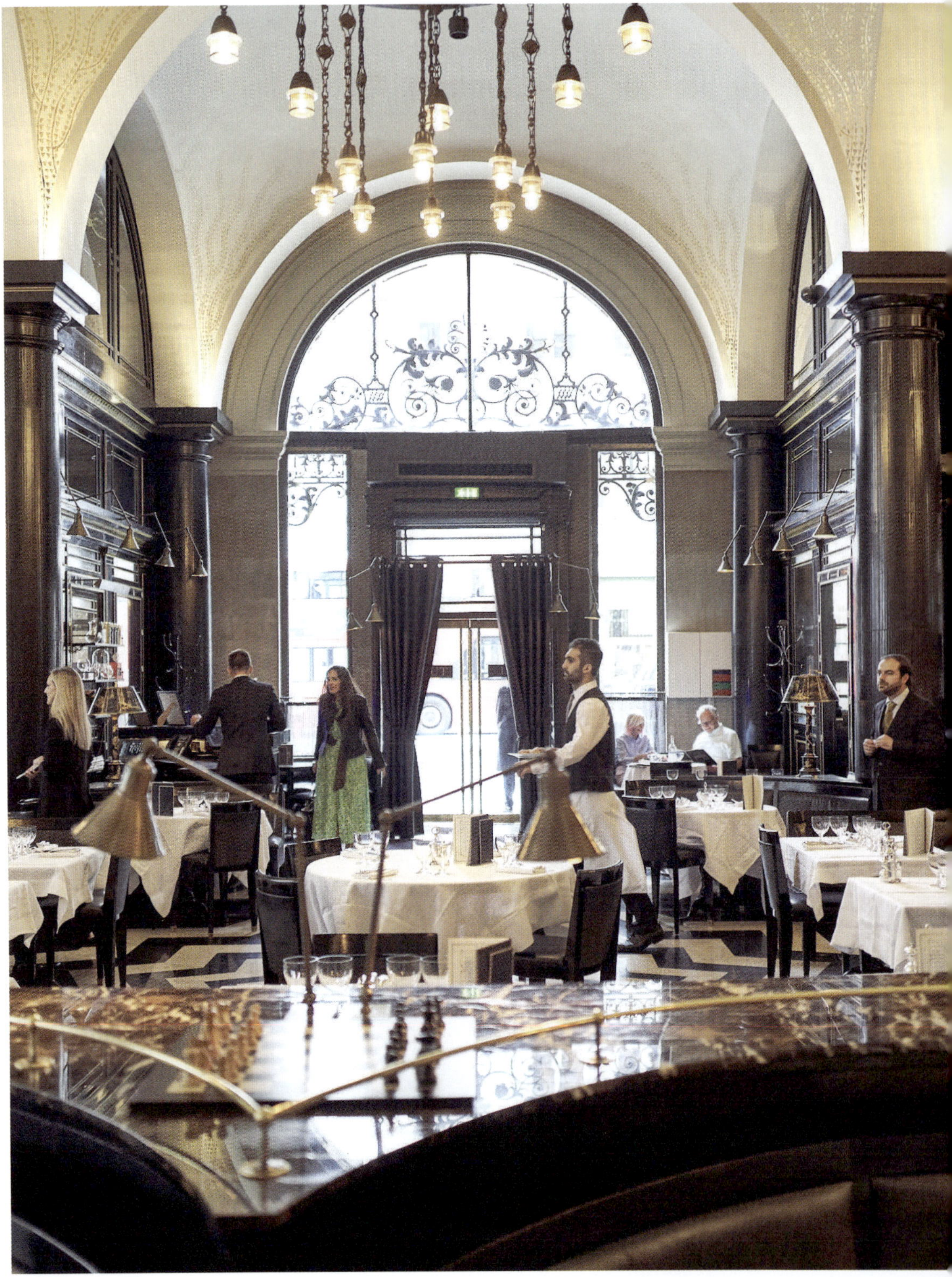

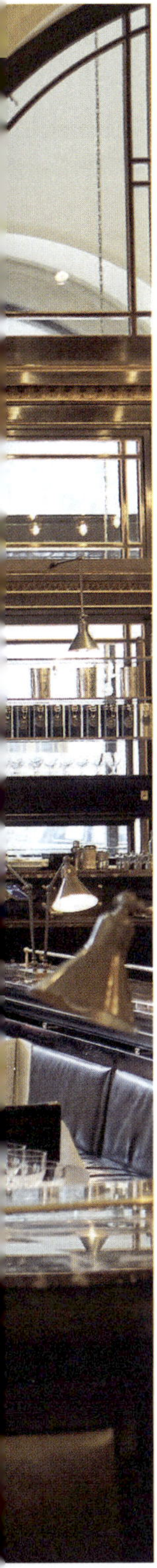
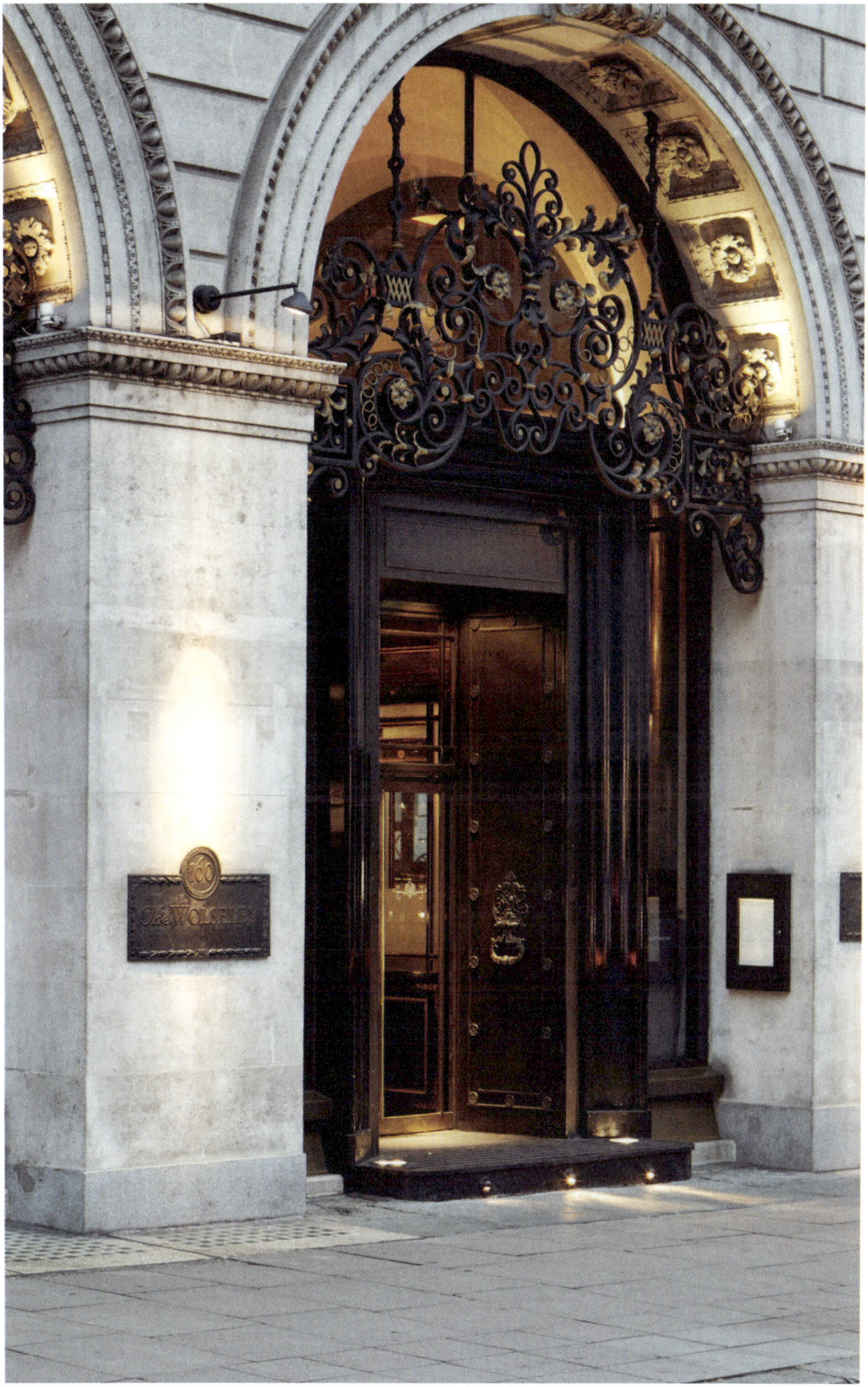

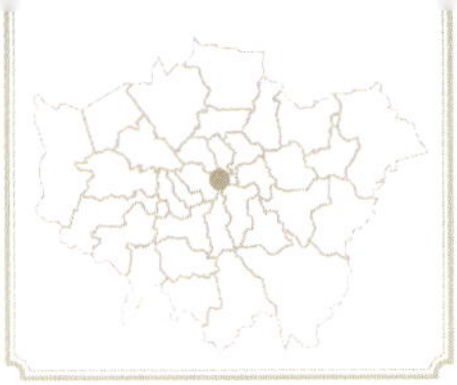



# Anderson & Sheppard

## L'art du tailleur

**Créé en 1906,** Anderson & Sheppard poursuit une ligne directrice immuable : fabriquer des costumes sur mesure à la fois confortables et élégants. Depuis plus de cent ans, leurs équipes de tailleurs sont formées en interne, assurant ainsi la continuité d'une confection traditionnelle et précise.

**Au cœur de l'histoire** d'Anderson & Sheppard se trouve la coupe *English Drape*, apparue au début du XX$^{e}$ siècle comme une alternative plus confortable à la tenue militaire. Pour illustrer cela, l'anecdote veut que Fred Astaire, lorsqu'il se rendait chez Anderson & Sheppard, dansait dans la cabine d'essayage en gardant un œil sur les miroirs environnants, observant ainsi son costume réagir à ses mouvements.

**Anderson & Sheppard** est rapidement devenu le tailleur des stars, de Rudolf Valentino à Cole Porter, en passant par Gary Cooper ou, plus récemment, Daniel Craig.

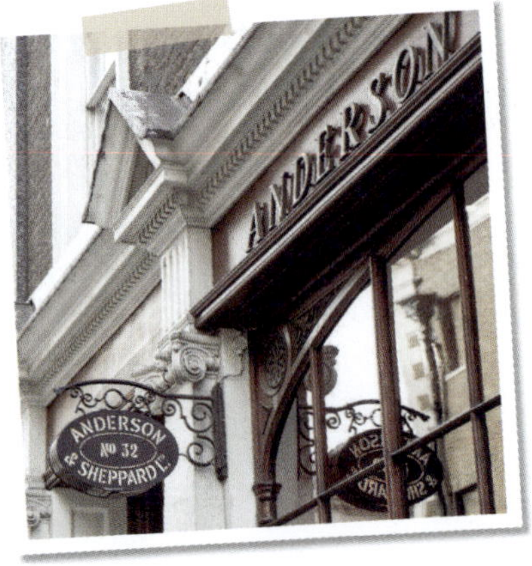


**32 Old Burlington Street**
**Londres, W1S 3AT**

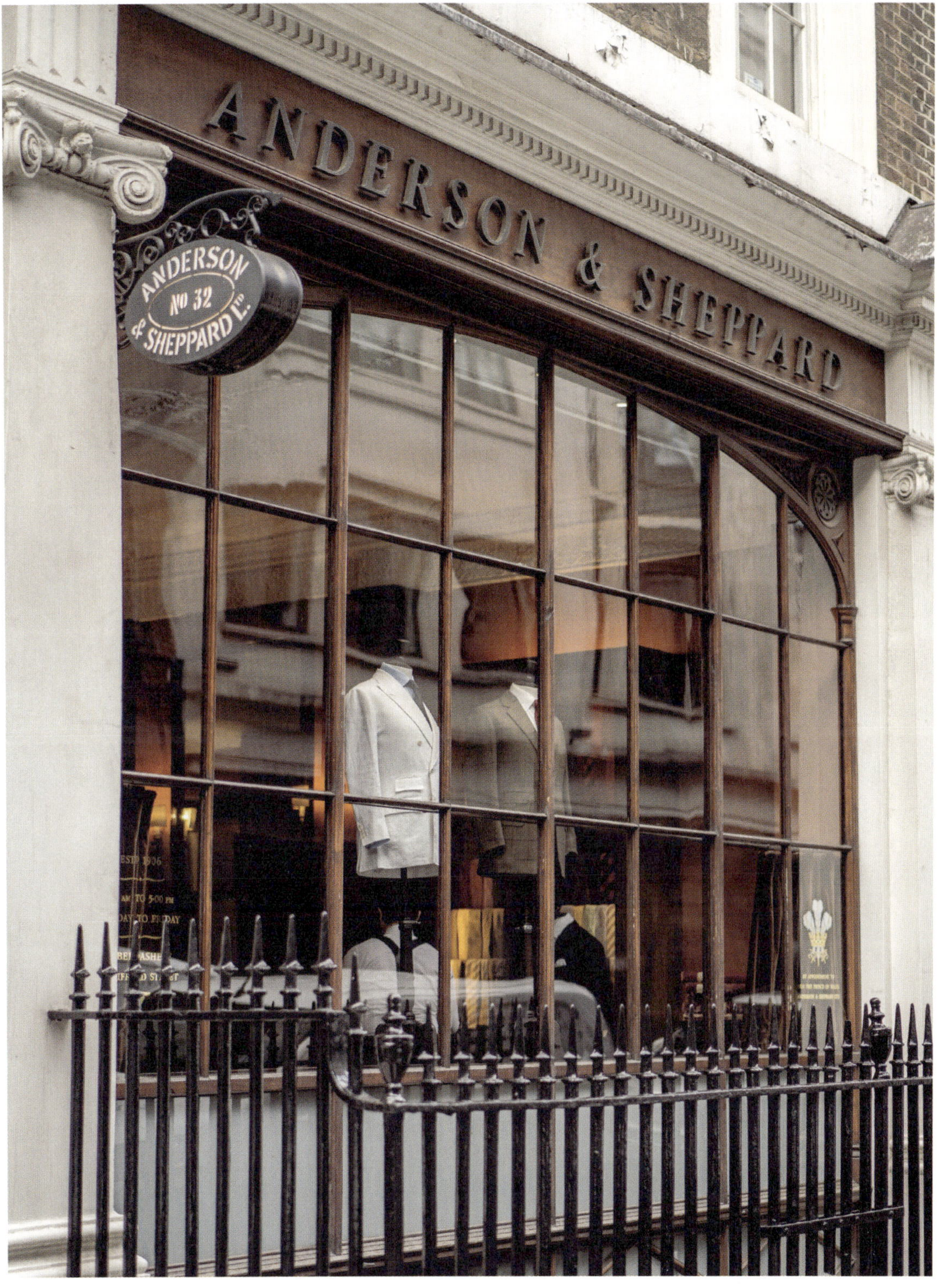
ANDERSON & SHEPPARD
ANDERSON
No 32
& SHEPPARD Ltd

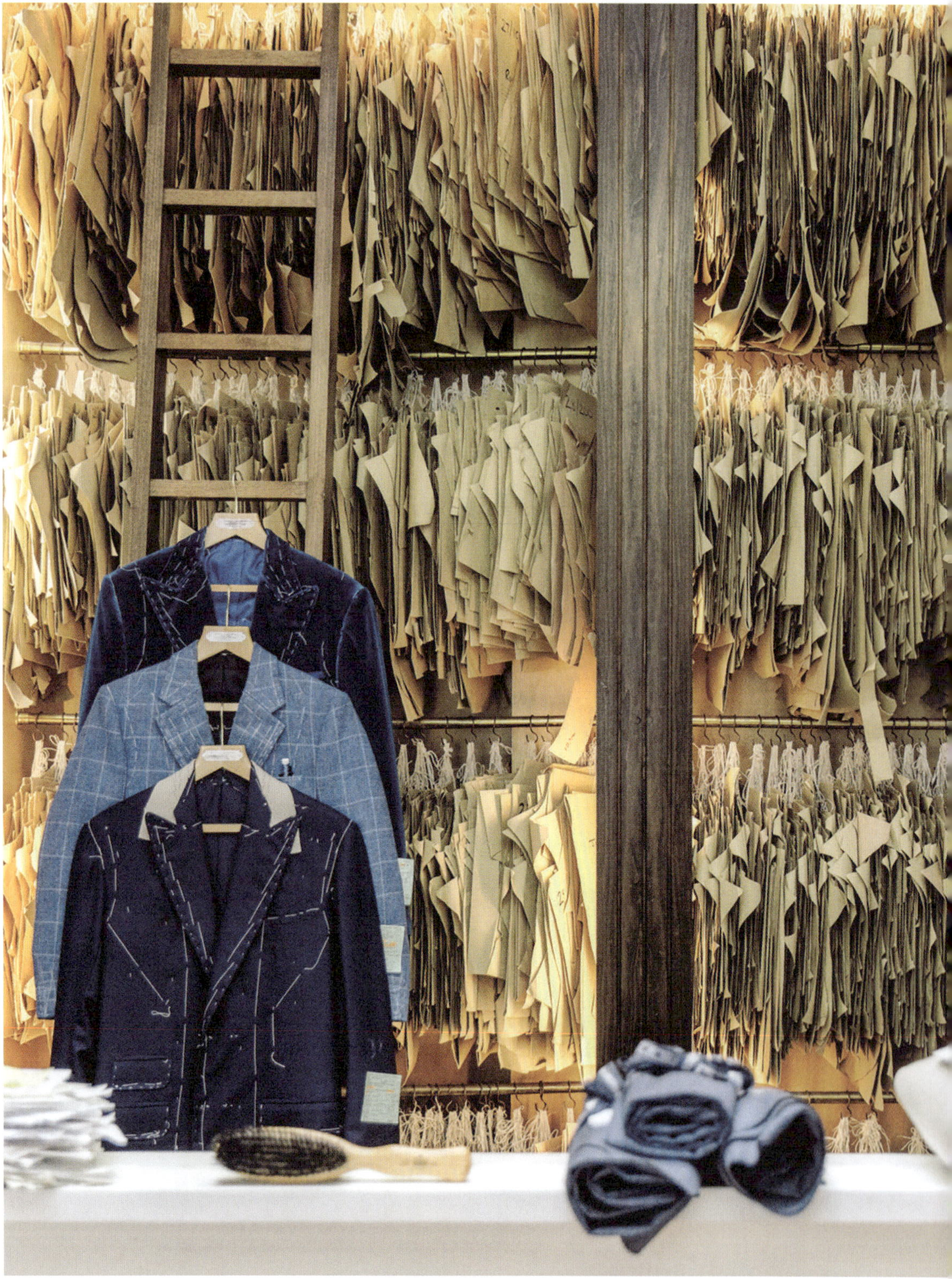

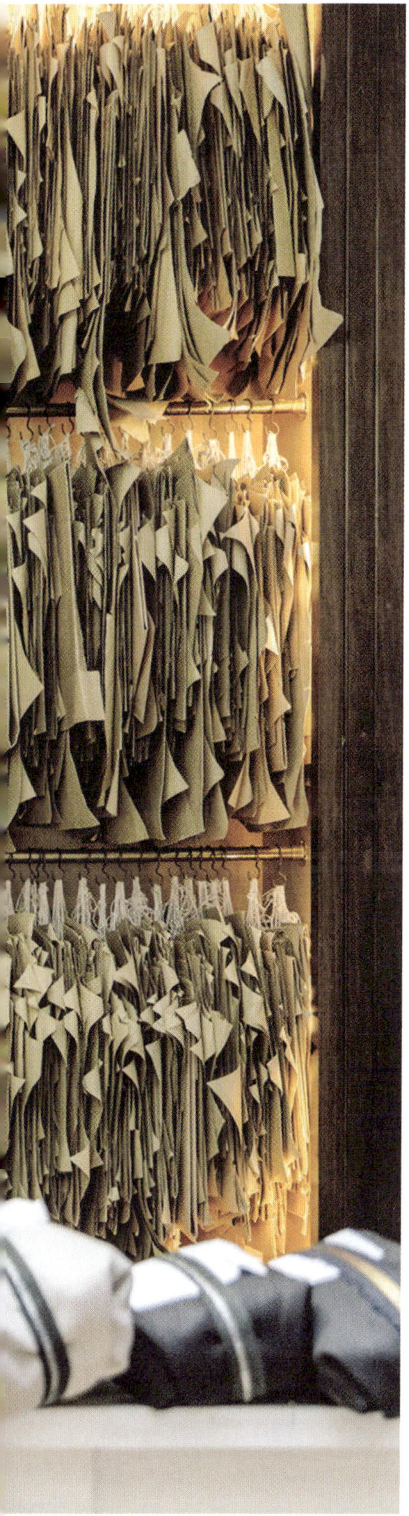

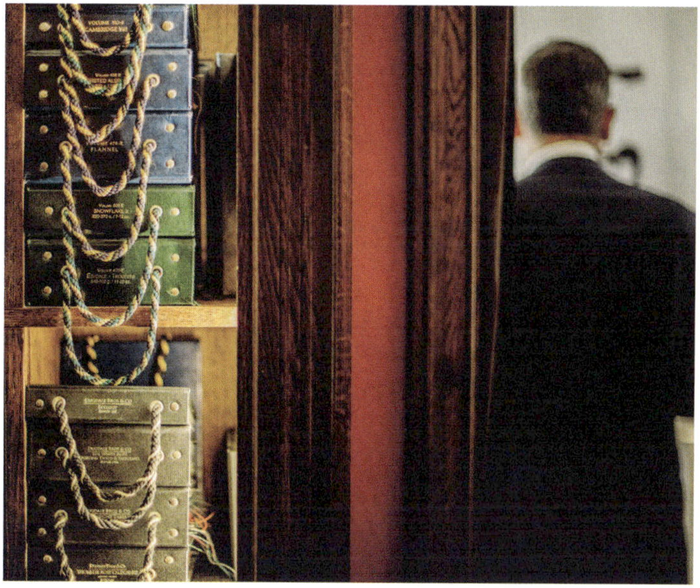

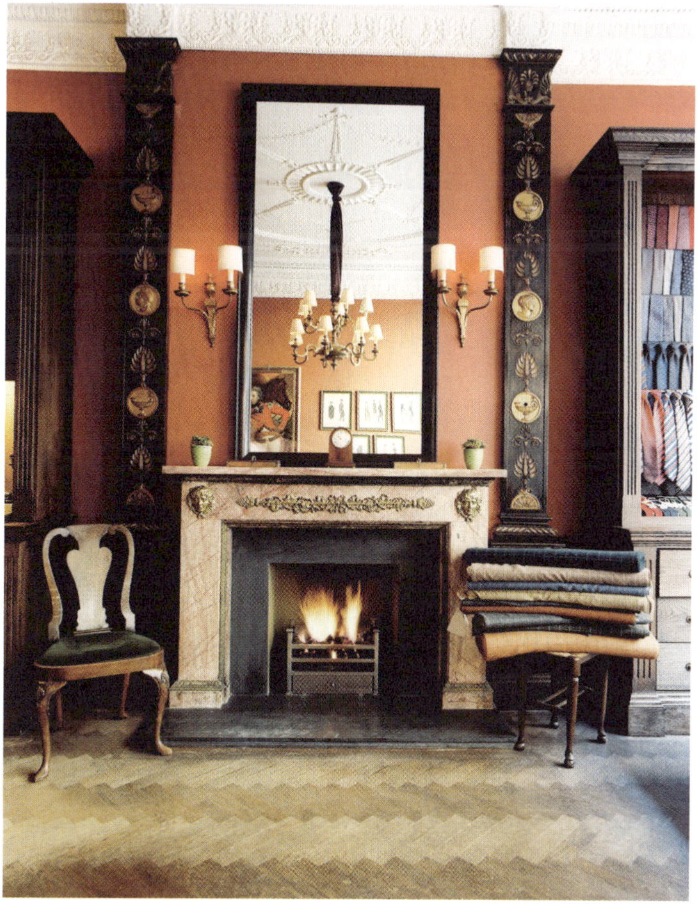

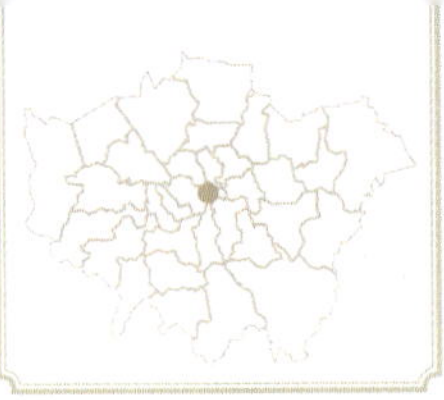



# Mercato Metropolitano

## Food court à l'anglaise

**Mercato Metropolitano** a développé depuis 2016 un concept de food court multiculturel qui a connu un tel succès qu'il s'est décliné dans différents espaces de la capitale anglaise. Avec une ligne directrice résolument tournée vers les modes de vie sains, les équipes de Mercato Metropolitano sélectionnent ses marchands et ses restaurateurs pour mettre en avant des pratiques alimentaires provenant de cultures différentes, tout en encourageant l'utilisation d'ingrédients produits localement.

**Si les food courts** d'Elephant & Castle et de Wood Wharf occupent, comme on pourrait s'y attendre, d'anciens entrepôts industriels restaurés avec soin, il faut donner une mention spéciale au Mercato de Mayfair, installé dans une ancienne église construite en 1825 et déconsacrée en 1974. Ce sublime bâtiment désormais entièrement occupé par le marché, du toit-terrasse jusqu'à la crypte en sous-sol, propose un écrin totalement fou pour venir déguster une gastronomie internationale.

- 42 Newington Causeway, Londres, SE1 6DR (Elephant & Castle)
- St Mark's, North Audley Street, Londres, W1K 6ZA (Mayfair)
- Wood Wharf, 6 George Street, Londres, E14 9QG (Wood Wharf)

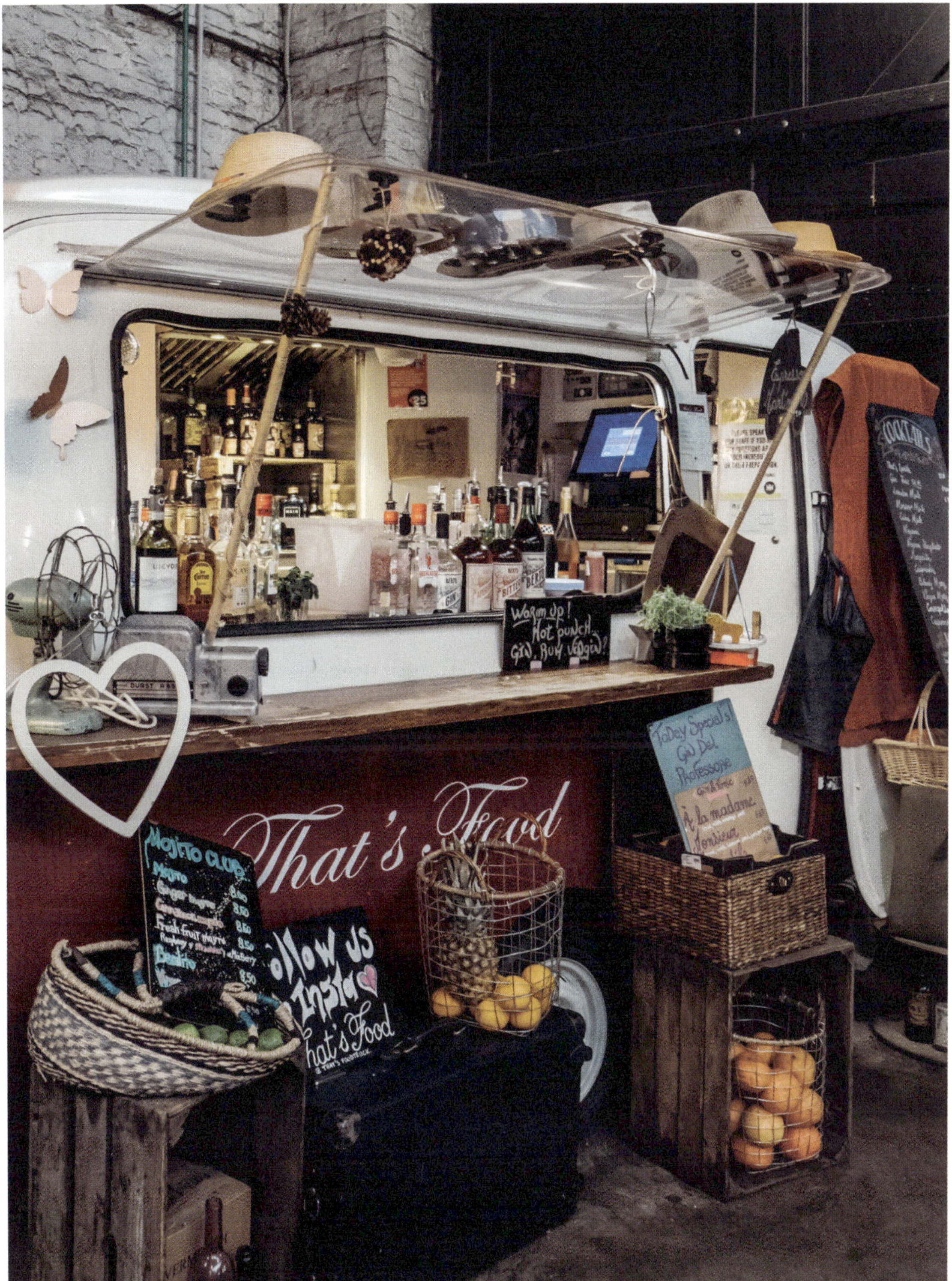
That's Food
Warm up!
Hot punch
MOJITO CLUB
Mojito
Follow us
Insta
That's Food
ToDay Specials!
Gin Del
Professore
A la madame
COCKTAILS

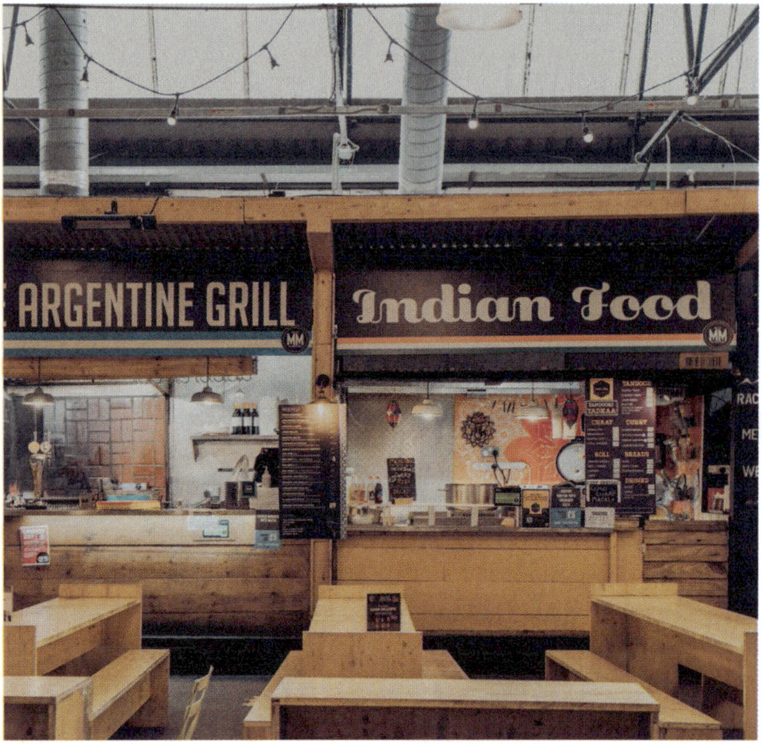
ARGENTINE GRILL
Indian Food

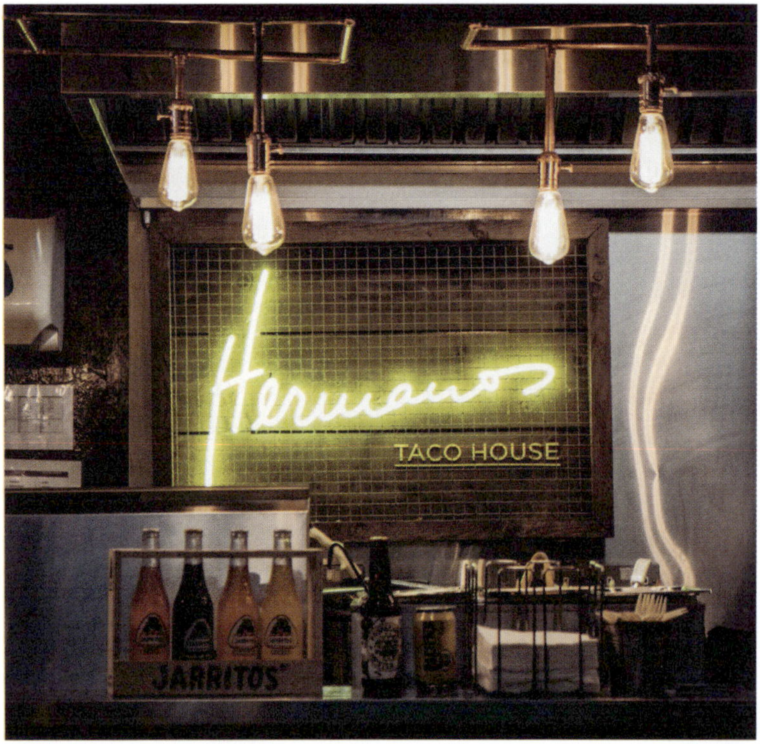
Hermanos
TACO HOUSE
JARRITOS

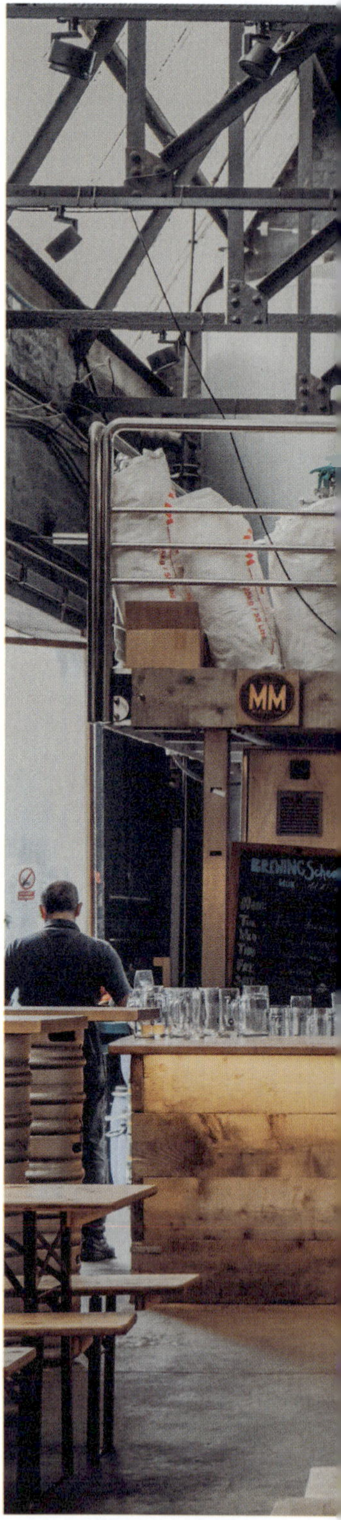

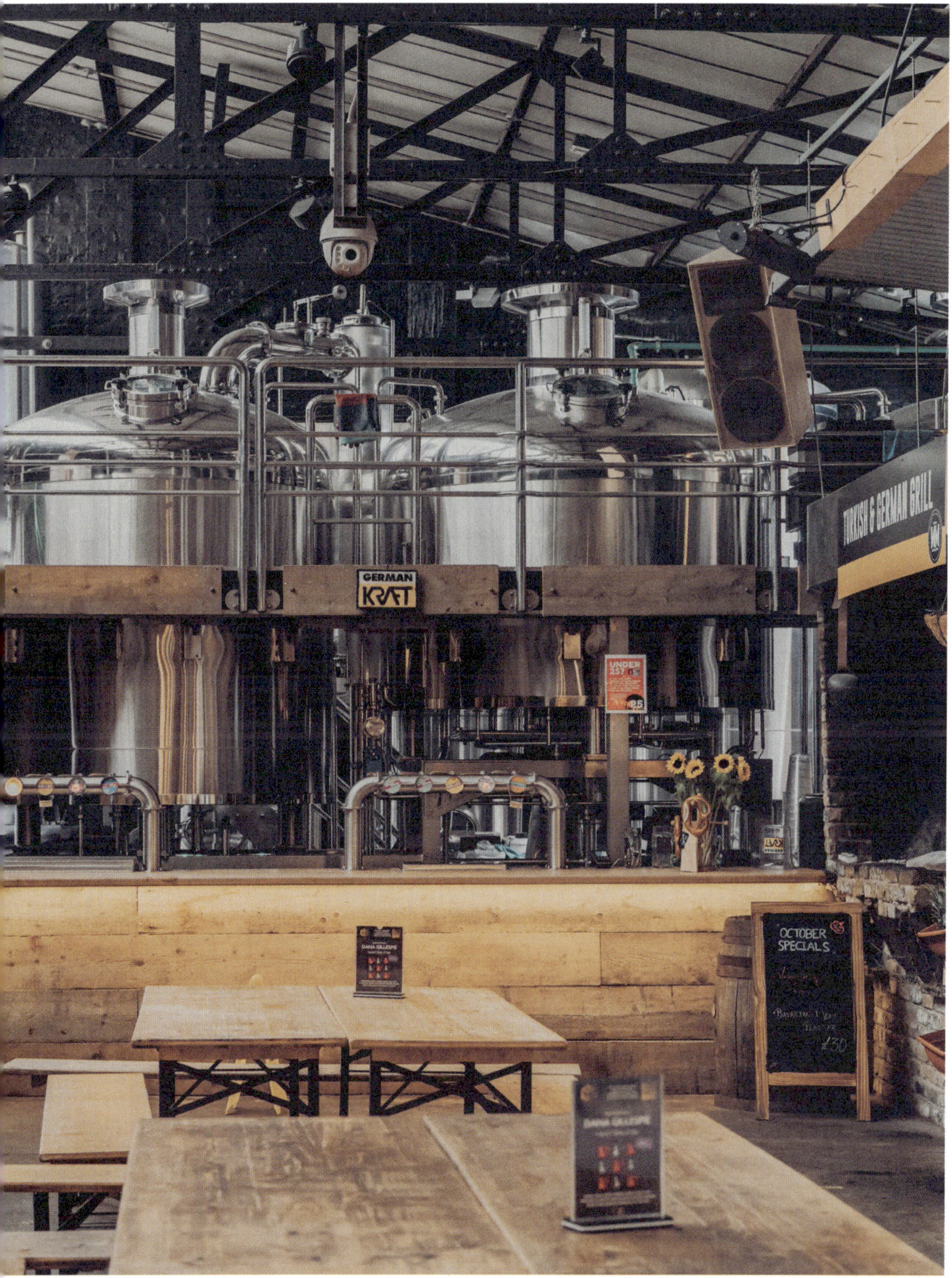
GERMAN
KRAFT
TURKISH & GERMAN GRILL
OCTOBER
SPECIALS
£30

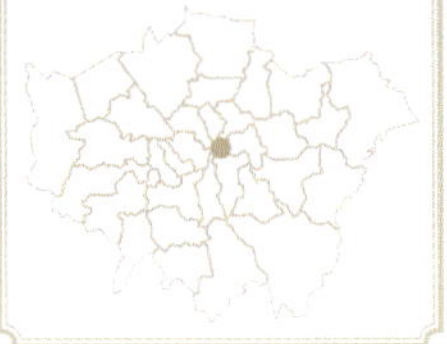



# James Smith & Sons

## Parapluie pour la vie

**Depuis 1830,** James Smith & Sons fabrique et vend les parapluies les plus britanniques qui soient. Le succès est tel qu'ils ouvrent en 1851 une boutique sur New Oxford Street, qui subsiste encore aujourd'hui, presque à l'identique.

**C'est un parfait exemple** d'une façade d'architecture victorienne. Il reste l'un des points de repère du centre de Londres et est communément appelé « The Umbrella Shop » par les chauffeurs de taxi et les habitants du quartier.

**James Smith & Sons** fut l'un des premiers fabricants de parapluies à utiliser les armatures Fox®, considérées plus légères et plus pratiques. Qu'ils soient classiques ou farfelus, sobres ou colorés, une chose est sûre, ici tous les modèles sont prévus pour durer dans le temps. On pourrait presque inventer un slogan : un parapluie James Smith & Sons, un parapluie pour la vie !

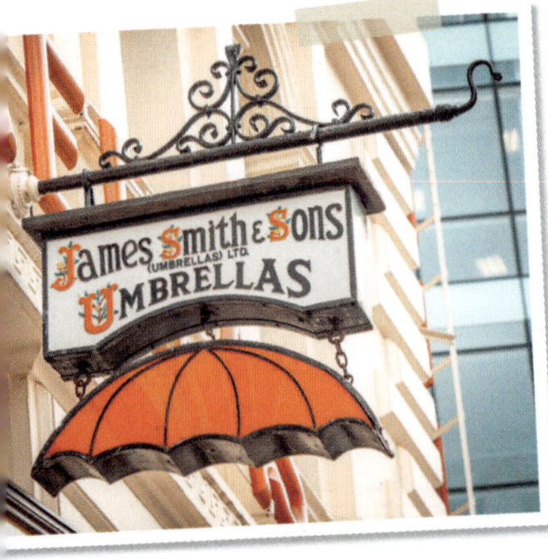


**Hazelwood House,**
**53 New Oxford Street**
**Londres, WC1A 1BL**

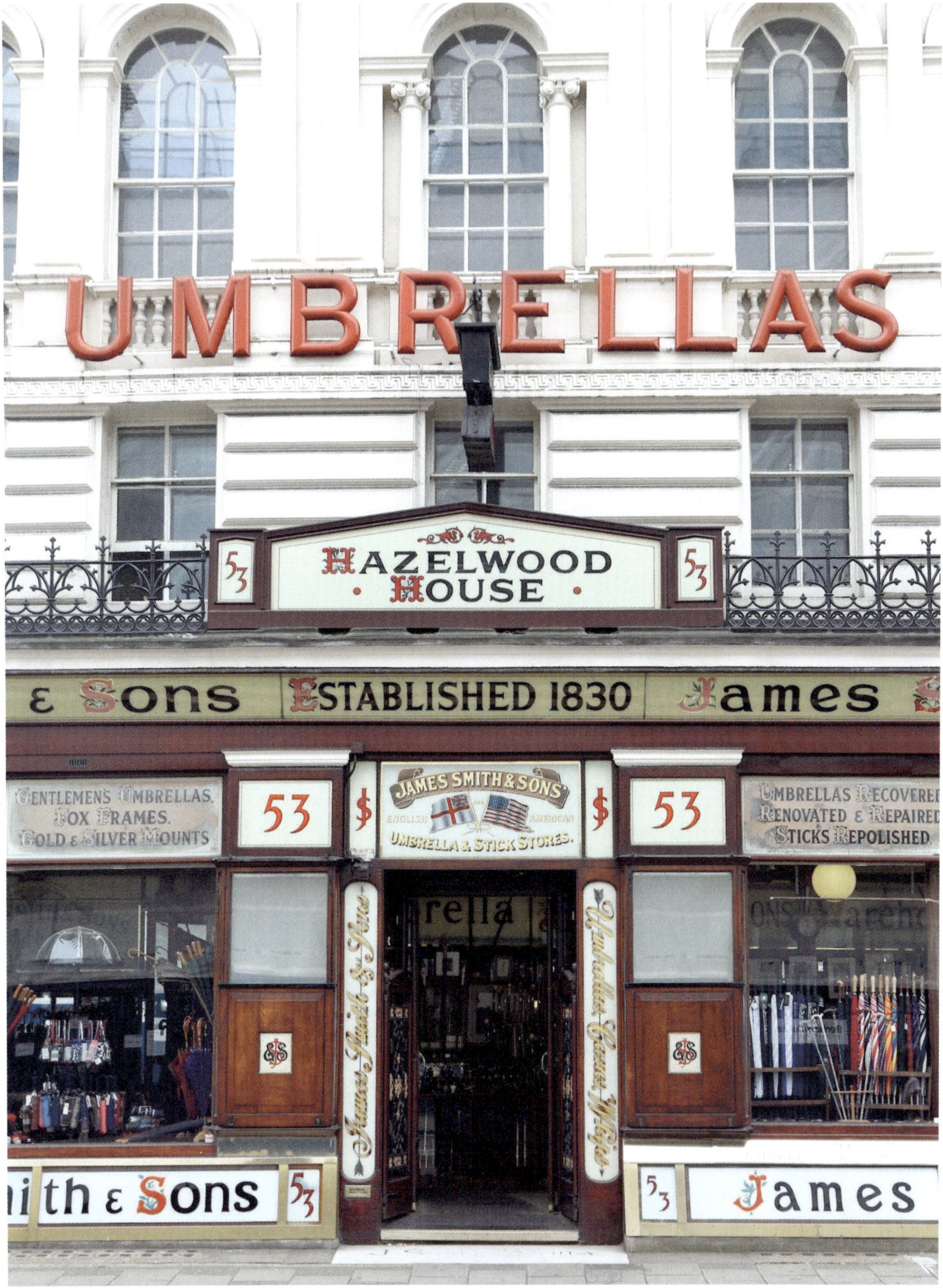
UMBRELLAS
53
HAZELWOOD HOUSE
53
& Sons
ESTABLISHED 1830
James
GENTLEMENS UMBRELLAS,
FOX FRAMES,
GOLD & SILVER MOUNTS
53
JAMES SMITH & SONS
ENGLISH
AMERICAN
UMBRELLA & STICK STORES.
53
UMBRELLAS RECOVERE
RENOVATED & REPAIRED
STICKS REPOLISHED.
James Smith & Sons
Umbrellas, Canes, Whips
ith & Sons
53
53
James

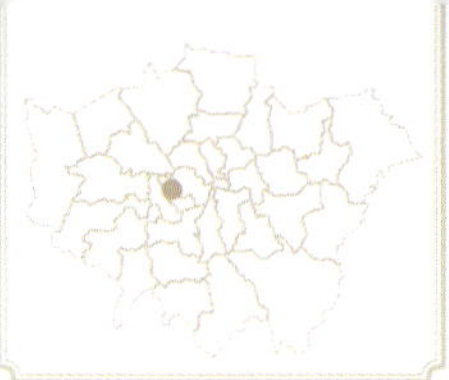



# Portobello Road Market

## Cinq marchés en un seul

**Autoproclamé plus grand marché** d'antiquités du monde, le Portobello Road Market fait partie du patrimoine londonien.

**Jusqu'au milieu du XIX^e^ siècle,** Portobello Road était une simple route de campagne. Il faut attendre l'ouverture de la gare de Notting Hill (aujourd'hui connue sous le nom de Ladbroke Grove) pour voir s'y installer des magasins de denrées alimentaires. Son identité va se transformer une première fois dans les années 1940 avec l'arrivée de commerçants spécialisés dans le bric-à-brac et les antiquités. Puis, à la fin des années 1980, Portobello va passer du statut de quartier ouvrier à celui de quartier à la mode.

**Cette évolution va également se refléter** sur le marché avec l'apparition de nombreuses boutiques de mode. Aujourd'hui, Portobello Road Market est en fait cinq marchés en un qui, selon les jours, propose antiquités, bric-à-brac, mode, fruits et légumes, et street-food. C'est le samedi que l'effervescence est à son maximum, avec plus d'un kilomètre d'étals près desquels se produisent de nombreux artistes de rue.

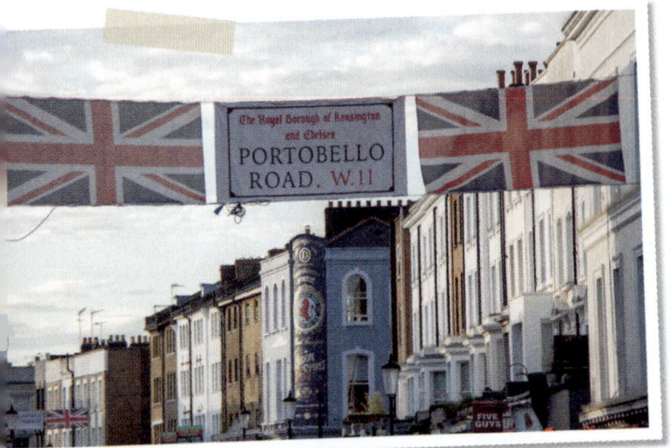


Portobello Road
Londres, W11

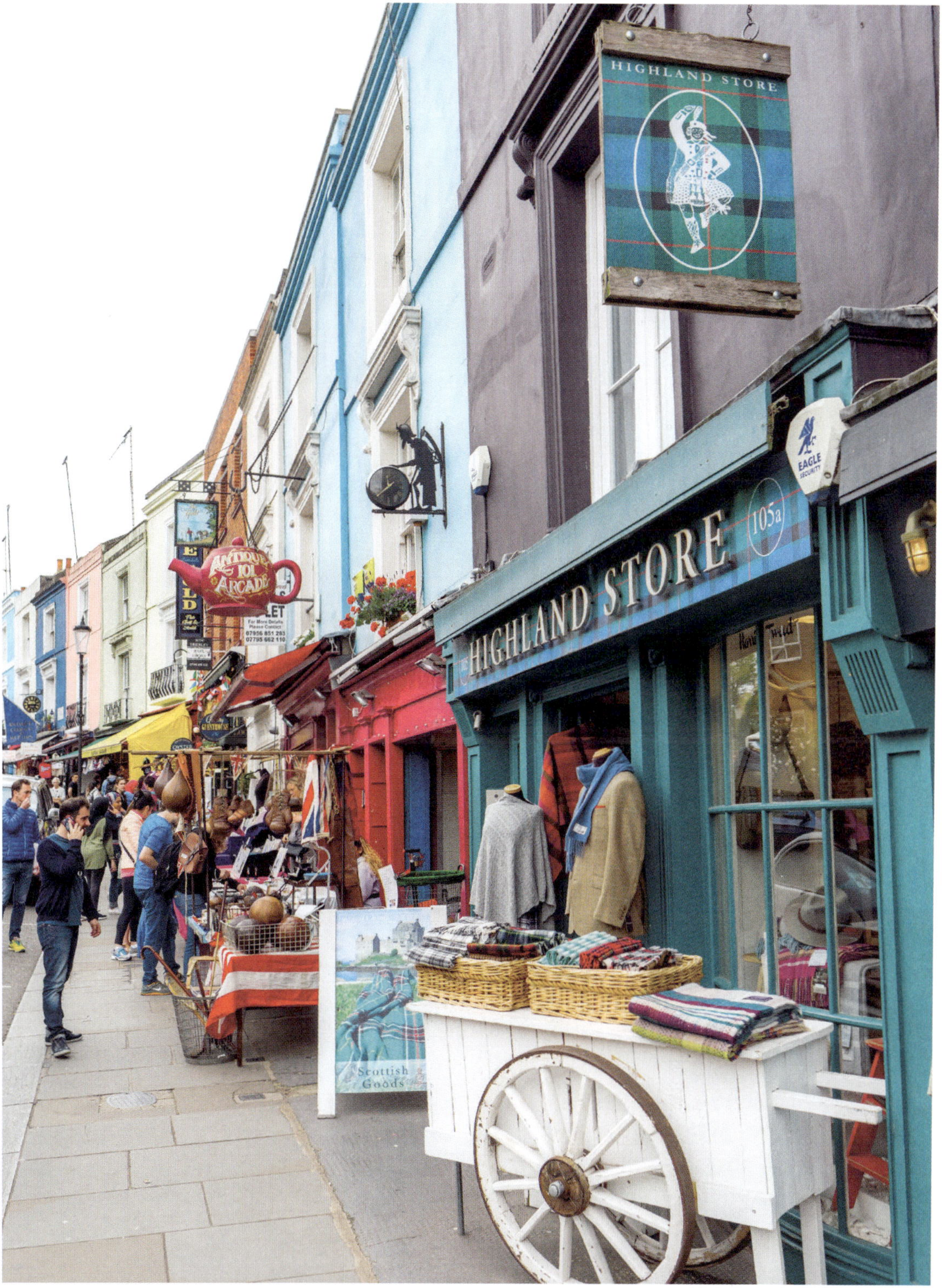

HIGHLAND STORE
HIGHLAND STORE
105a
EAGLE SECURITY
ANTIQUE 101 ARCADE
Scottish Goods

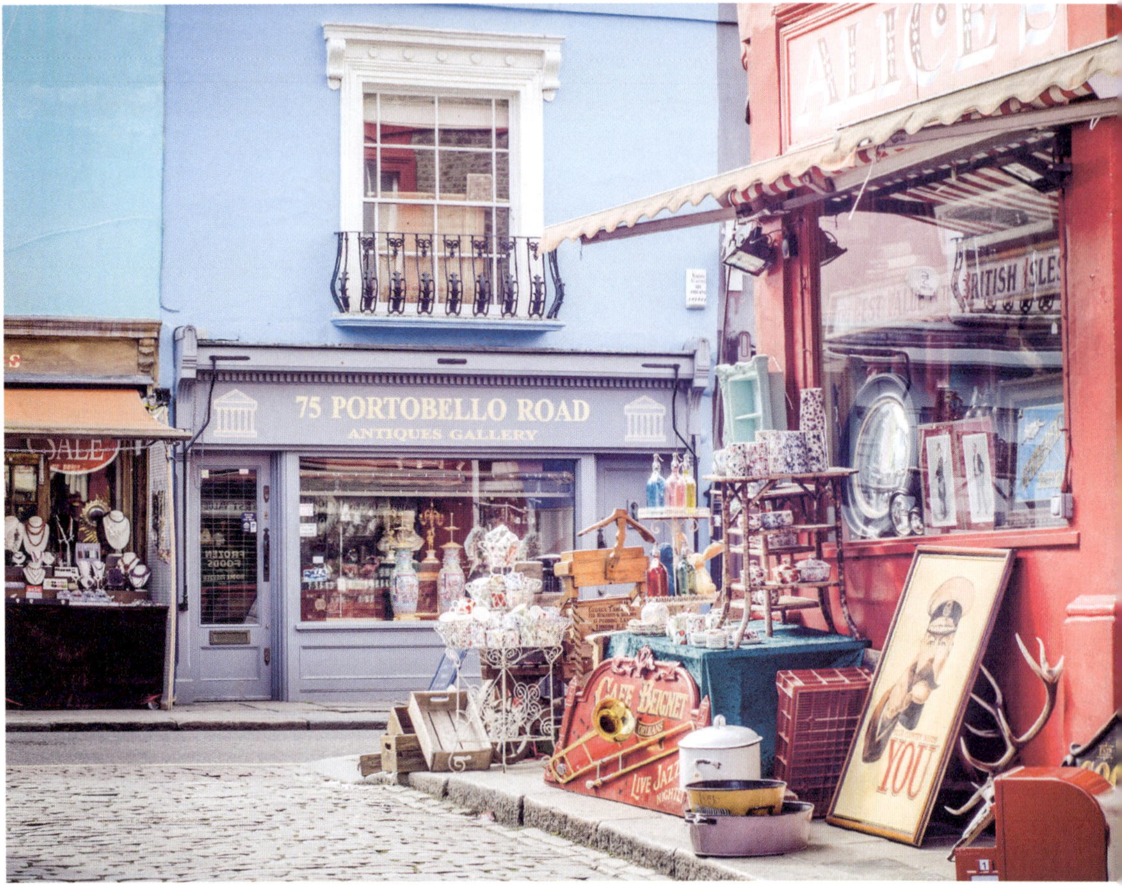
75 PORTOBELLO ROAD
ANTIQUES GALLERY
SALE
BRITISH ISLES
CAFE BEIGNET
LIVE JAZZ
YOU

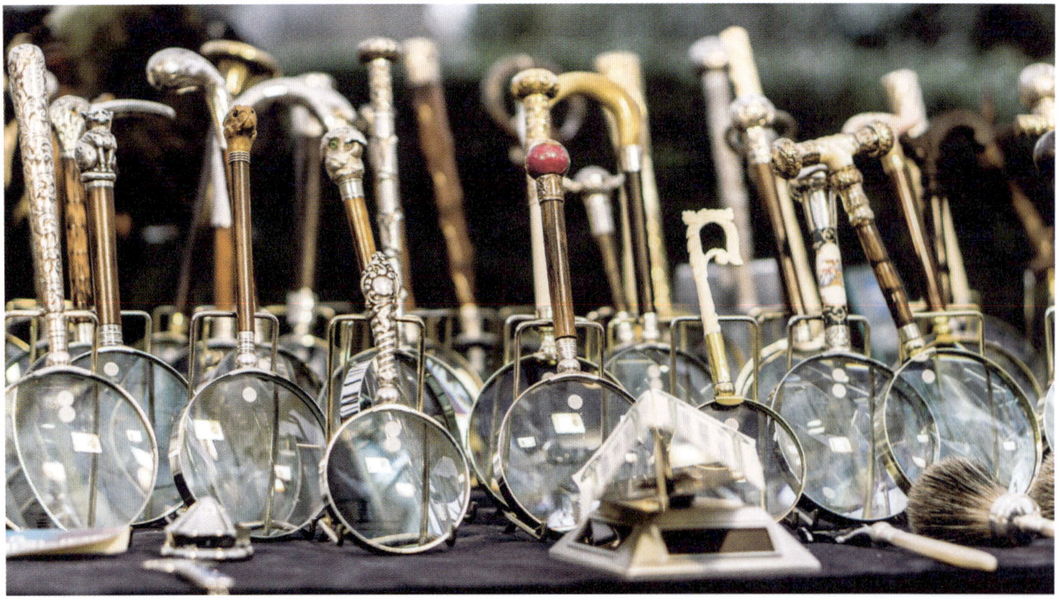

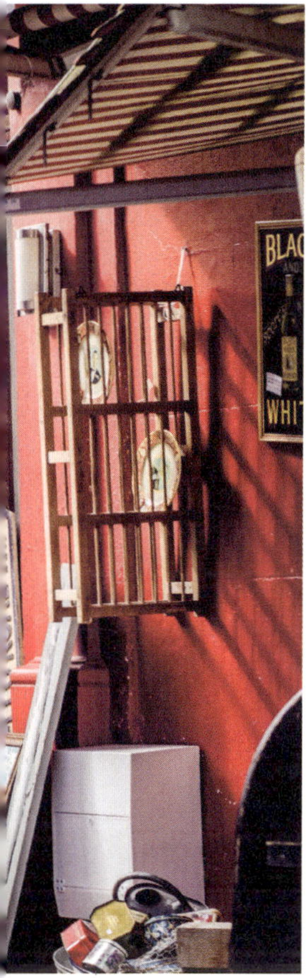

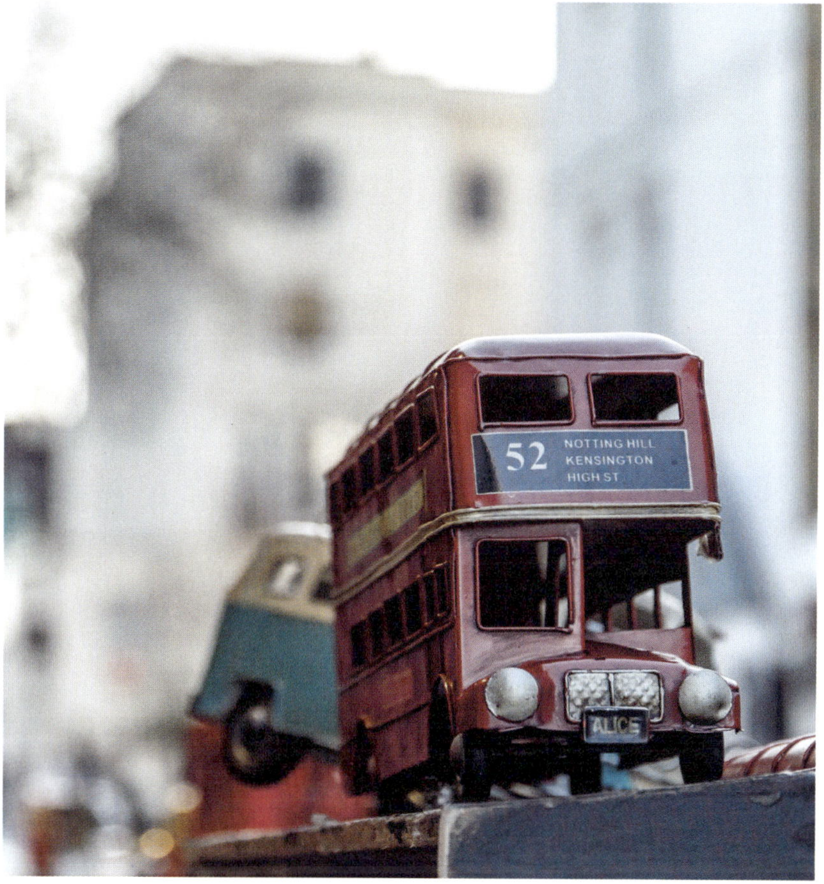
52
NOTTING HILL
KENSINGTON
HIGH ST
ALICE

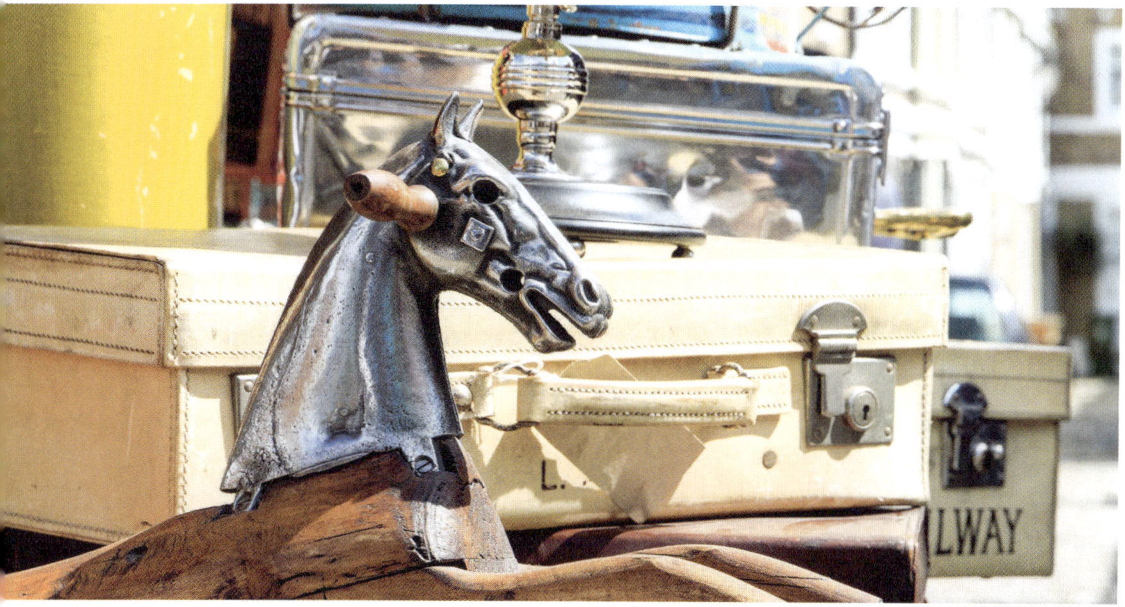

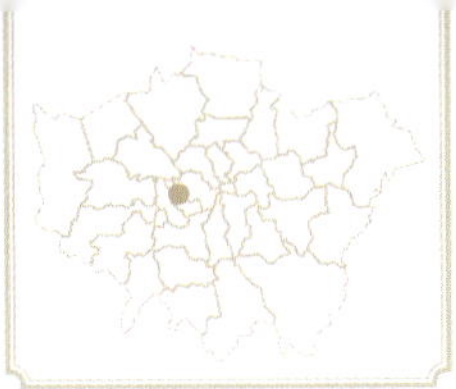



# The Cloth Shop

## Le beau linge

**Ouvert en 1982** dans le quartier de Soho, c'est au début des années 1990 que The Cloth Shop débarque sur Portobello Road, dans l'ouest londonien. Ce magasin de tissu est réputé pour sa collection de textiles anciens, en fibres naturelles, principalement tissés à la main, en lin et en coton texturés.

**Avec de nouvelles pièces** arrivant chaque semaine, des tissus provenant du monde entier, unis ou à rayures, à carreaux ou à motifs floraux, il y a constamment de nouveaux articles, tous plus beaux les uns que les autres. En plus des tissus, les étagères sont remplies d'un mélange éclectique de beau linge, de dentelle, de couettes, de couvertures, de poteries et d'articles de décoration pour la maison. Les équipes sur place ne sont pas avares de conseils pour vous aider à faire votre choix.

**Ajoutons que l'arrière-boutique** propose des fins de rouleaux et des piles de restes de pièces à prix discount.

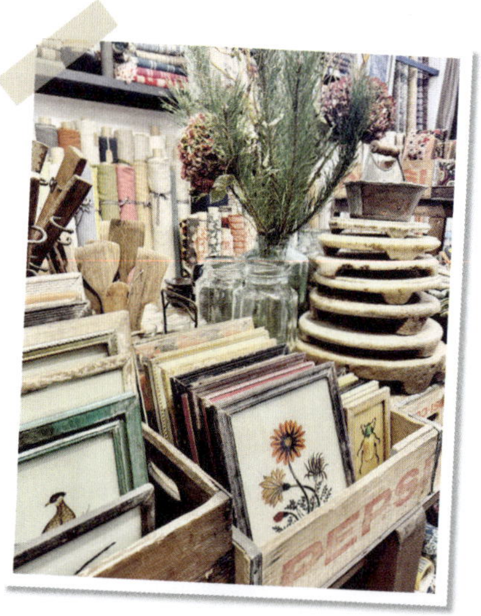

290 Portobello Road
Londres, W10 5TE

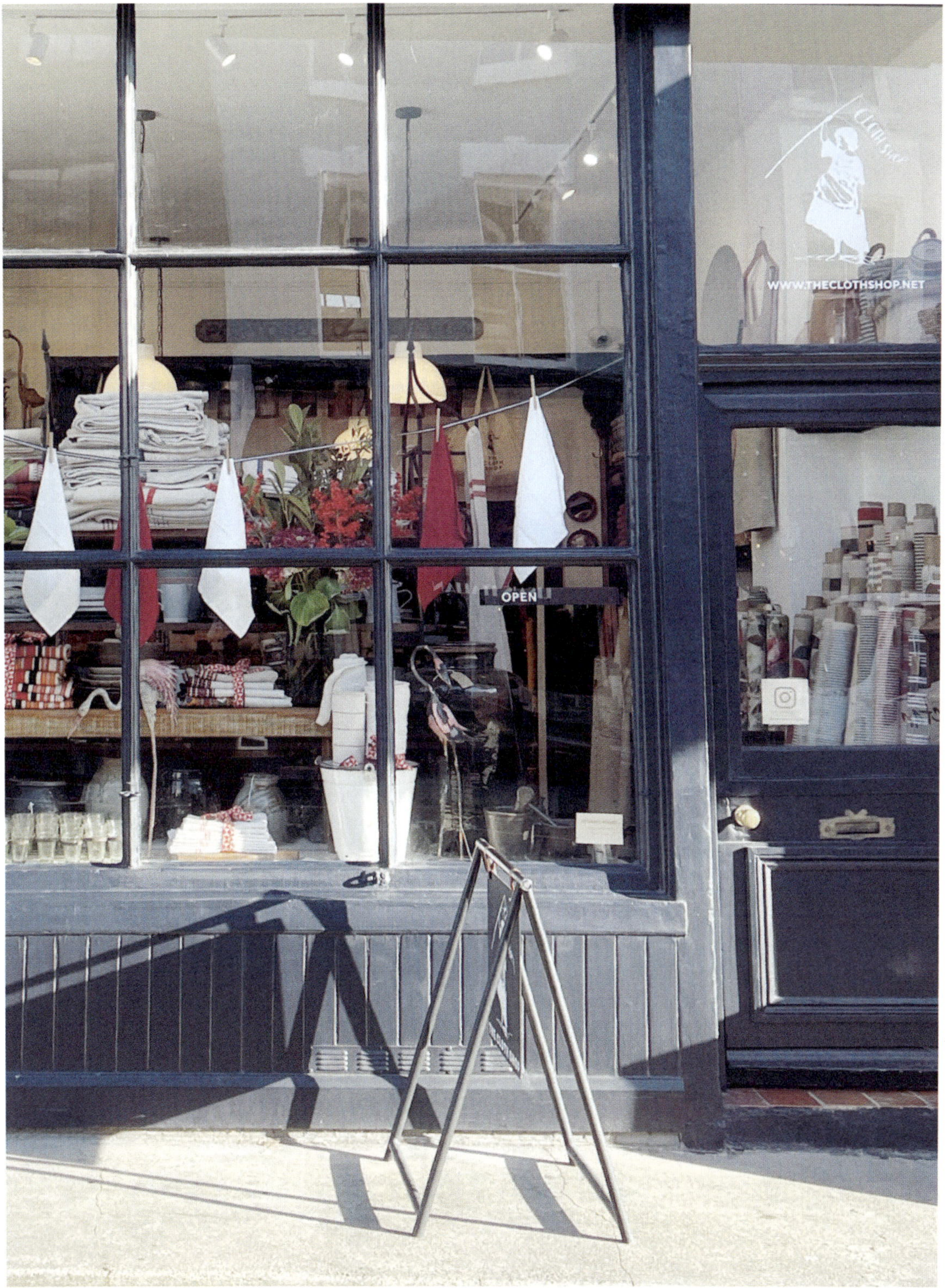
WWW.THECLOTHSHOP.NET
OPEN

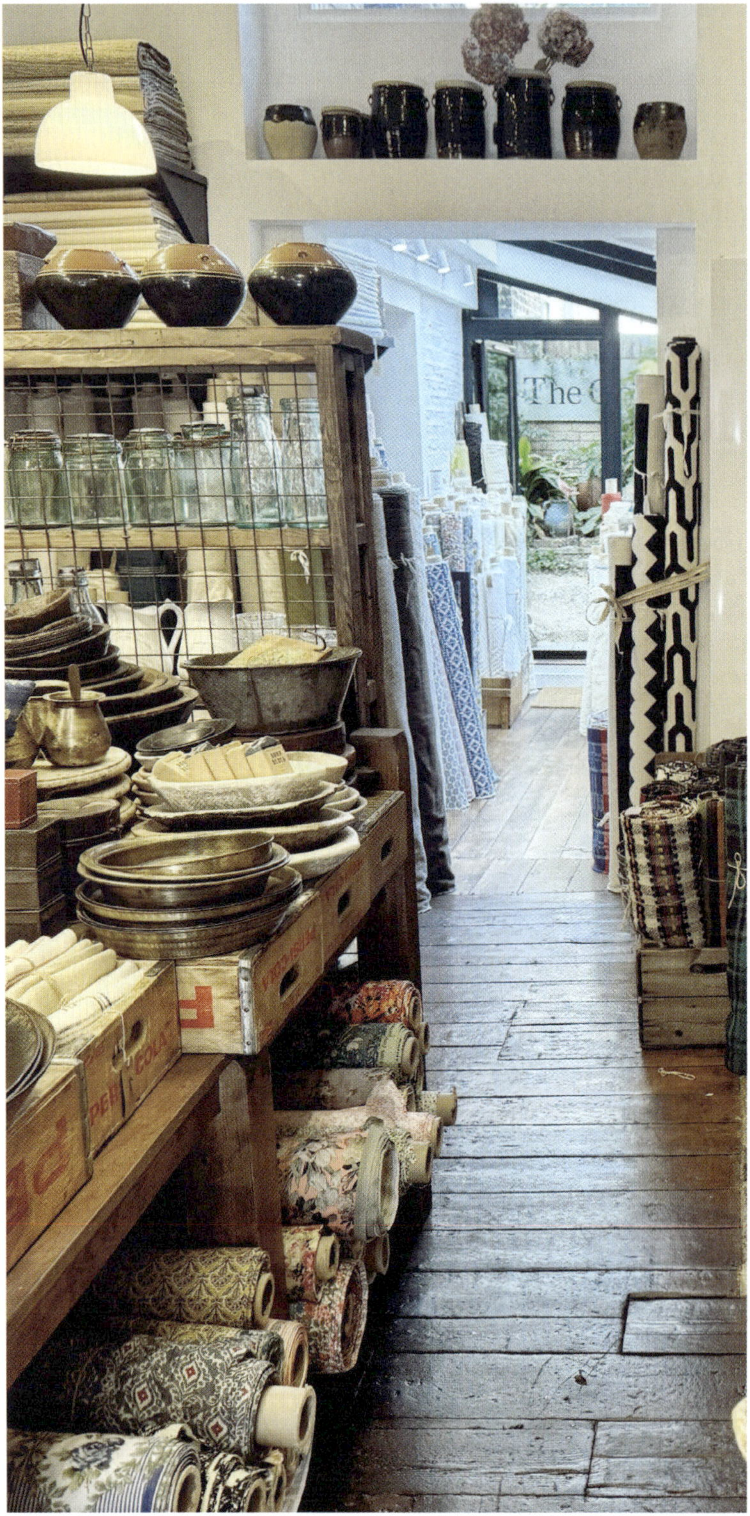
The
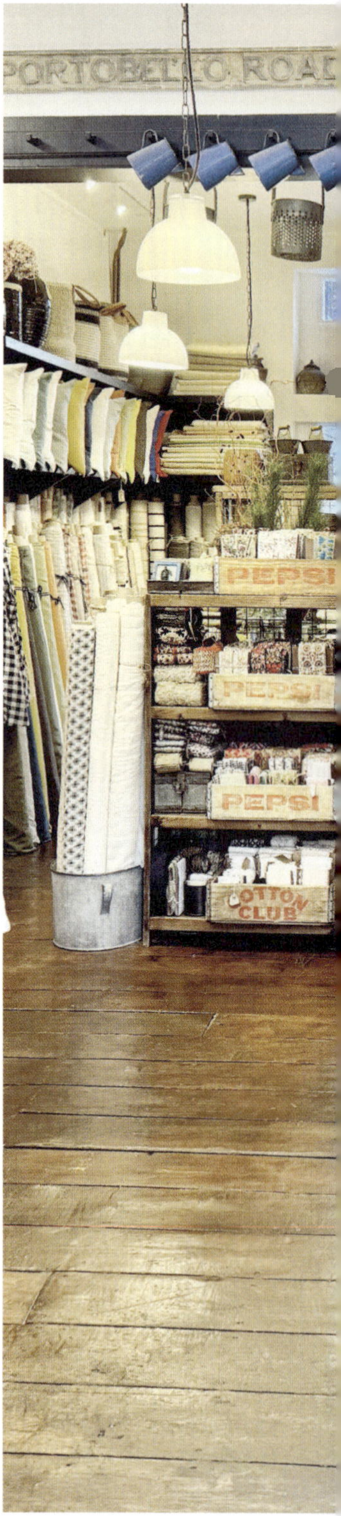
PORTOBELLO
PEPSI
PEPSI
PEPSI
COTTON CLUB

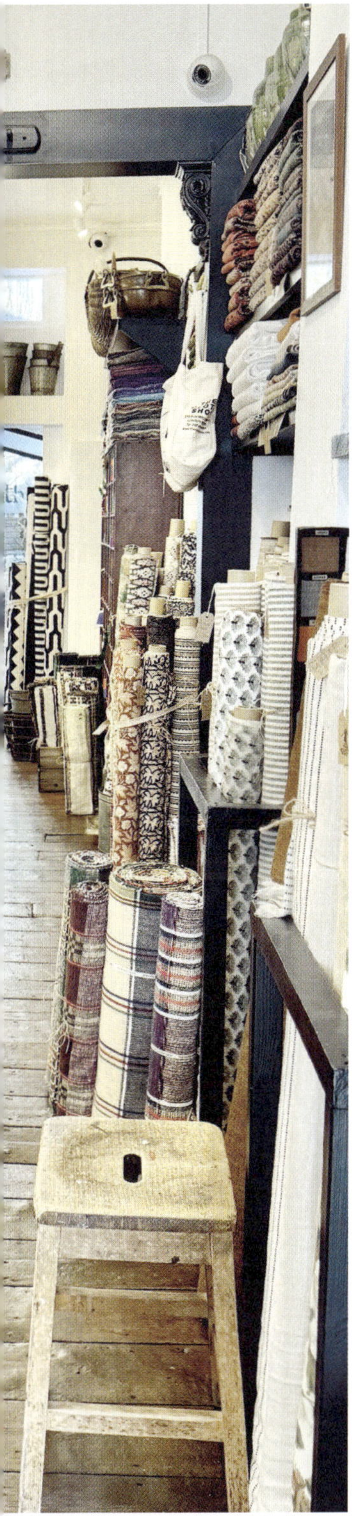

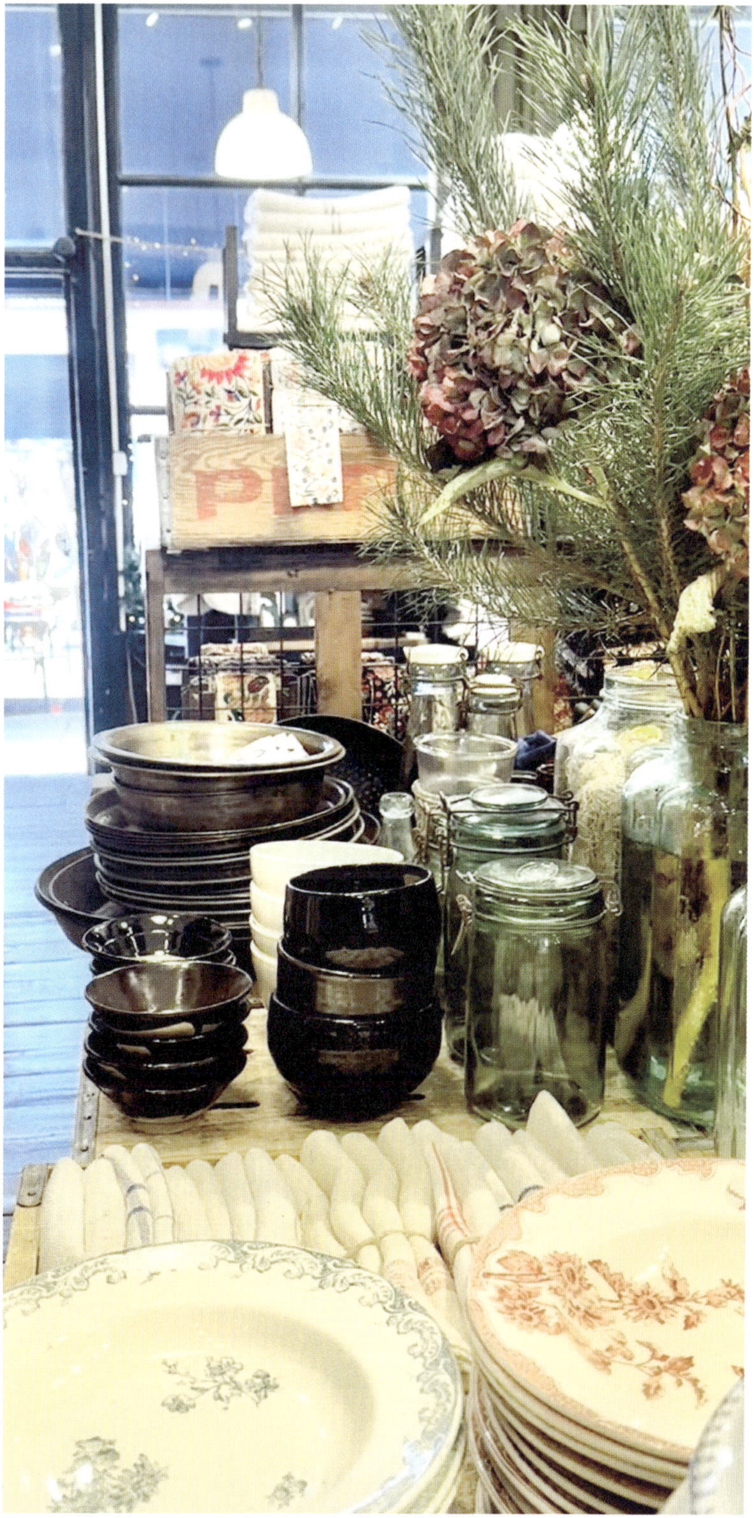

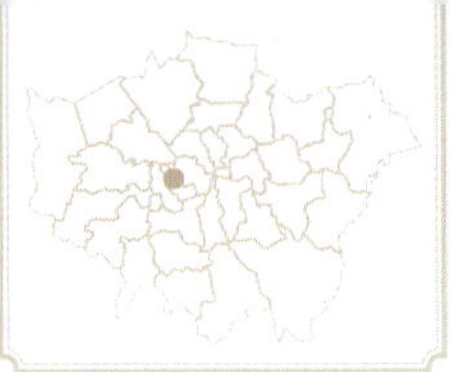



# Electric Cinema

## Silence, on tourne !

**Ouvert en 1910** au cœur du quartier de Notting Hill sur la fameuse Portobello Road, l'Electric Cinema est l'un des plus vieux cinémas encore en activité à Londres.

**La salle de projection** vous replonge dans l'époque édouardienne avec ses moulures et ses lustres d'époque. Et ce qui marque l'expérience du cinéphile, c'est évidemment le confort hors du commun pour une salle de cinéma : énormes sièges en cuir avec repose-pieds, grands plaids pour les frileux, lampes de chevet posées sur des petites tables individuelles... Il y a même de larges banquettes en velours où l'on peut s'allonger à plusieurs pour profiter du film (risqué pour les amateurs de petites siestes devant les films).

**On vous assure que le visionnage d'un film** prend ici une tout autre dimension ! La programmation propose les derniers films à l'affiche, mais attention, avec seulement 83 sièges, il est recommandé de réserver sa place à l'avance.

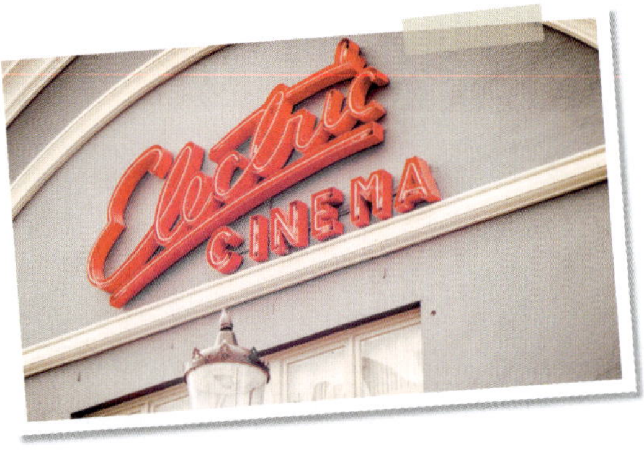


191 Portobello Road
Londres, W11 2ED

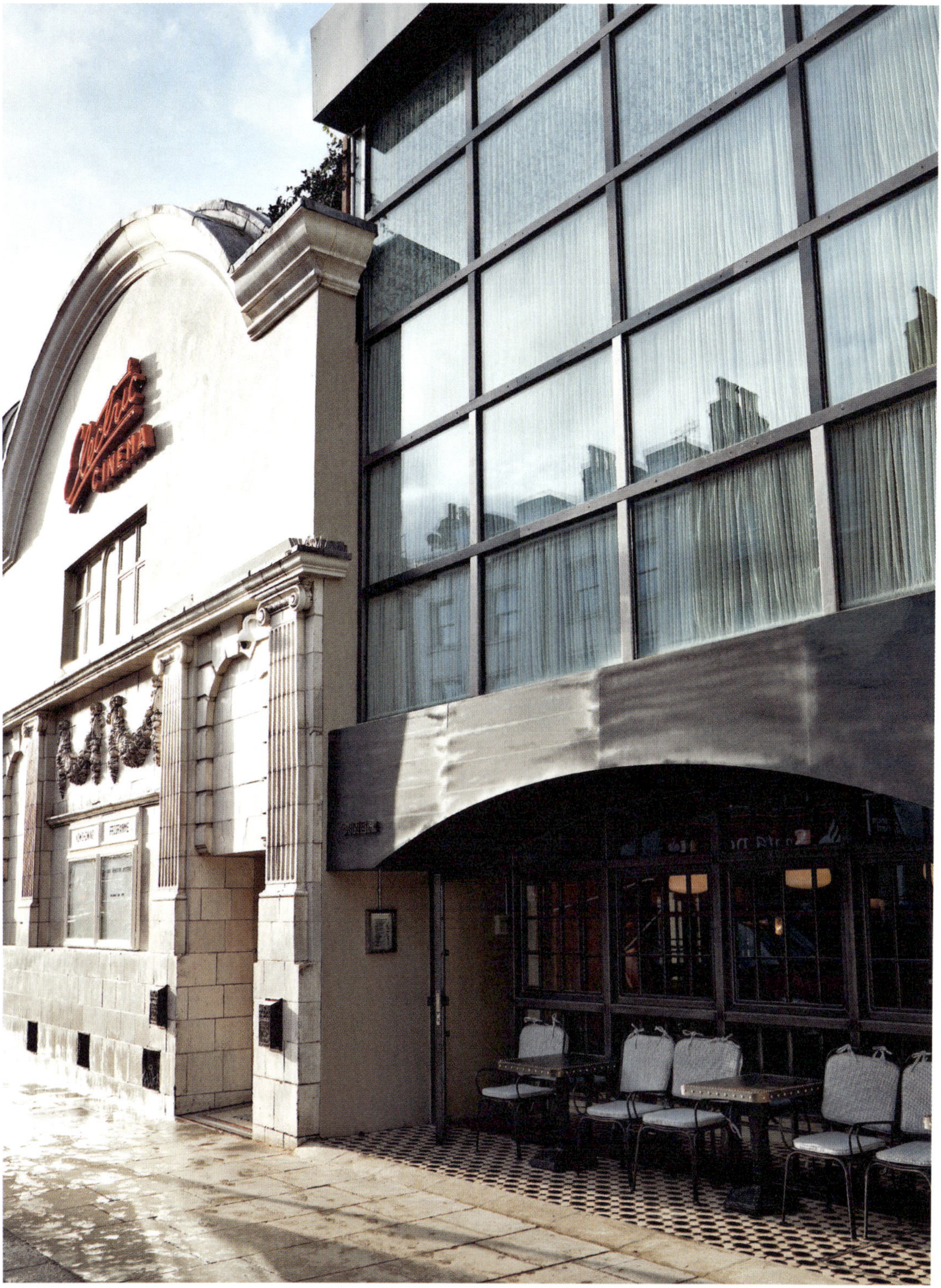
CINEMA

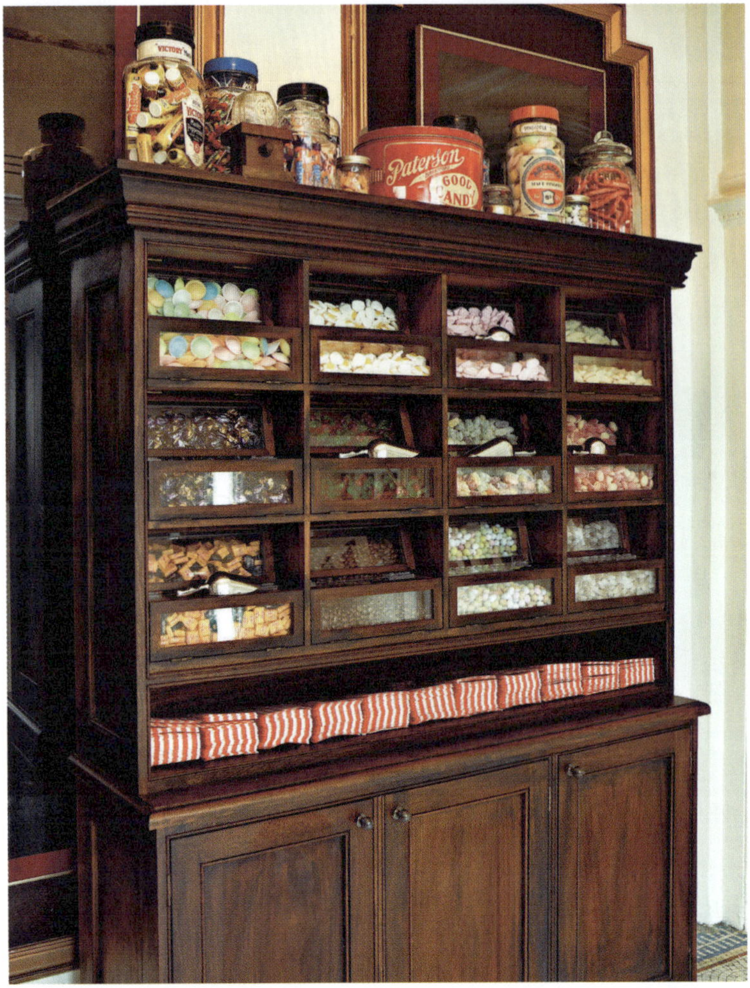
Paterson

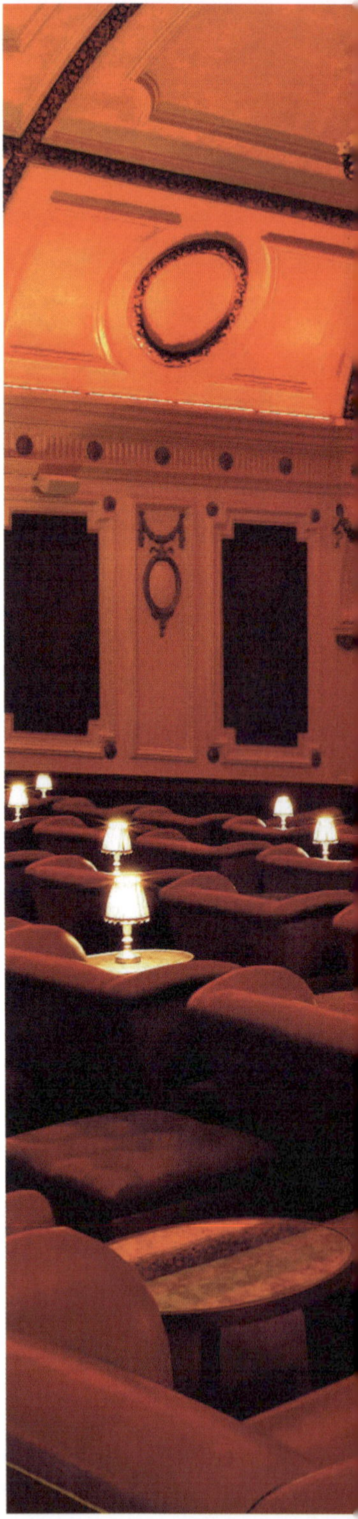

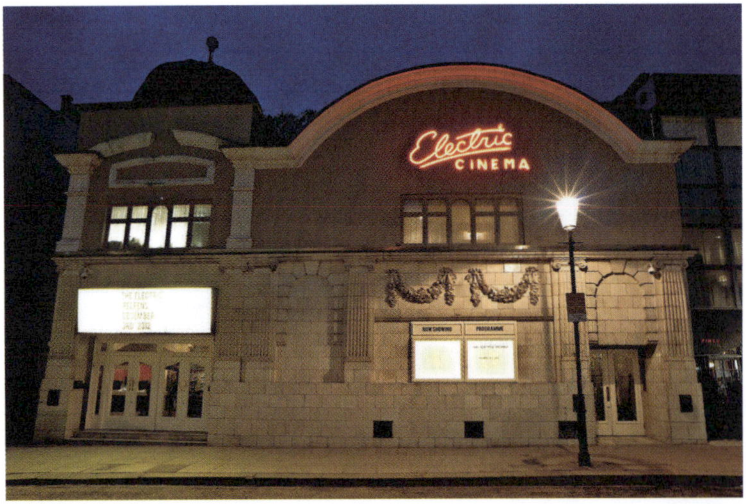
Electric
CINEMA

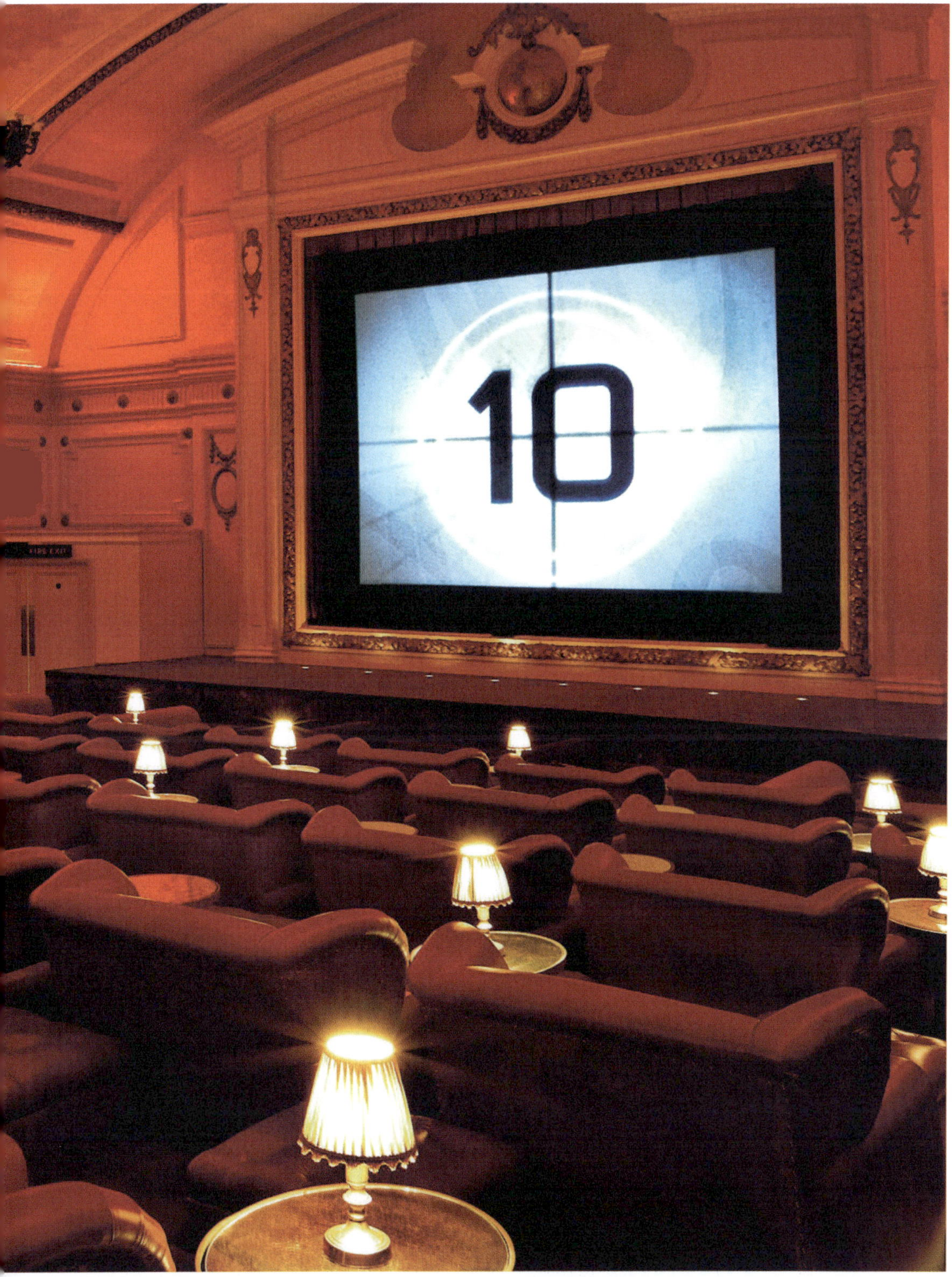
10

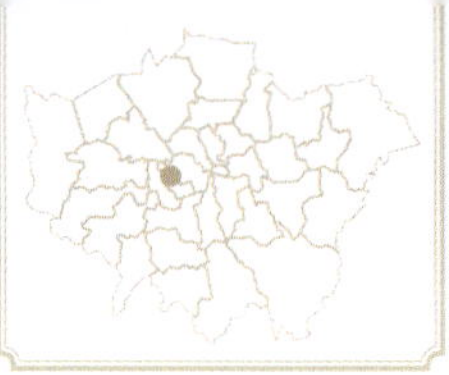



# Biscuiteers

## Biscuits so british

**Des biscuits de luxe,** fabriqués à l'ancienne, glacés à la main et personnalisables dans un emballage original : c'est Biscuiteers, une pâtisserie lancée en 2007, qui s'est notamment distinguée par son inventivité et ses livraisons dans le monde entier avec un slogan : « Pourquoi envoyer des fleurs quand vous pouvez envoyer des *Biscuiteers* ? »

**Depuis, les collaborations avec des artistes** et les collections de biscuits se sont succédé. Sa fondatrice, Harriet Hastings, met un point d'honneur à soutenir les femmes à travers le mouvement *Buy Women Built* (qui met en avant les entrepreneuses) et le *Women's Prize For Fiction* (qui soutient les écrivaines).

**Depuis quelques années,** l'entreprise est également entrée dans la démarche de tendre vers une production zéro carbone en repensant toute la chaîne de fournisseurs et de fabrication de ses biscuits.

194 Kensington Park Road
Londres, W11 2ES

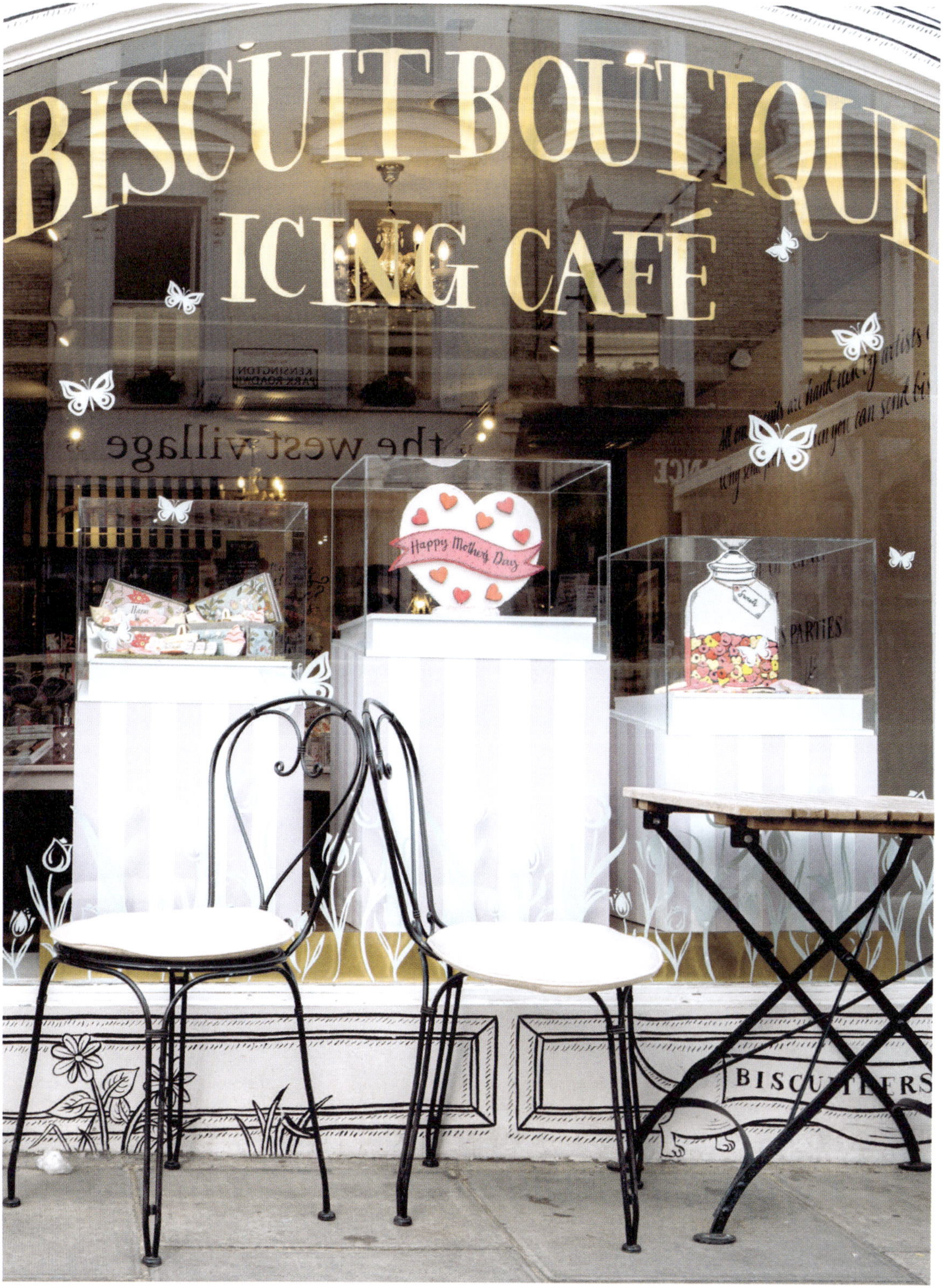

BISCUIT BOUTIQUE
ICING CAFÉ
Happy Mother's Day
BISCUITEERS

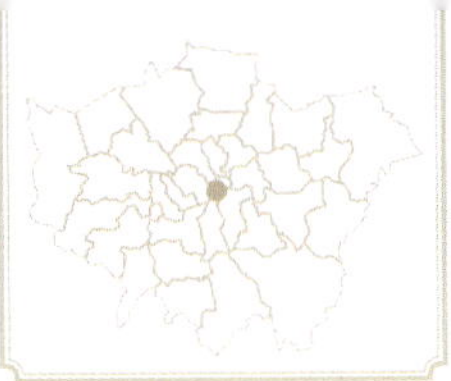



# TWG Tea

## Le plaisir du thé

**Créée en 2008,** cette chaîne de salon de thé de luxe singapourienne s'est rapidement fait une place importante dans le monde du thé. Les chiffres associés à cette marque donnent le tournis : distribué dans plus de quinze pays, proposant plus de mille variétés de thés, provenant d'une cinquantaine de régions dans le monde, TWG met en avant l'année 1837, qui rappelle l'année où Singapour est devenu un comptoir commercial pour les thés et les épices.

**Située en plein centre de Londres,** sur la place de Leicester Square, la boutique-salon de thé TWG Tea propose, selon les spécialistes, la plus grande sélection de thés au monde que vous pourrez déguster sur place dans un écrin exceptionnel.

**On y trouve un restaurant** avec de nombreux plats infusés au thé, mais également des mignardises pour accompagner votre boisson, et même un petit musée du thé ! Attention, le succès est tel qu'il y a souvent de l'attente à l'entrée.

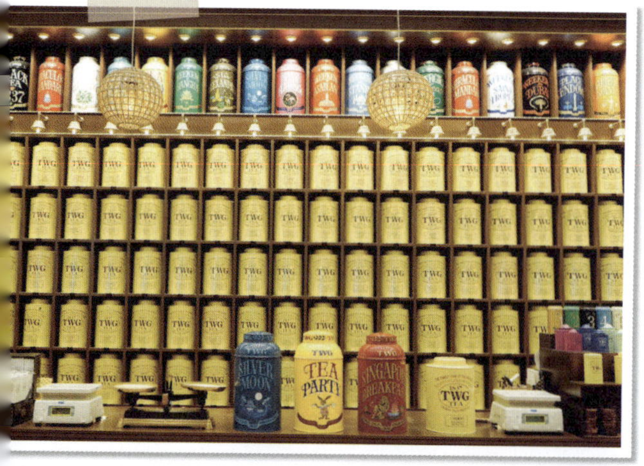


**48 Leicester Square
Londres,
WC2H 7LT**

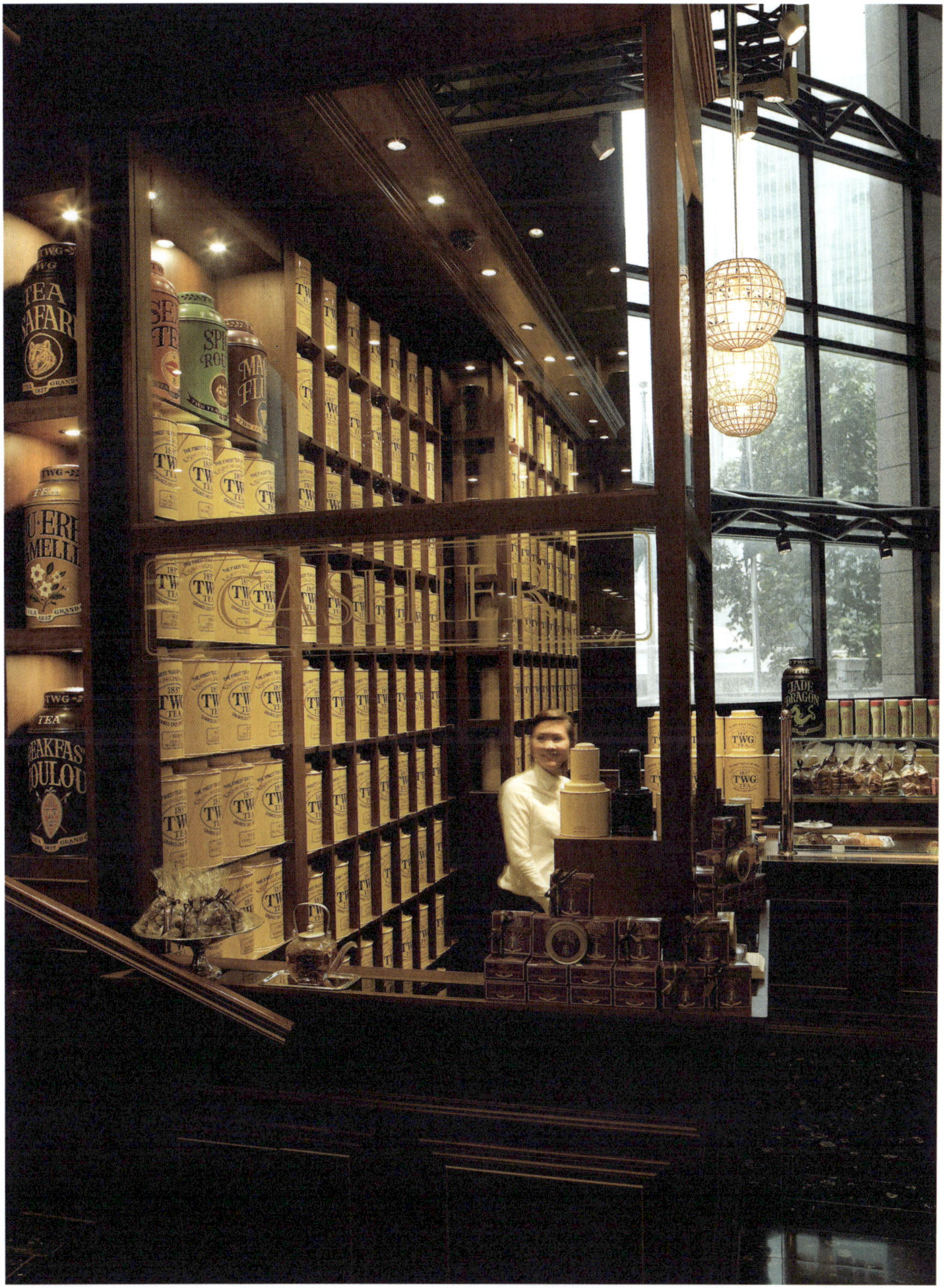
CASHIER
TWG TEA
JADE DRAGON

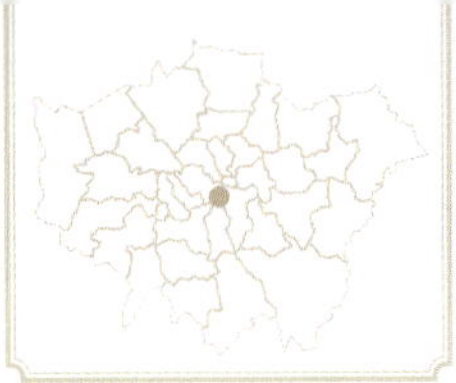



# Harrods

## Luxe, calme et volupté

**Le grand magasin des superlatifs !** Pour le luxe, pour l'élégance, pour les prix affolants et pour la splendeur du lieu, Harrods est un passage obligé lors d'un séjour à Londres.

**La légende** raconte que Charles Henry Harrod accordait des crédits à ses meilleurs clients, dont Oscar Wilde, et accueillait régulièrement Charlie Chaplin, Sigmund Freud et de nombreux membres de la famille royale.

**Lorsqu'en 1849,** le magasin s'installe sur Brompton Road, sait-il qu'il vient d'ouvrir l'un des plus célèbres grands magasins au monde ? Aujourd'hui, chaque étage promet une expérience unique où tout est dans le détail et le raffinement. Les vitrines sont généralement somptueusement décorées, sans parler de la période de Noël durant laquelle le magasin prend une tout autre dimension, avec de spectaculaires décorations sur les façades de l'immeuble qui justifient à elles seules une visite.

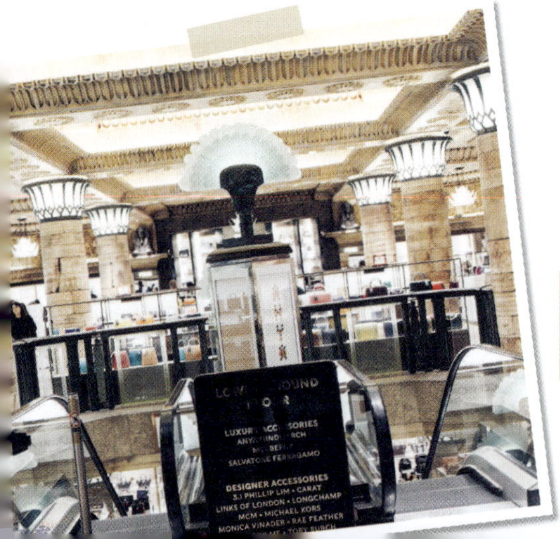


**87-135 Brompton Road**
**Londres, SW1X 7XL**

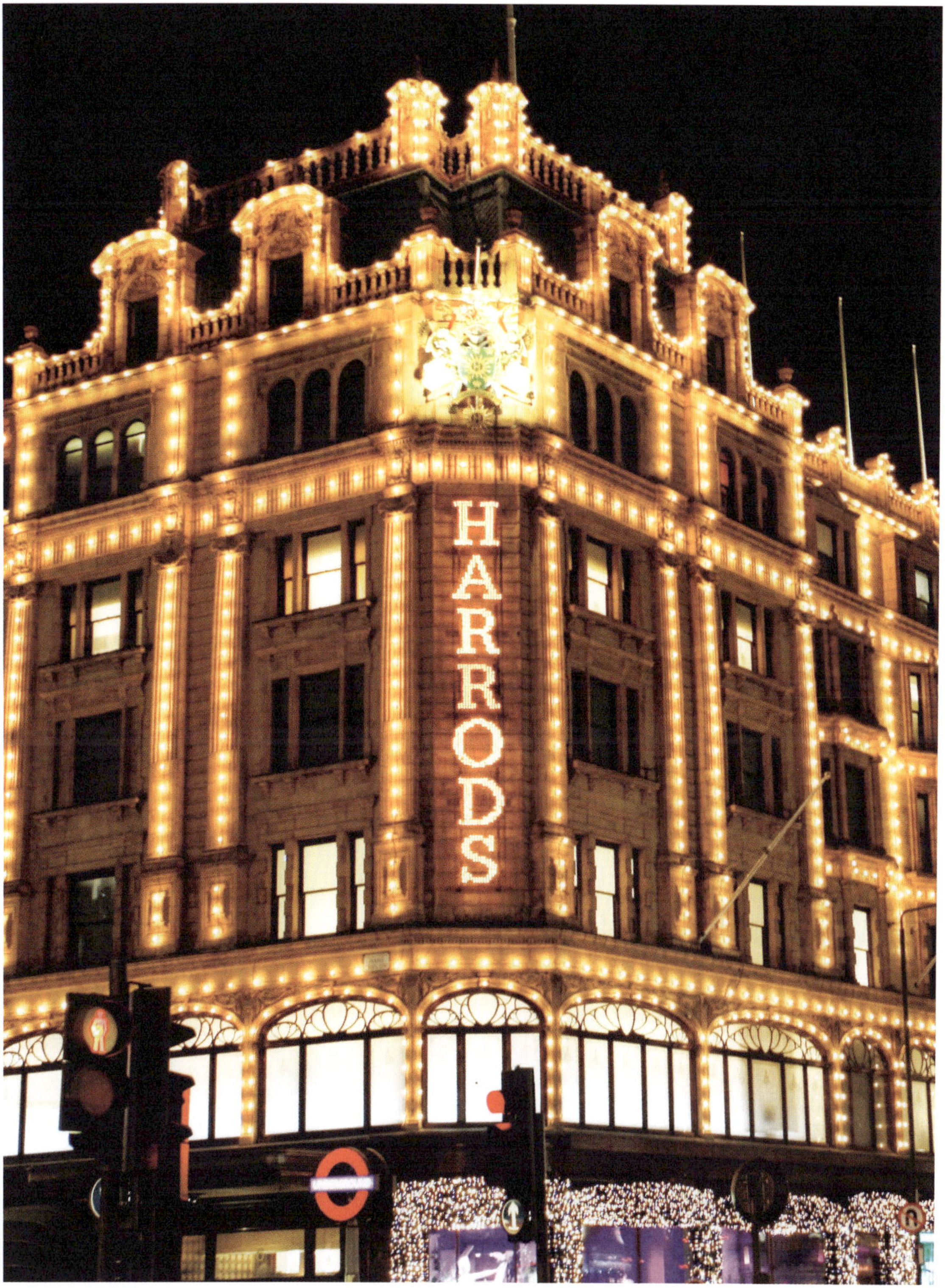
HARRODS

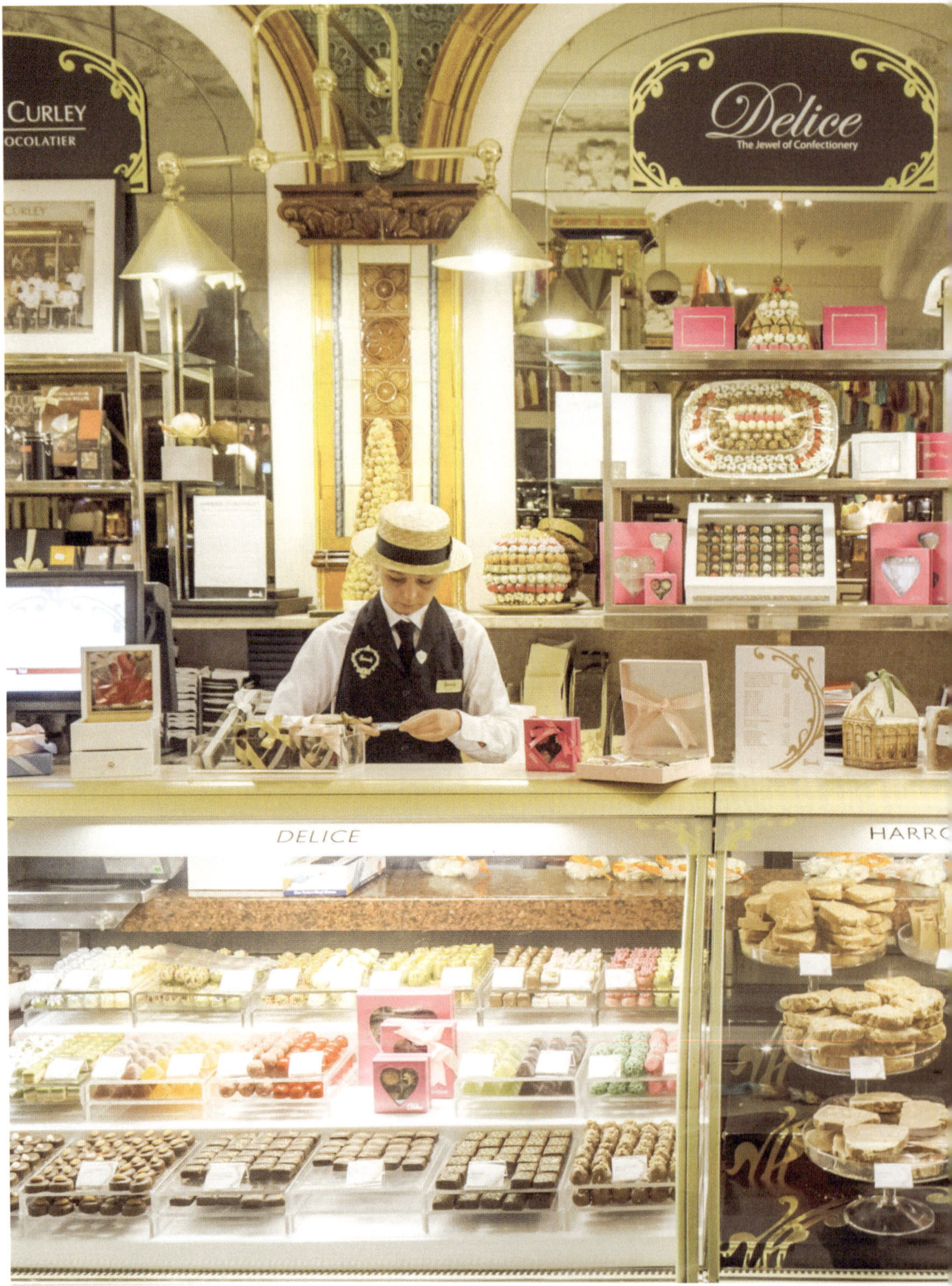
CURLEY
OCOLATIER
Delice
The Jewel of Confectionery
DELICE
HARRO

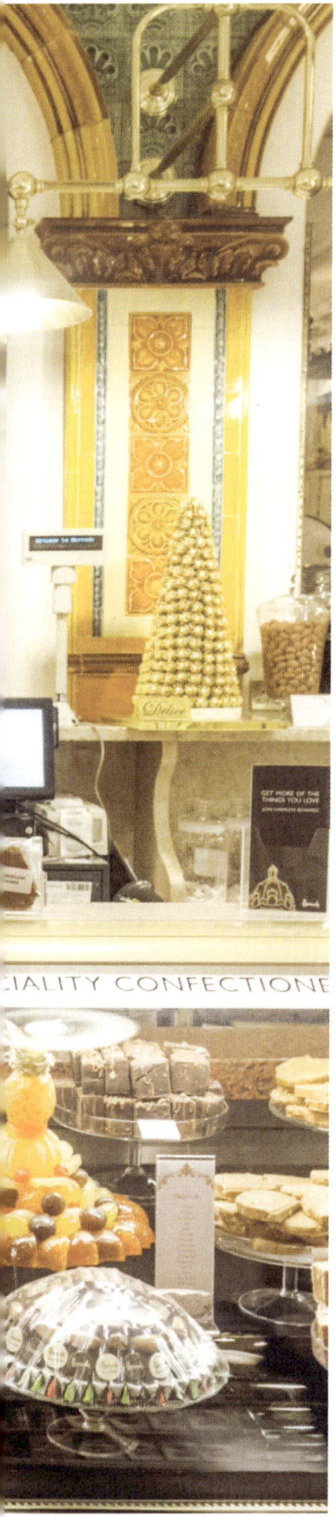
IALITY CONFECTIONE

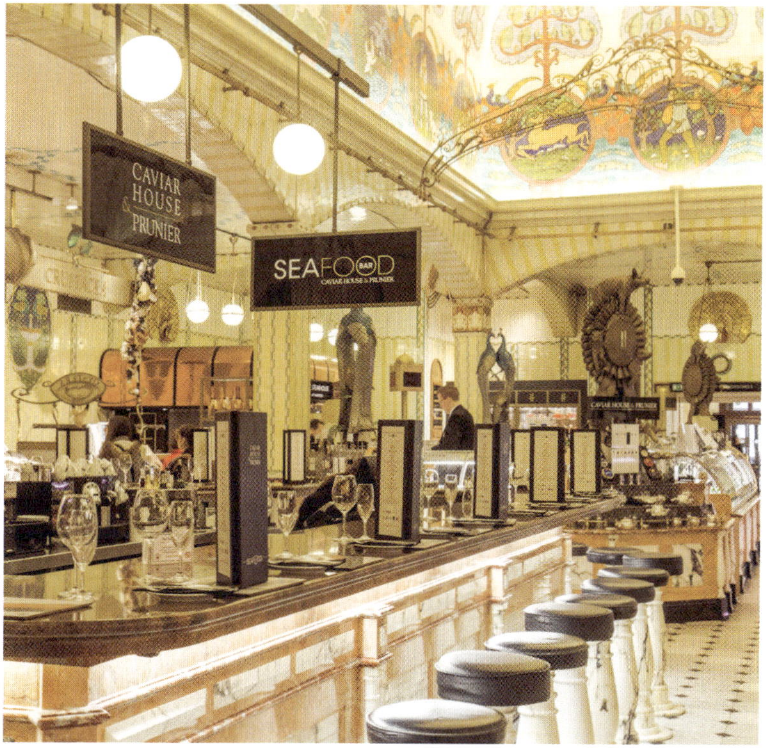
CAVIAR
HOUSE
&
PRUNIER
SEAFOOD BAR
CAVIAR HOUSE & PRUNIER

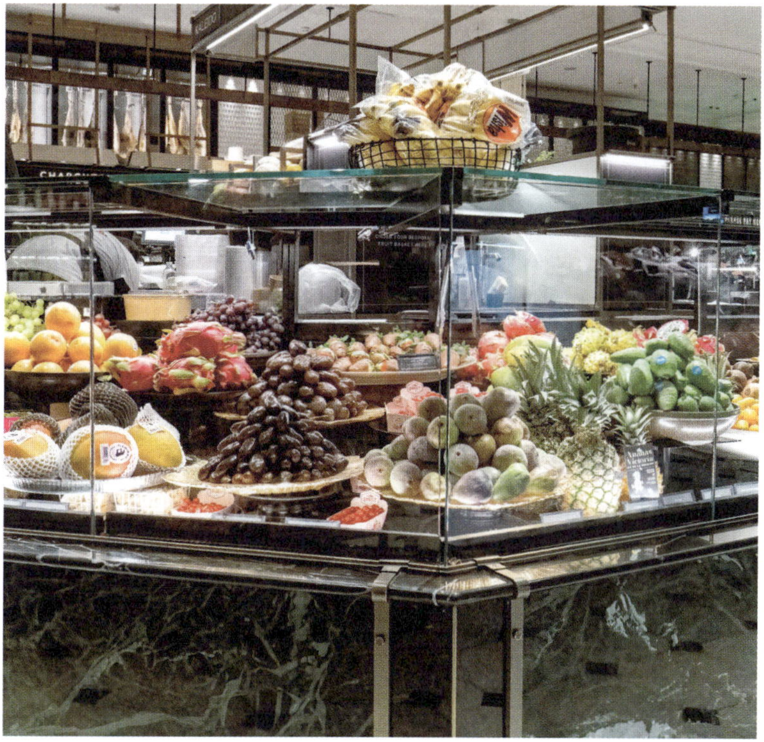

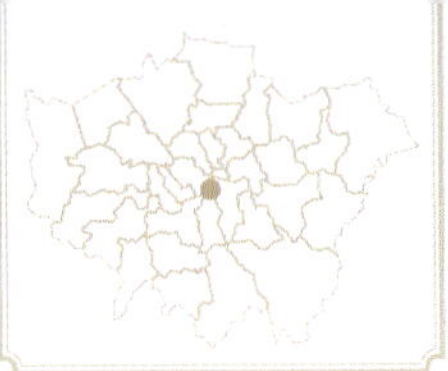



# Harvey Nichols

## Mode et gastronomie

**Harvey Nichols** est un peu le frère jumeau du grand magasin Harrods – situé à quelques pas de là –, les deux fleurons d'une certaine idée de la success-story à l'anglaise du milieu du XIXe siècle.

**Bien que l'enseigne Harvey Nichols** a ouvert son premier magasin en 1831 (d'abord sous la direction de Benjamin Harvey), le bâtiment tel que nous le connaissons aujourd'hui a été construit par étapes entre 1889 et 1894. Épicerie fine, produits de beauté, mais surtout grandes marques de prêt-à-porter, le grand magasin Harvey Nichols s'est fait une réputation grâce à la mode de luxe.

**Jusque dans les années 1990,** quasiment l'entièreté du grand magasin était consacrée à la mode. La rénovation du bâtiment et l'ouverture de nouveaux restaurants et d'un food market au 5e étage ont ajouté une aura supplémentaire à Harvey Nichols en plaçant l'enseigne sur la carte de la gastronomie londonienne.

**109-125 Knightsbridge**
**Londres, SW1X 7RJ**

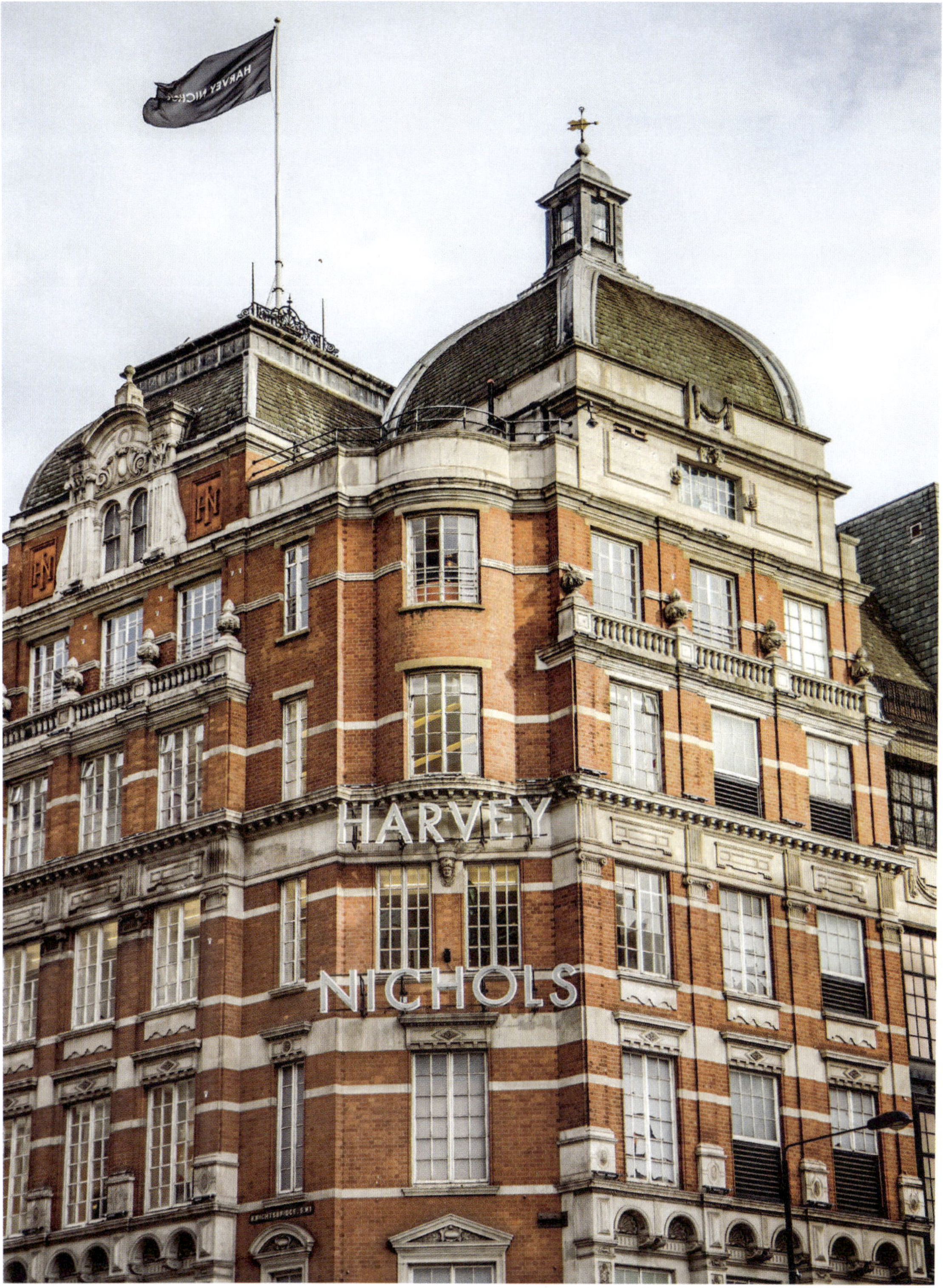
HARVEY
NICHOLS

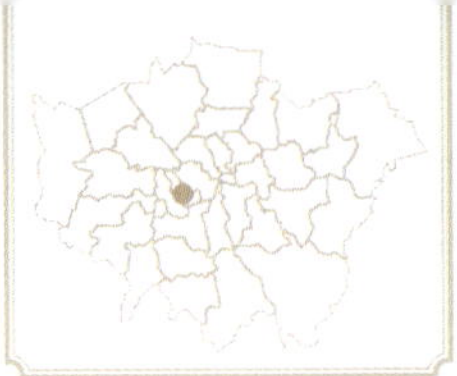



# The Churchill Arms

## La taverne du Ministre

**Situé à deux pas de l'entrée du palais de Kensington,** le Churchill Arms est une curiosité londonienne devenue au fil des ans une véritable institution.

**Construit en 1750,** c'est sûrement l'un des lieux iconiques du quartier et le plus pittoresque des pubs de la capitale. Et même si vous n'avez pas l'intention d'y entrer pour boire un verre ou pour y manger, son extravagante façade extérieure, couverte de fleurs, justifie en soi le déplacement.

**À l'intérieur,** on comprend mieux le nom de ce pub, puisqu'il regorge de photos et souvenirs commémorant l'histoire britannique, et Winston Churchill en particulier. Mais attention, si vous venez manger, ne vous attendez pas au classique fish and chips, car ce pub est réputé pour sa cuisine thaïlandaise !

**Fait amusant :** les grands-parents de Winston Churchill y avaient leurs habitudes, mais ce n'est qu'après la Seconde Guerre mondiale qu'il a été rebaptisé du nom de la famille Churchill.

**119 Kensington Church Street**
**Londres, W8 7LN**

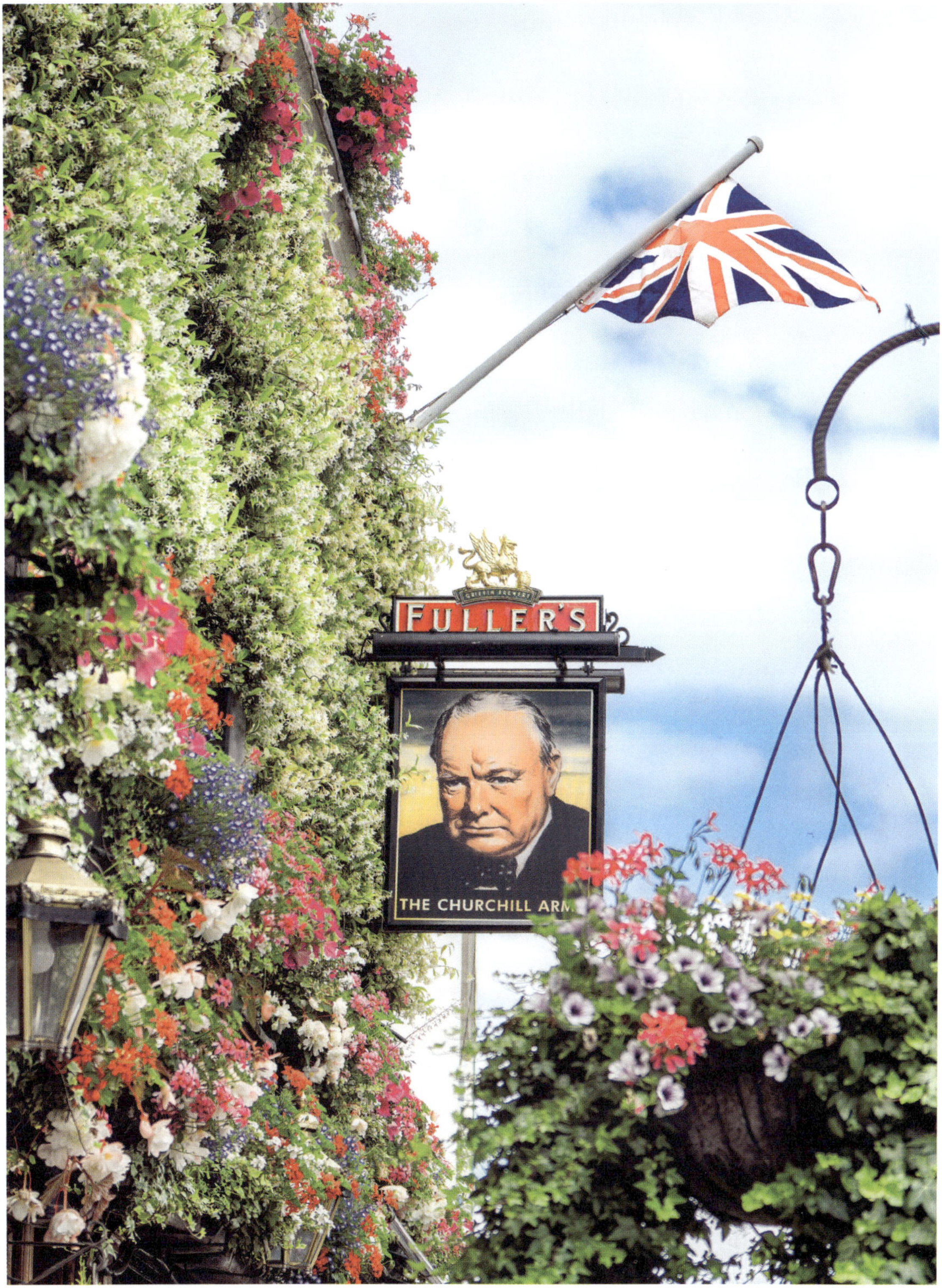
FULLER'S
THE CHURCHILL ARM

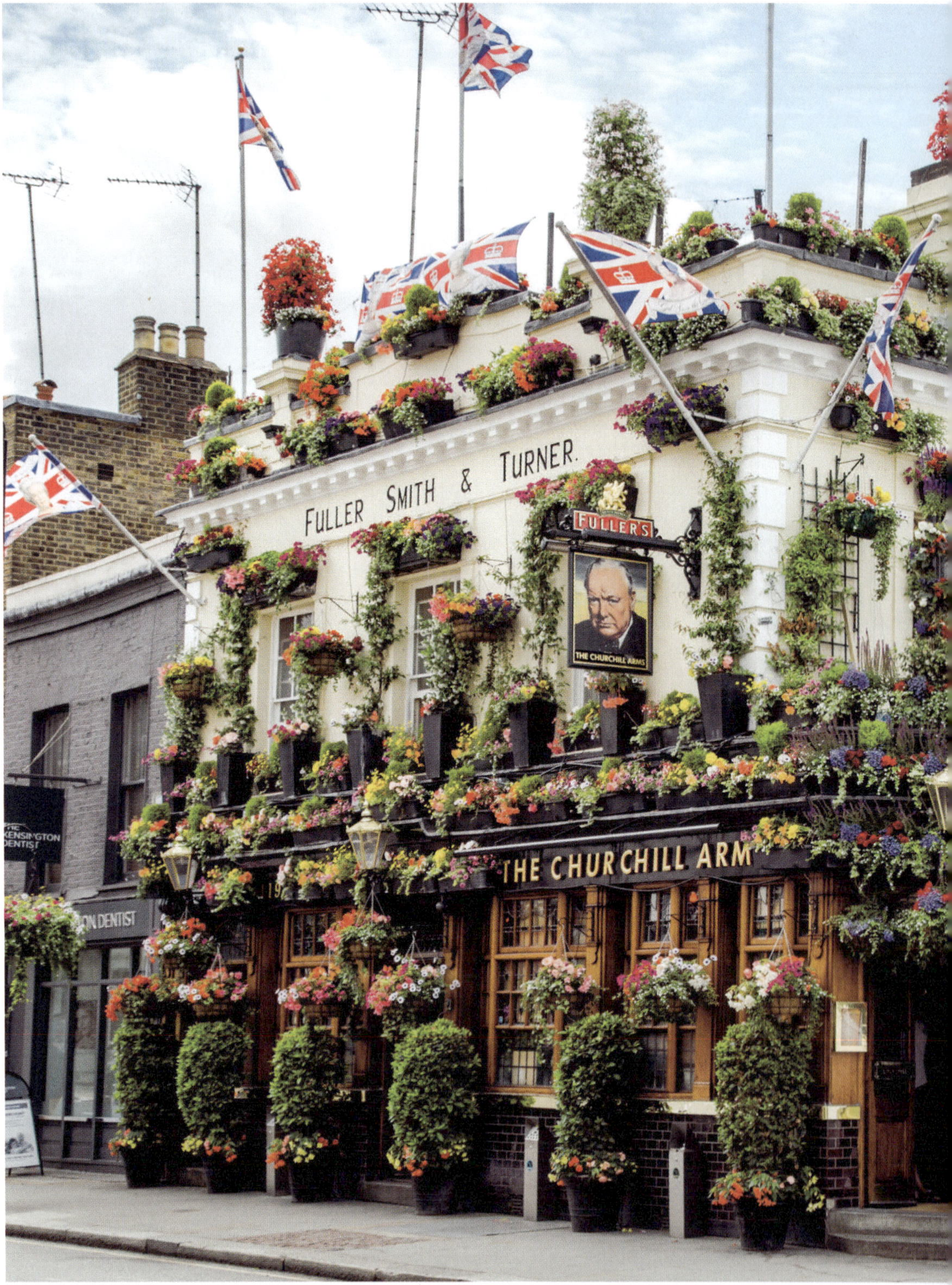
FULLER SMITH & TURNER
FULLER'S
THE CHURCHILL ARMS
THE CHURCHILL ARM

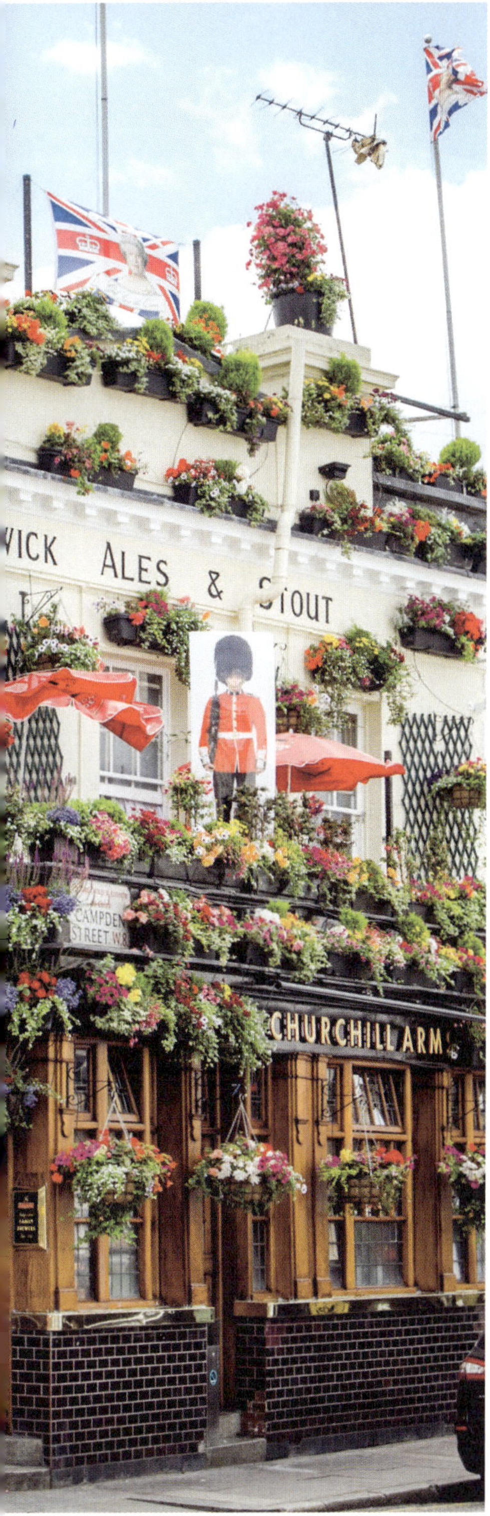
WICK ALES & STOUT
CAMPDEN STREET W8
CHURCHILL ARM

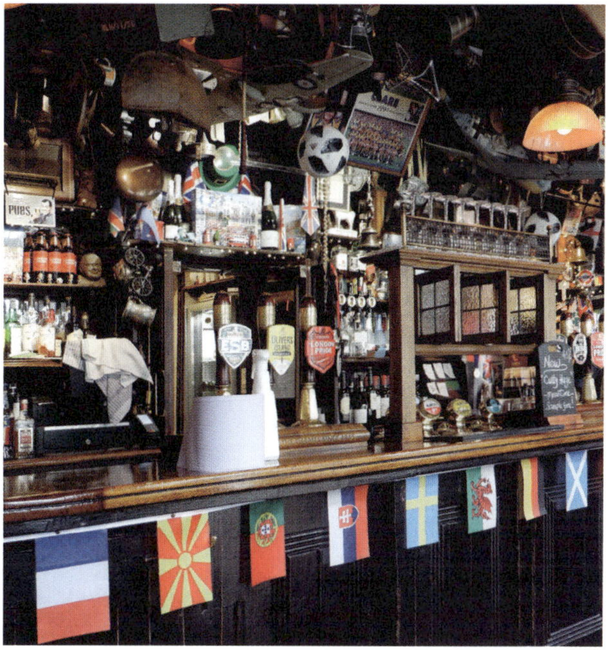

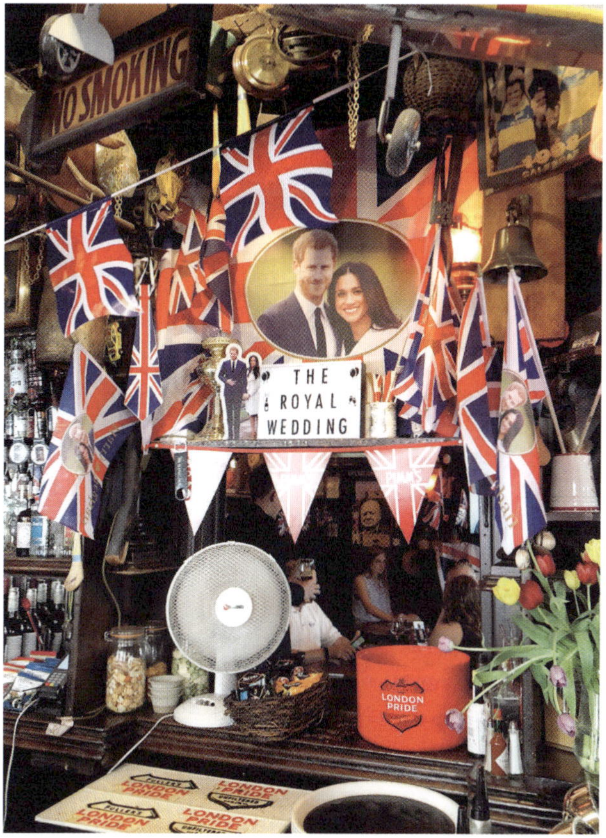
NO SMOKING
THE ROYAL WEDDING
LONDON PRIDE

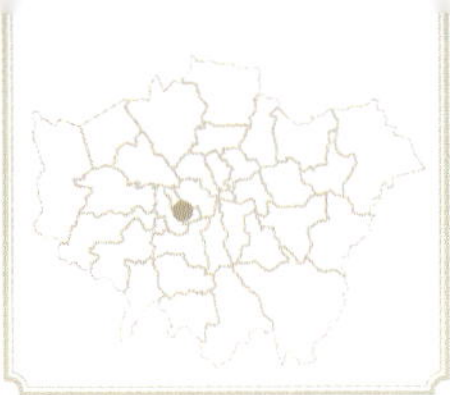



# Afternoon Tea au Kensington

## Un thé à l'anglaise

**Lorsqu'on parle « Afternoon Tea » à Londres,** on ne parle pas simplement de prendre le thé, mais d'une tradition remontant au XIX^e siècle et qui fait partie de l'identité anglaise. Autrement dit, on parle d'une forme de monument national.

**Pour déguster un *Afernoon Tea*** dans les règles de l'art, direction The Kensington Hotel. Situé au cœur de l'un des quartiers les plus prisés de Londres, où s'élèvent de nombreux bâtiments royaux historiques, cet hôtel haut de gamme propose dans ses salons lumineux et cossus, un *Afternoon Tea* qui allie grandeur victorienne et style contemporain.

**Plats raffinés** et desserts soigneusement sélectionnés composent le menu des plaisirs associés à une collection de thés de la marque The Rare Tea Company®, qui proposent les meilleurs thés du monde issus de fermes indépendantes. Pour ne rien gâcher, l'hôtel Kensington met un point d'honneur à se fournir auprès de petits producteurs proposant les meilleurs produits cultivés de façon responsable.

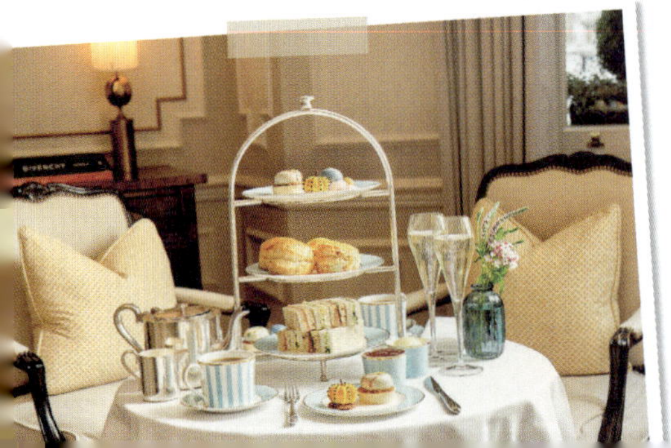

**109-113 Queen's Gate,
South Kensington
Londres, SW7 5LP**

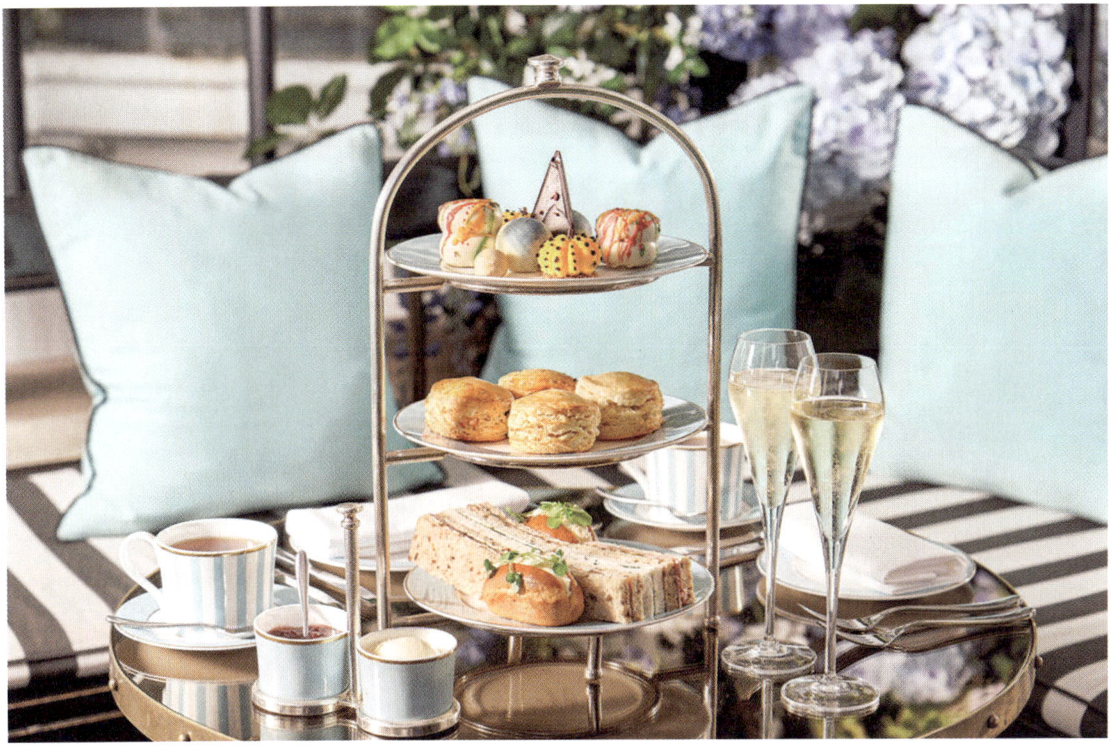

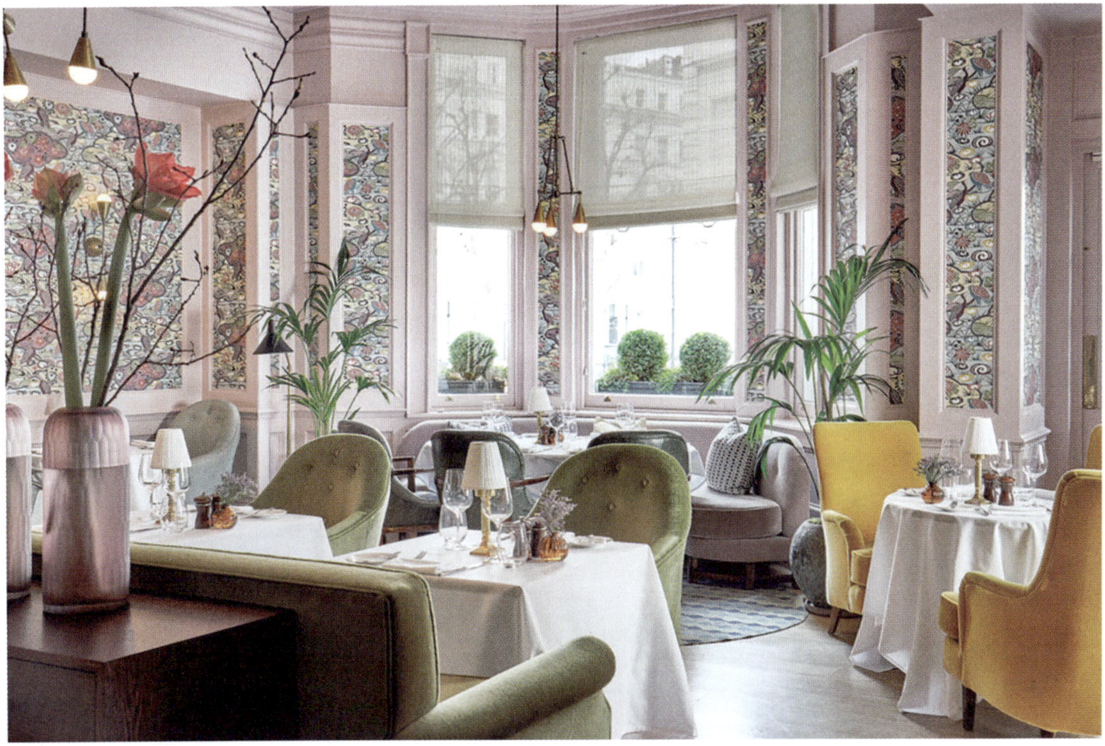

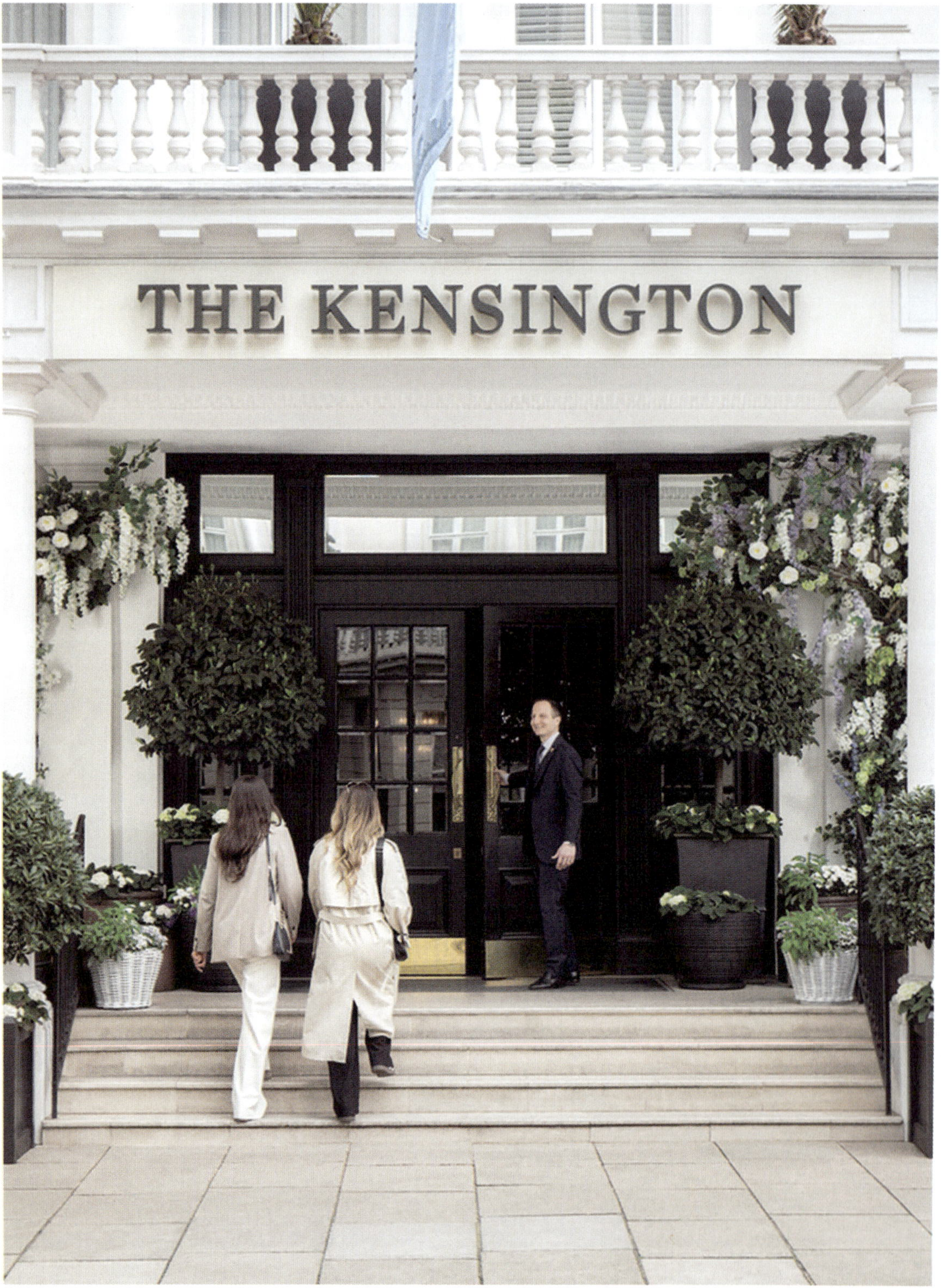
THE KENSINGTON

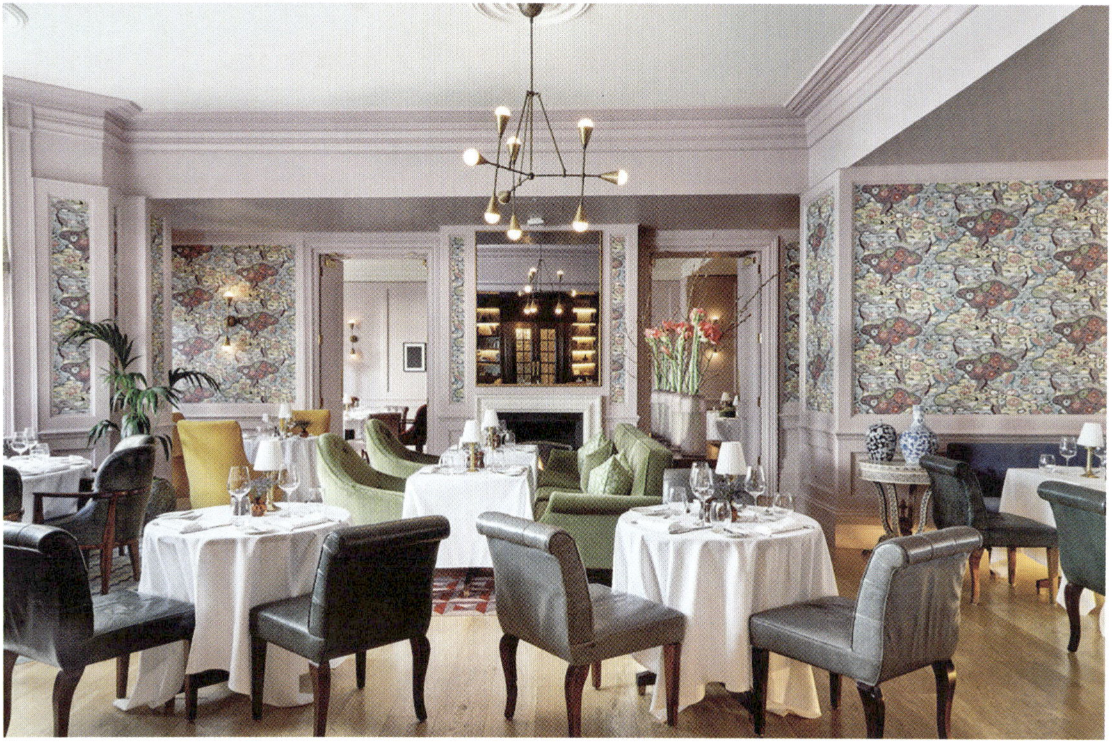

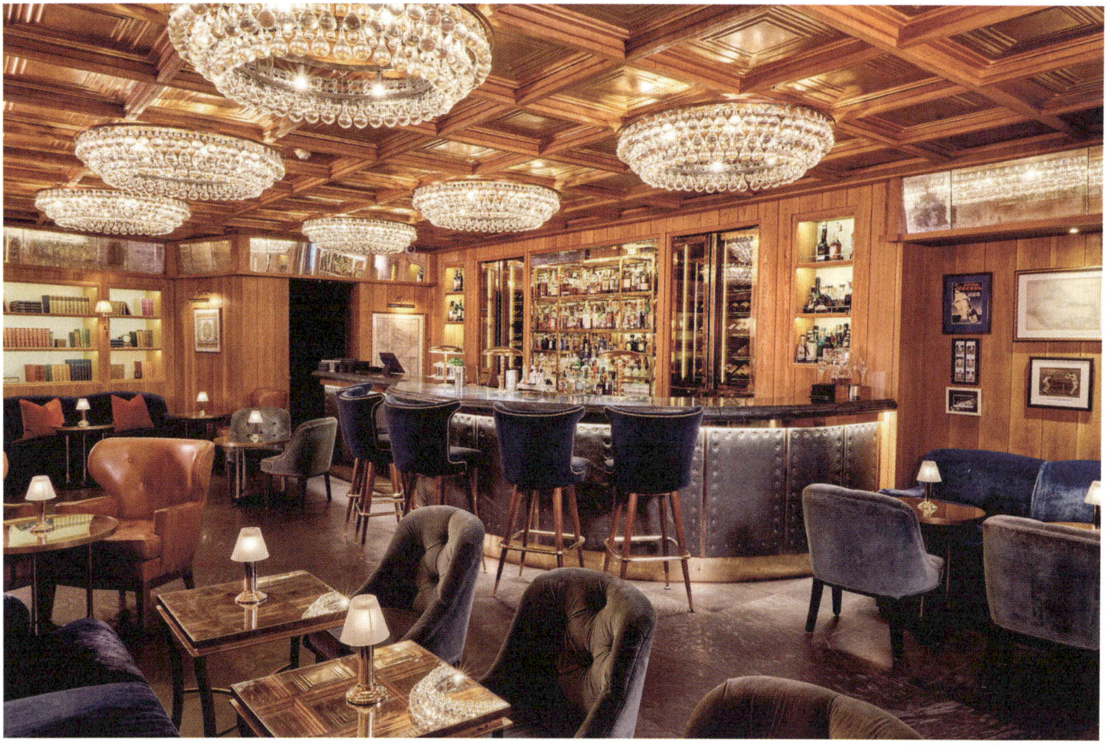

# Selfridges

## Une ode à la modernité

**Selfridges** est résolument tourné vers le prêt-à-porter, avec la présence de grandes marques et un soutien constant aux créateurs locaux.

**Les collaborations avec artistes, designers** et nouvelles marques innovantes font partie de l'ADN de Selfridges, nommé quatre fois meilleur grand magasin du monde (selon l'International Association of Department Stores). On y trouve également des chaussures, des sacs, des produits de beauté, des produits high-tech, et de la joaillerie.

**Bien plus qu'un simple grand magasin,** Selfridges cultive depuis toujours sa différence en proposant également un cinéma, un skatepark, et une programmation culturelle. Leur slogan – « Everyone is welcome » – lancé à l'ouverture du magasin en 1909, par Harry Gordon Selfridges lui-même, résonne jusqu'à aujourd'hui pour l'enseigne qui met un point d'honneur à suivre une direction d'inclusivité et de diversité dans ses recrutements, ainsi qu'une volonté d'aller vers une mode plus responsable en encourageant l'économie circulaire.

400 Oxford Street
Londres, W1C 1JS

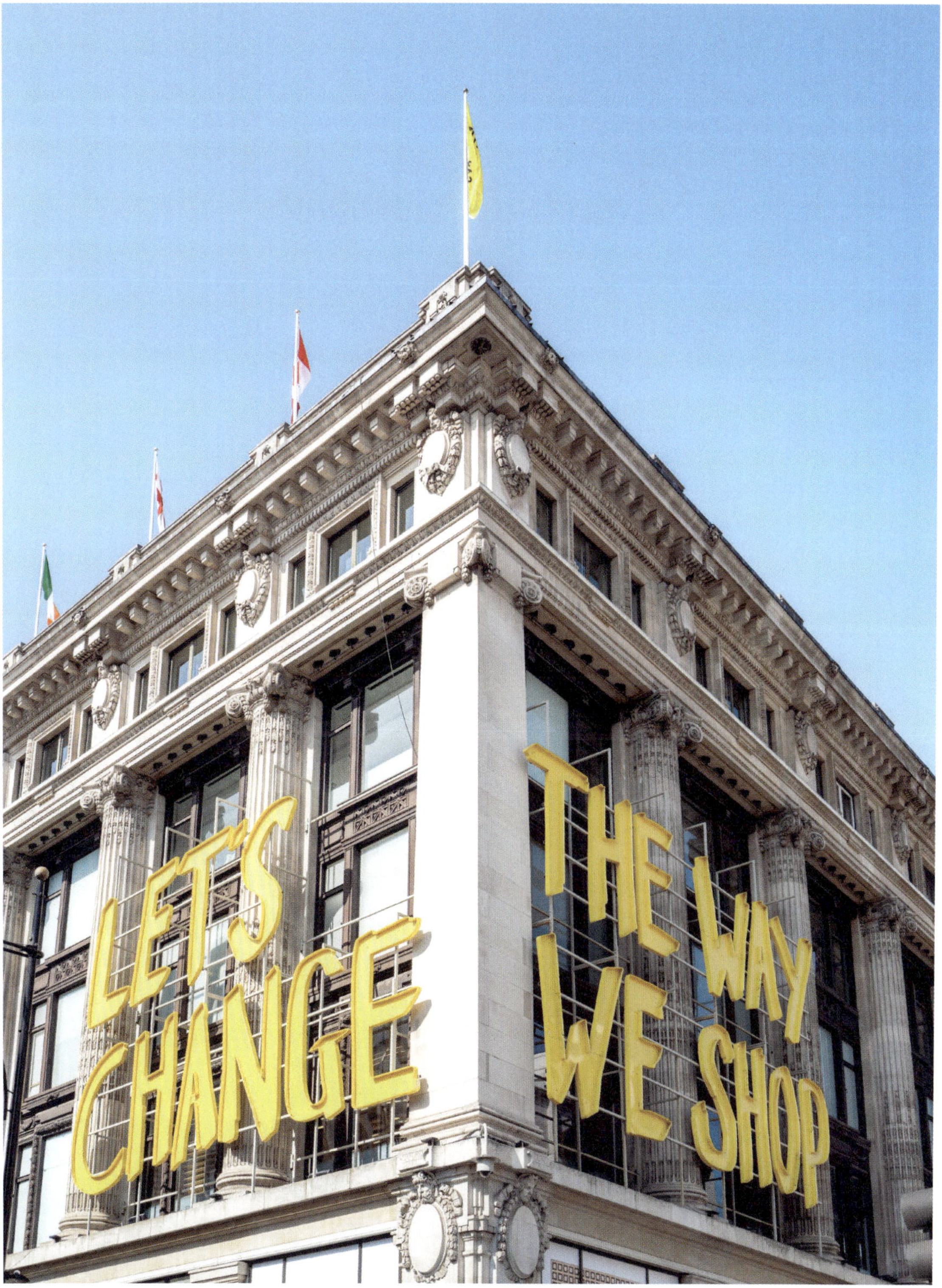
LET'S CHANGE
THE WAY WE SHOP

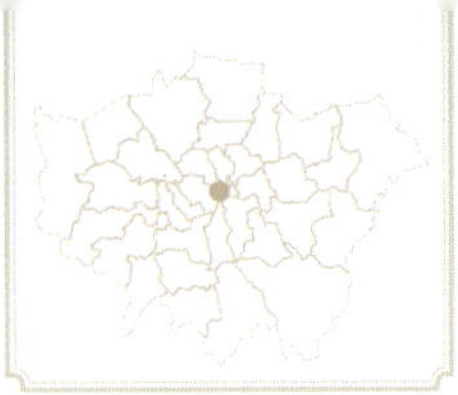



# Daunt Books

## La plus jolie des librairies

**Daunt Books** est une petite chaîne de librairies dont la première, fondée en 1990 dans le quartier de Marylebone, occupe un joli bâtiment édouardien qui abritait déjà en 1912 une librairie de livres anciens.

**Le succès de Daunt Books** ne s'est pas fait attendre, permettant l'ouverture de neuf succursales à travers différents quartiers de la capitale (Holland Park, La Cité, Hampstead, Notting Hill, etc.). L'identité de cette librairie réside clairement dans le choix fait par les propriétaires de proposer une large collection d'ouvrages en tous genres, entièrement classés par pays, qu'ils soient celui d'origine de l'auteur, ou celui dans lequel se déroule l'intrigue du livre.

**La librairie du quartier de Marylebone** s'étend sur trois étages avec de sublimes fenêtres, une verrière et des escaliers et balcons en bois du plus bel effet. On vient donc à Daunt Books non seulement pour succomber aux plaisirs des mots, mais aussi, vous l'aurez compris, pour la beauté des lieux.

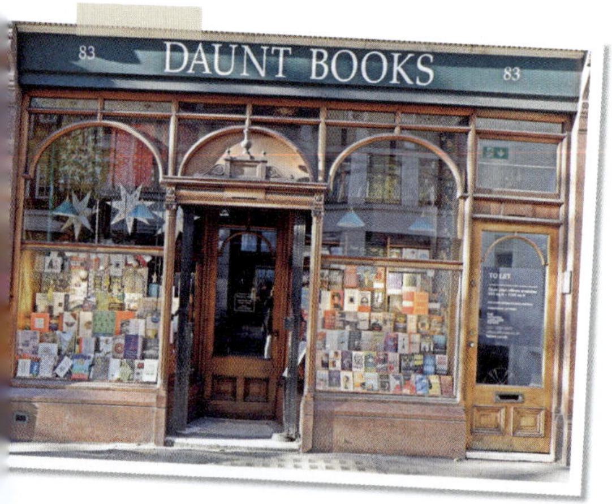


83-84 Marylebone
High Street
Londres, W1U 4QW

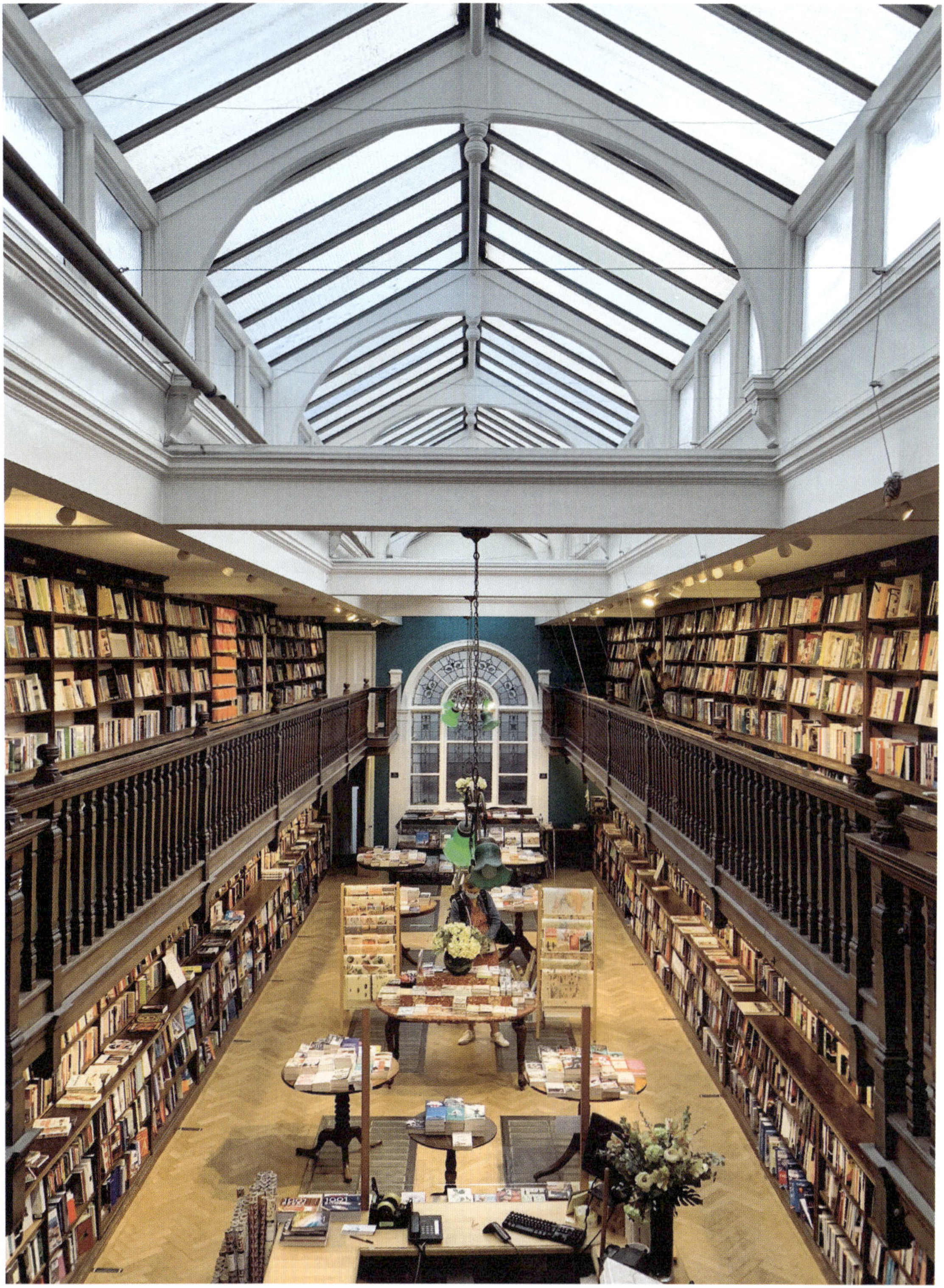

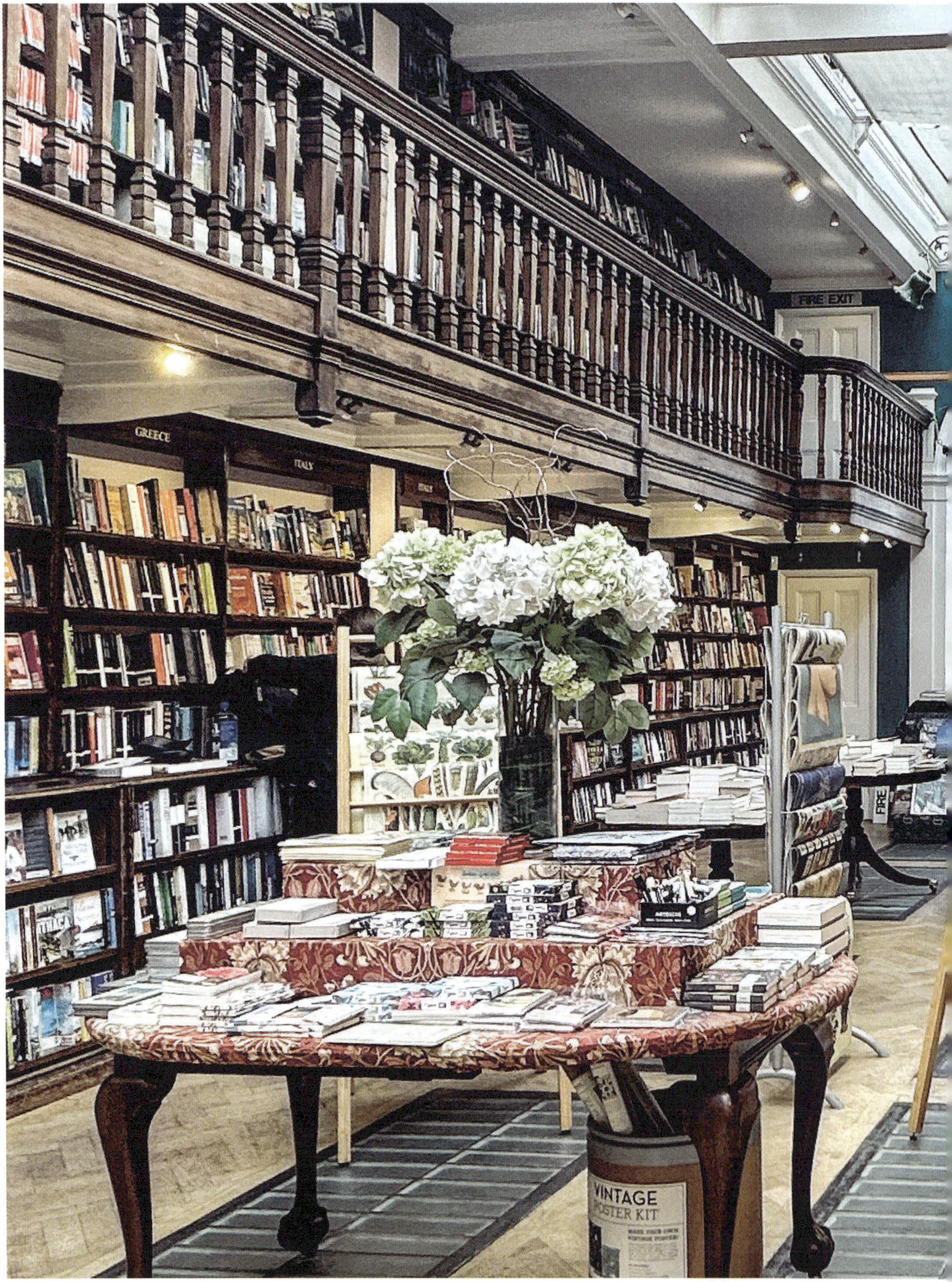
GREECE
ITALY
FIRE EXIT
VINTAGE
POSTER KIT

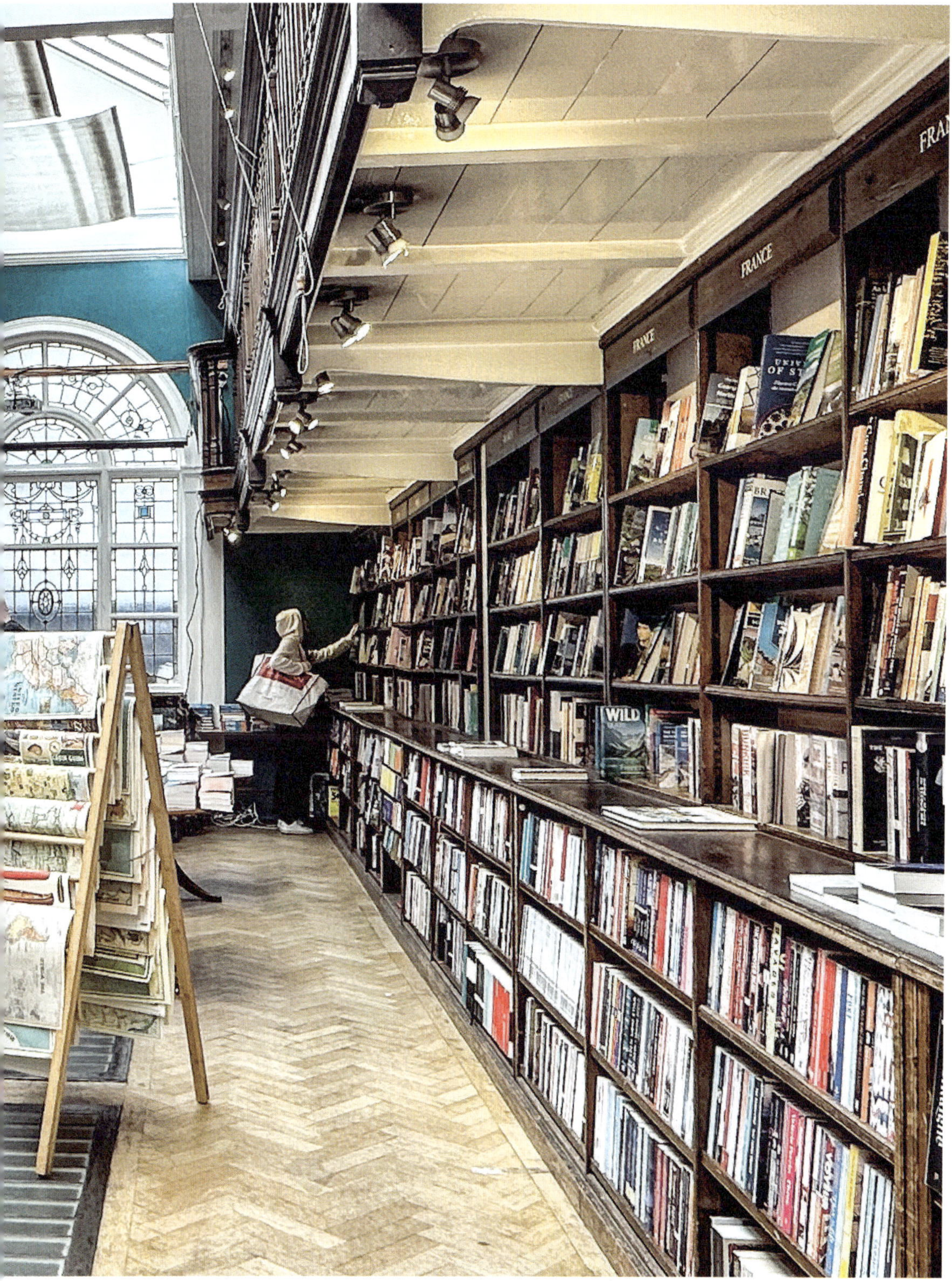
FRANCE
FRANCE
WILD

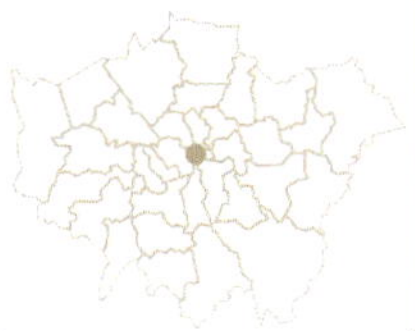



# Jikoni

## Sans frontières

**Dans le quartier chic de Marylebone,** le restaurant Jikoni annonce la couleur avec son slogan : *No Borders Kitchen* (« Cuisine sans frontières ») ! Vous y dégusterez des plats à la fois raffinés et réconfortants, largement inspirés par la gastronomie asiatique au sens large (mais pas que).

**Si les fauteuils installés en terrasse** invitent à se poser pour regarder le va-et-vient de la rue Blandford, c'est en entrant dans le restaurant que l'on comprend pourquoi Jikoni est devenu un rendez-vous incontournable des dîners entre amis ou en amoureux. Son intérieur cosy, tout en coussins et en couleurs pastel, grandes tables en bois, chaises en osier et nappes dépareillées, nous plonge dans une ambiance « comme à la maison », chaleureuse et conviviale.

**Avec un service impeccable** et de jolis dressages dans l'assiette, Jikoni est rapidement devenu un des restaurants en vogue de la scène gastronomique londonienne. Bonus : la carte laisse une grande place aux plats végétariens.

**19-21 Blandford Street**
**Londres, W1U 3DJ**

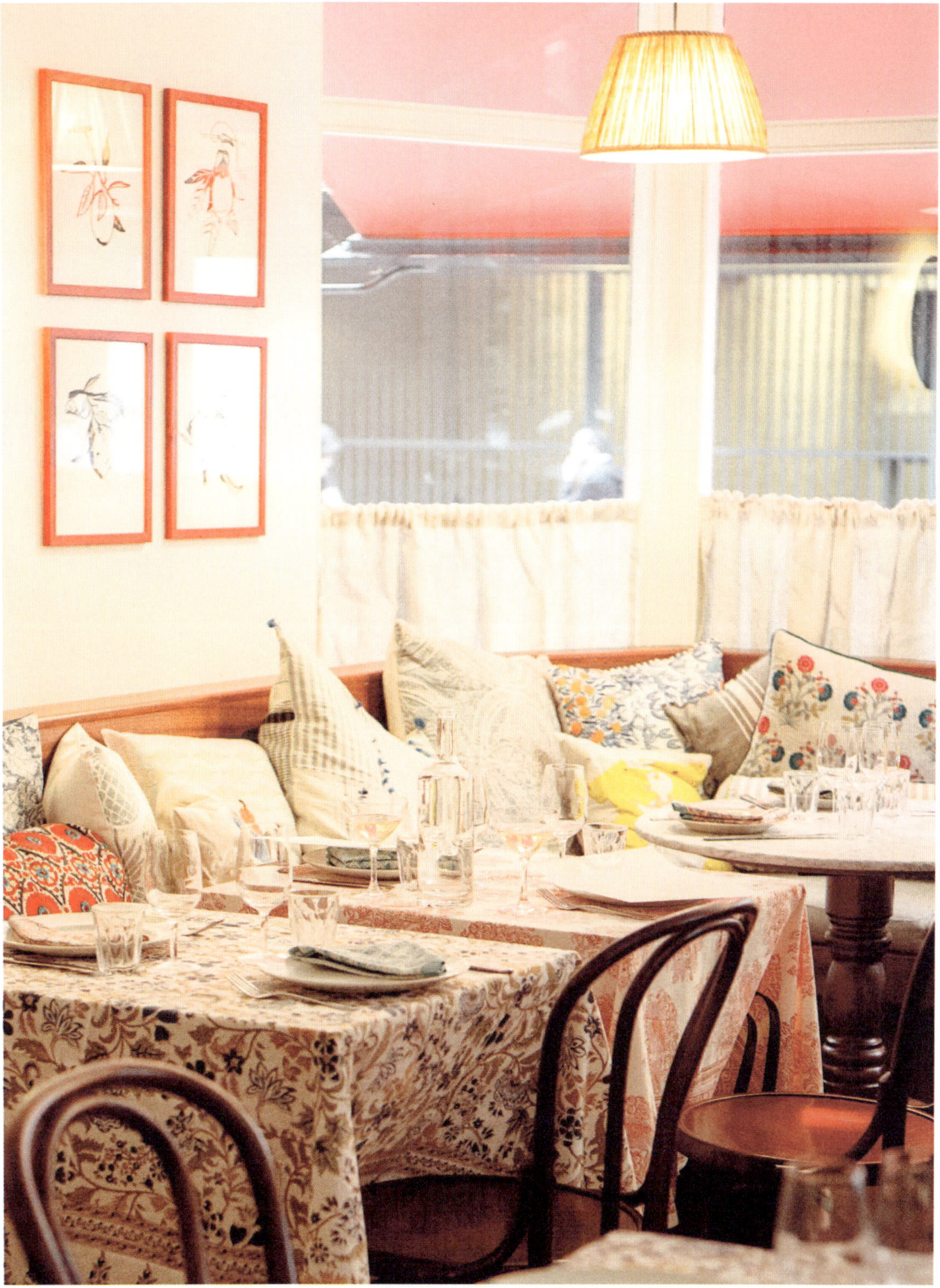

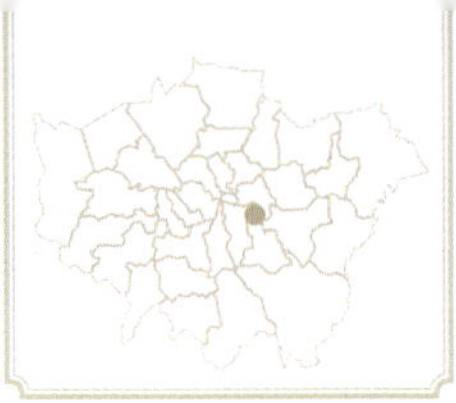



# Maltby Street Market

## Voyages gustatifs

**Situé proche du Tower Bridge,** sous un viaduc désaffecté que traversait au XIXe siècle le chemin de fer reliant Londres à Greenwich, le Maltby Street Market est rapidement devenu un incontournable des foodies londoniens.

**Le nom de la rue,** The Ropewalk, fait référence à une corderie située dans le quartier où l'on fabriquait les cordages de bateaux au XVIIIe siècle. Ouvert uniquement le week-end, ce marché unique à Londres propose une incroyable concentration de street food du monde entier où chacun des quelque cinquante stands alignés emportera vos papilles en voyage.

**Il faudra vous armer de patience** pour trouver un strapontin disponible tant l'endroit est devenu populaire, mais l'ambiance et la qualité des plats proposés en valent vraiment la peine. Venir au marché sera aussi l'occasion de découvrir Bermondsey, un quartier de Londres en plein essor.

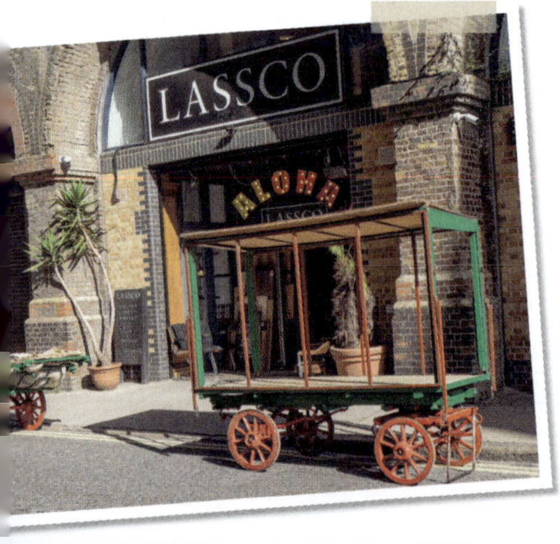


Arch 46, Ropewalk,
Maltby Street
Londres, SE1 3PA

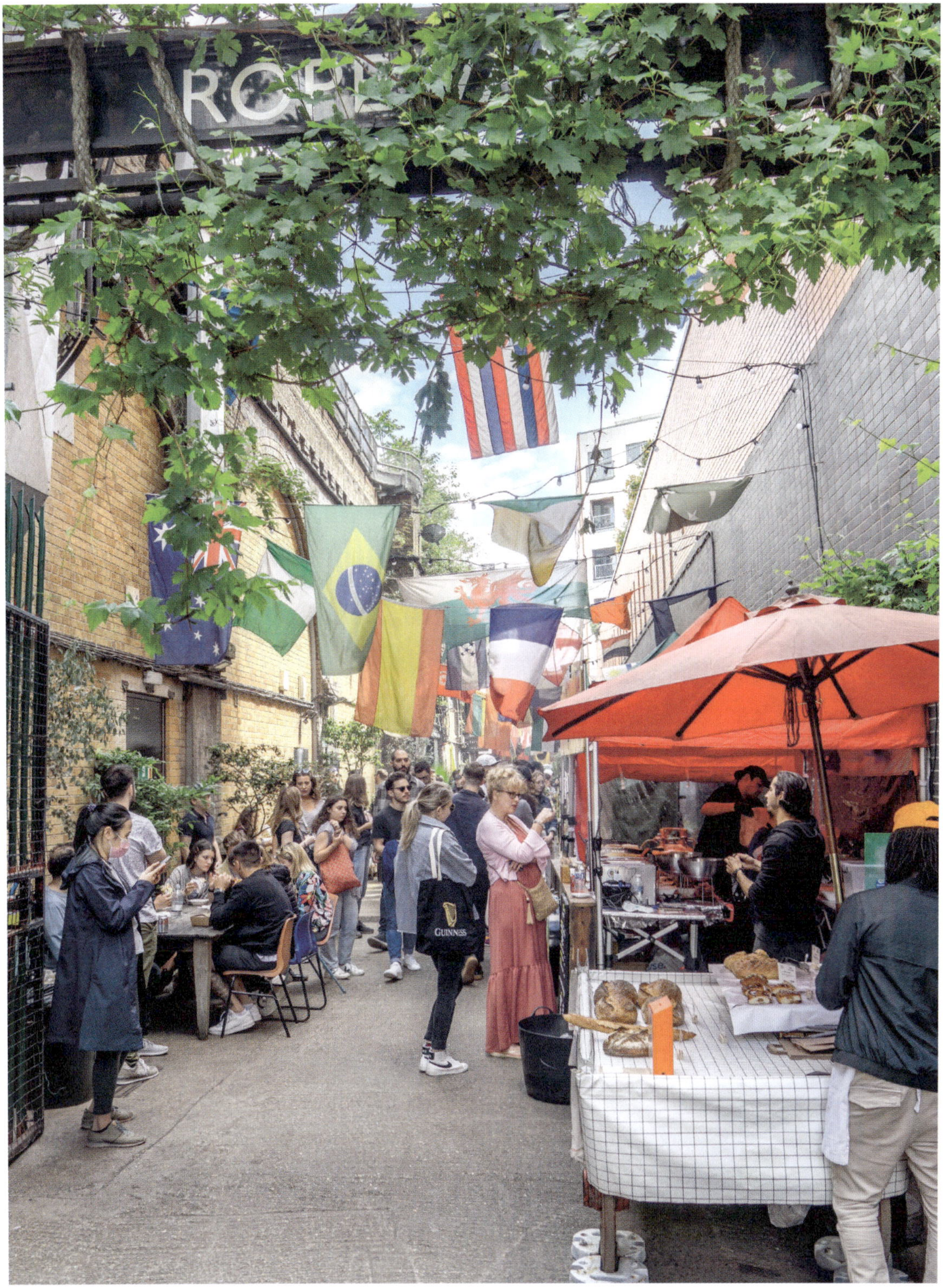
GUINNESS

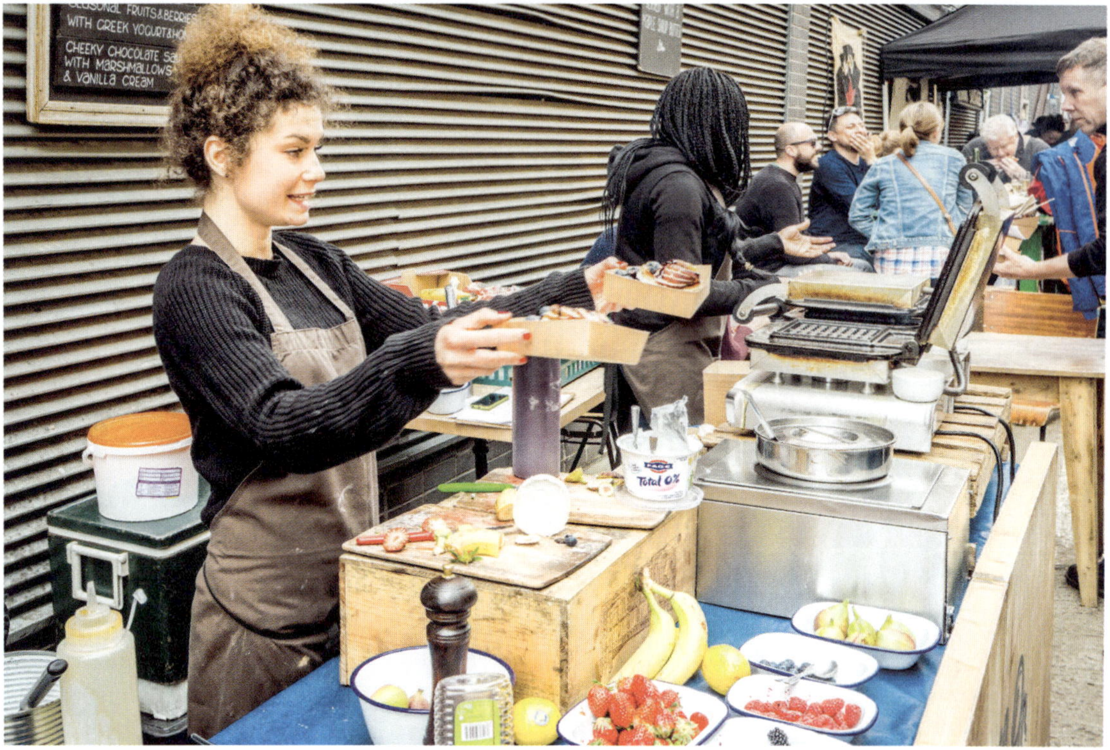
WITH MARSHMALLOWS
& VANILLA CREAM
Total 0%

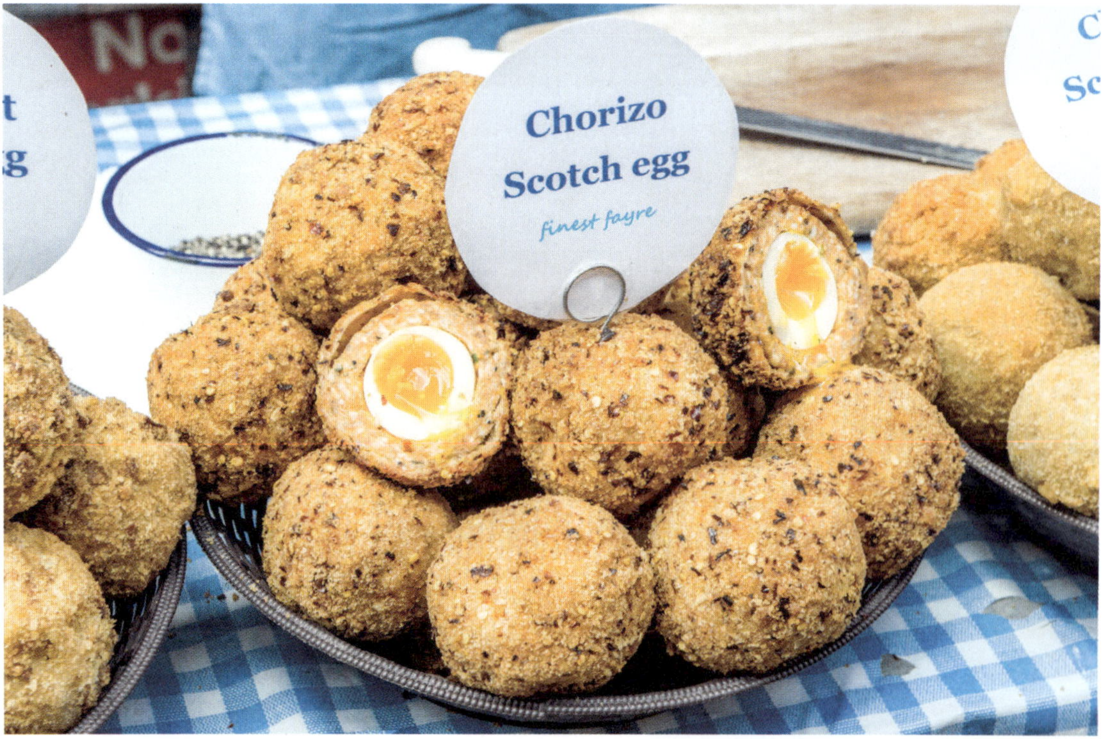
Chorizo
Scotch egg
finest fayre

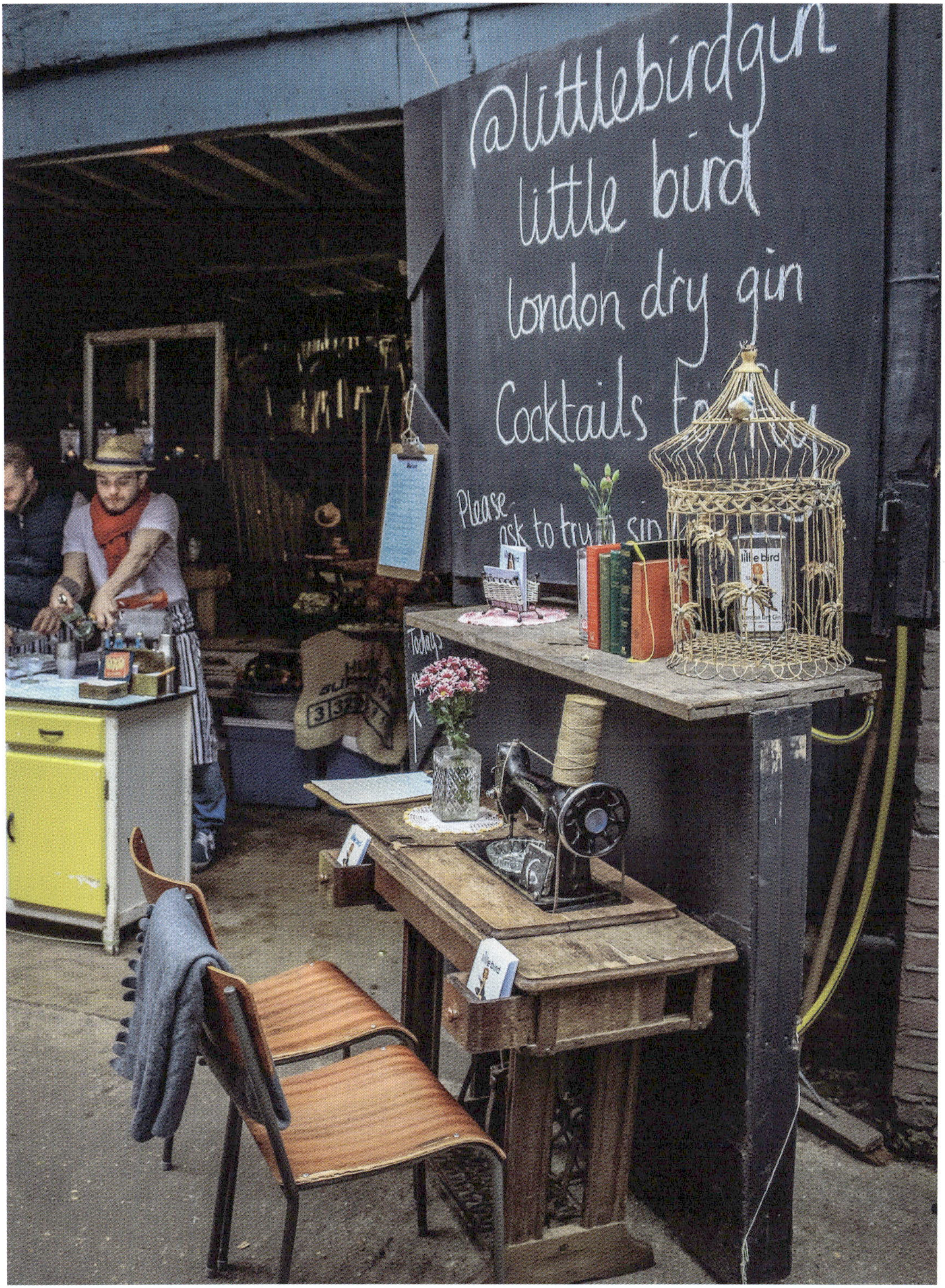
@littlebirdgin
little bird
london dry gin
Cocktails
Please

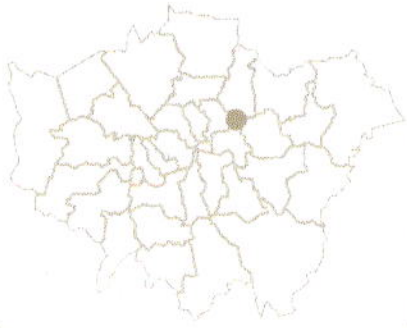



# Broadway Bookshop

## Caverne aux livres

**Dans le très tendance quartier** de Broadway Market à Hackney, à quelques pas du Regent's Canal, le Broadway Bookshop est une librairie indépendante qui ne paye pas de mine de prime abord avec sa petite vitrine. Mais une fois à l'intérieur, vous serez sans nul doute impressionnés par le volume et la variété des références littéraires proposées.

**Cette librairie** met en effet en avant les œuvres de fiction tout en consacrant une belle place à la poésie, à la philosophie, au voyage, à l'art, à la mode, à la musique ou aux livres pour enfants. Le personnel est passionné, enclin à la discussion et particulièrement compétent, exactement ce que l'on demande à une petite librairie indépendante.

**Évidemment, les jours de marché** (le samedi), la librairie a tendance à être particulièrement fréquentée. Préférez y aller en semaine si vous souhaitez flâner tranquillement au milieu des livres, à la recherche d'ouvrages rares que seul le Broadway Bookshop saura vous dénicher.

6 Broadway Market
Londres, E8 4QJ

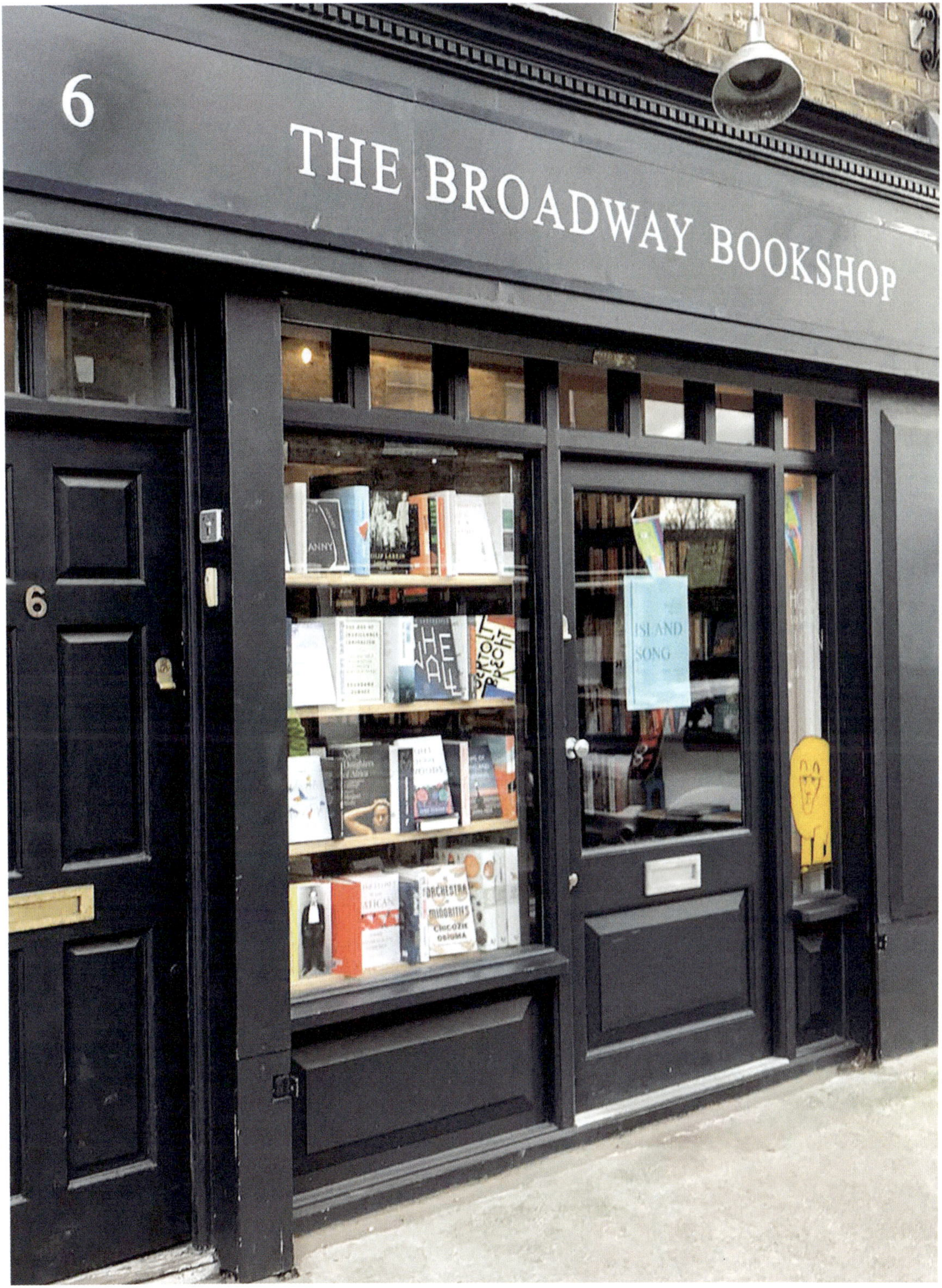
6
THE BROADWAY BOOKSHOP
6
ISLAND SONG
THE WALL
ORCHESTRA OF MINORITIES
CHIGOZIE OBIOMA

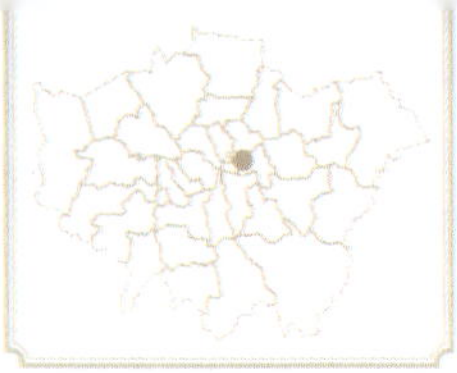



# Cuemars

## Pop-up store

**Entre le pop-up store,** la galerie d'art et le regroupement de créateurs, difficile de définir Cuemars. Cela dit, une chose est certaine, vous y trouverez les cadeaux originaux dont vous avez besoin : livres, cartes postales, affiches, œuvres d'art, mais aussi objets artisanaux, plantes vertes, mode, bijoux et articles pour la maison... Il y en a pour tous les goûts et à tous les prix.

**Situé au cœur du quartier** animé et alternatif de Shoreditch, Cuemars développe des collaborations avec des créateurs sous l'adage : « Achetez moins, achetez mieux ». Le nom de la boutique est tiré d'un mythe persan qui évoque l'idée que toutes les choses sont interconnectées : la nature, nos vies, notre temps... En découlent une sélection consciente, éthique, durable et des designs esthétiques, évitant les tendances, en faveur d'un style intemporel.

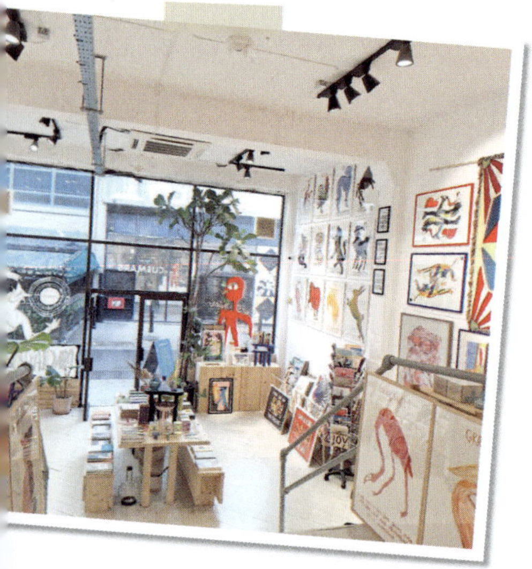

8 Dray Walk
Londres, E1 6QL

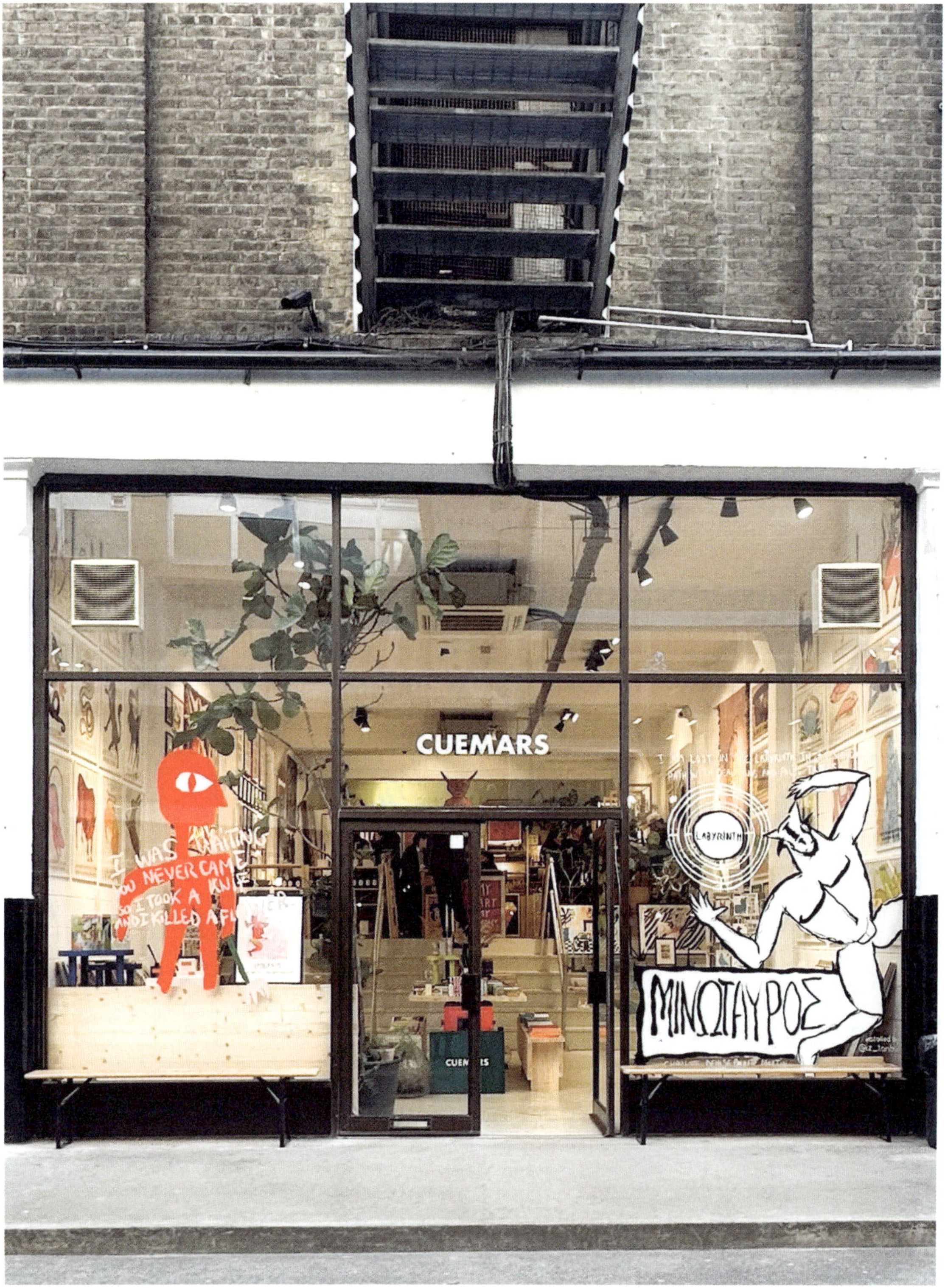
CUEMARS
LABYRINTH
ΜΙΝΩΤΑΥΡΟΣ
I WAS WAITING

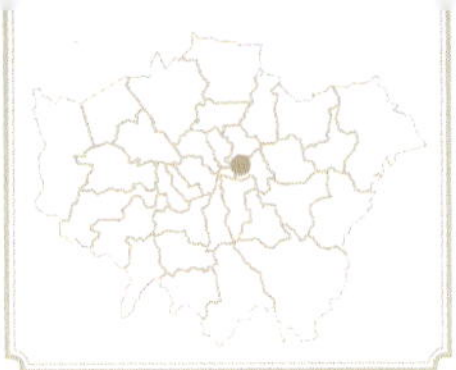



# Hunky Dory Vintage

## VINTAGE PASSION

**CRÉÉ EN 2008** par Ian Bodenham et Ian Johns après vingt ans d'activité du côté de Greenwich, Hunky Dory propose des vêtements et accessoires pour hommes et femmes des années 1940 à 1970, provenant principalement de France, d'Italie et du Royaume-Uni.

**LÀ OÙ HUNKY DORY** se distingue vis-à-vis d'autres boutiques de vêtements vintage, c'est sur la qualité. Les propriétaires ont à cœur de trouver des vêtements impeccables, mettant l'accent sur le style plutôt que sur la mode. Le tout à un prix aussi abordable que possible. Les propriétaires se sont donnés pour mission de dénicher les perles cachées du commerce vintage quand les grands magasins concurrents achètent les vêtements en vrac.

**LA QUALITÉ DE L'ACCUEIL** fait partie de l'ADN de Hunky Dory qui entretient un lien particulier avec ses clients, générant des idées à partir de leurs styles et de leurs goûts personnels. Un paradis pour les connaisseurs !

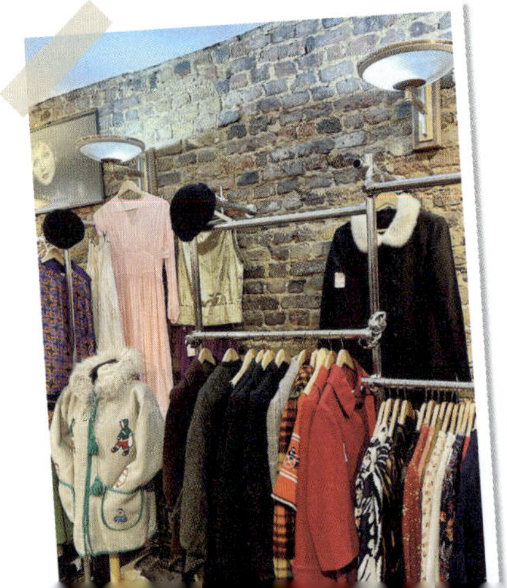

226 BRICK LANE
LONDRES, E1 6SA

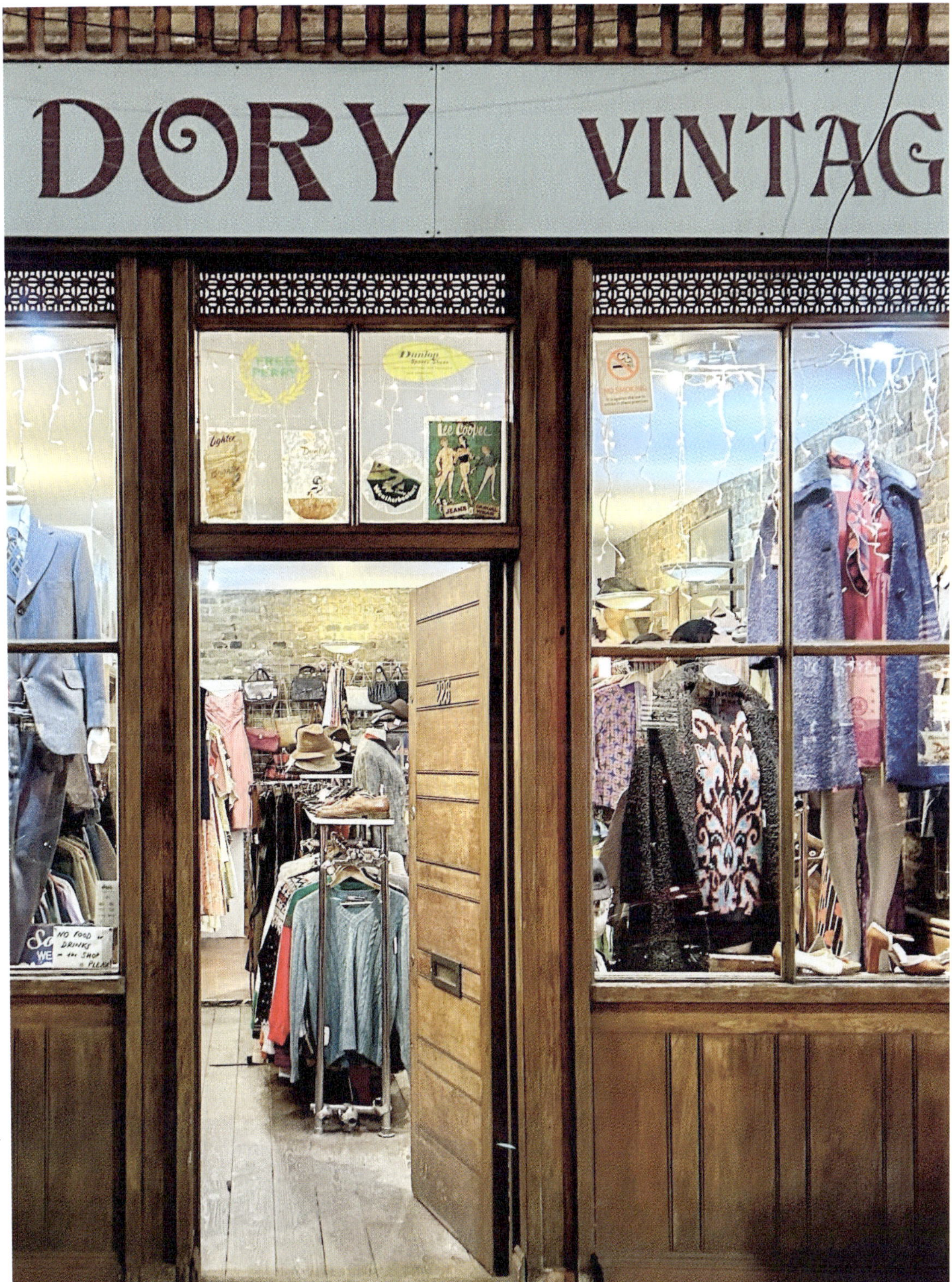

DORY
VINTAG
Dunlop
Lee Cooper
NO SMOKING

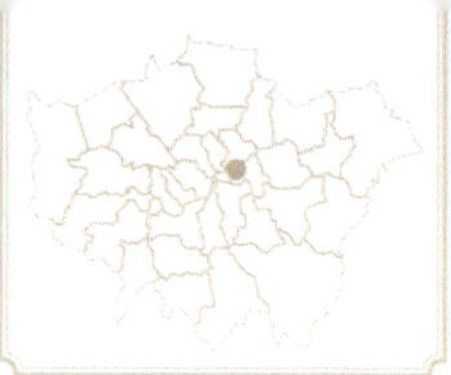



# Virgin Hotels® London Shoreditch

## Ambiance new-yorkaise

**Anciennement nommé Mondrian Hotel,** cet hôtel de luxe imaginé par le studio Goddard Littlefair (également à l'origine de Gleneagles, en Écosse, Villa Copenhagen, au Danemark, et The Mayfair Townhouse) a rapidement acquis la réputation d'être un des plus beaux hôtels de l'Est londonien. Il fait désormais partie de la galaxie des Virgin Hotels®, alliant passion pour la gastronomie, le design et la culture.

**Les chambres aux lits confortables** offrent une ambiance très new-yorkaise avec de grandes fenêtres industrielles. Côté assiette, l'hôtel propose deux options : le restaurant Bibo du chef étoilé espagnol Dani García, et un rooftop-bar avec piscine sur le toit.

**Situé à la frontière de la City** et du quartier bohème de Shoreditch, à équidistance de trois stations de métro et de la gare de Liverpool Street, son emplacement vous permet de rejoindre en moins de dix minutes à pied la vibrante Brick Lane, et, en trente minutes, la cathédrale Saint-Paul et le Tower Bridge.

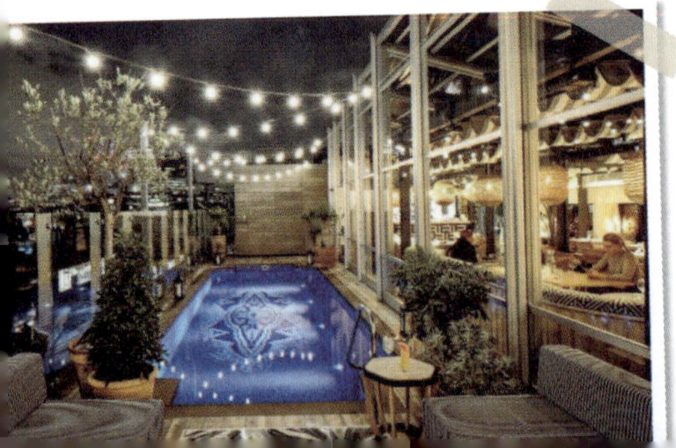

45 Curtain Road
Londres, EC2A 3PT

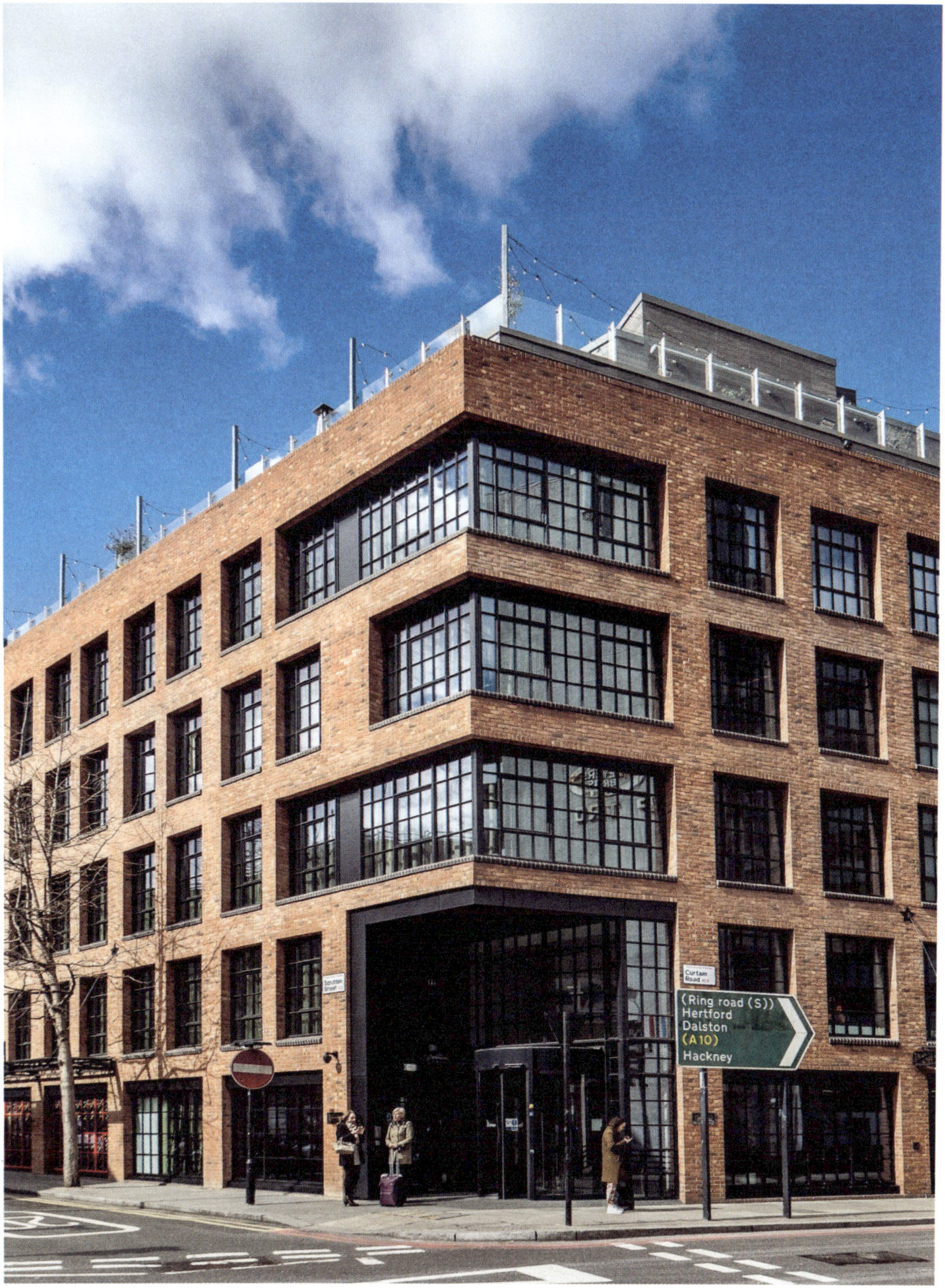
(Ring road (S))
Hertford
Dalston
(A10)
Hackney

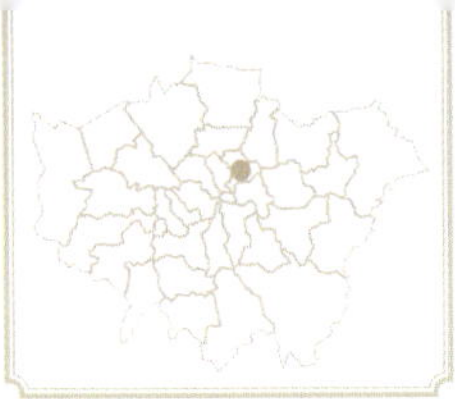



# Hoxton Street Monster Supplies

## Magasin pour fées et sorciers

**Fondé en 1818,** Hoxton Street Monster Supplies se présente comme le seul fournisseur de produits de qualité pour les monstres de toutes sortes à Londres (et peut-être dans le monde). Et en arrivant face à la devanture, le ton est donné : « Objets sur mesure et du quotidien pour les vivants, les morts et les morts-vivants » !

**Que vous soyez un vampire, un loup-garou,** un yeti ou tout autre monstre fantastique, ils ont tout ce dont vous avez besoin : poussière de fée, œuf de sirène, morve humaine, confiture de cerveau à l'ancienne...

**Entrez et laissez-vous aller** aux interactions surréalistes avec les vendeurs : le magasin célèbre la force de l'imagination. Tous les produits ont été imaginés par une équipe créative qui œuvre pour ajouter un peu de malice et de plaisir dans ce monde de brute. Chaque centime de profit est directement réinvesti dans le travail des jeunes écrivains du projet *Ministry of Stories*.

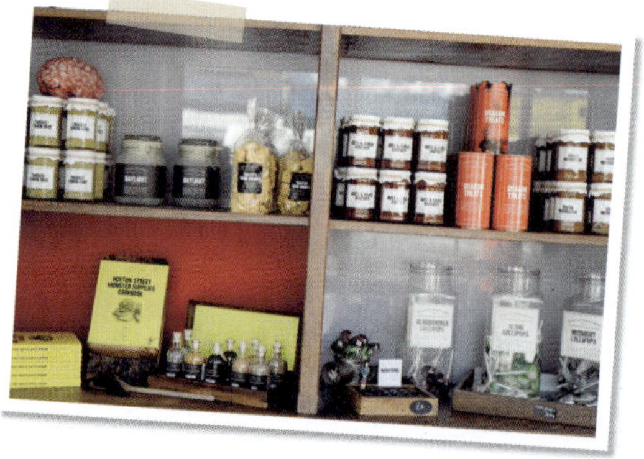

159 Hoxton Street
Londres, N1 6PJ

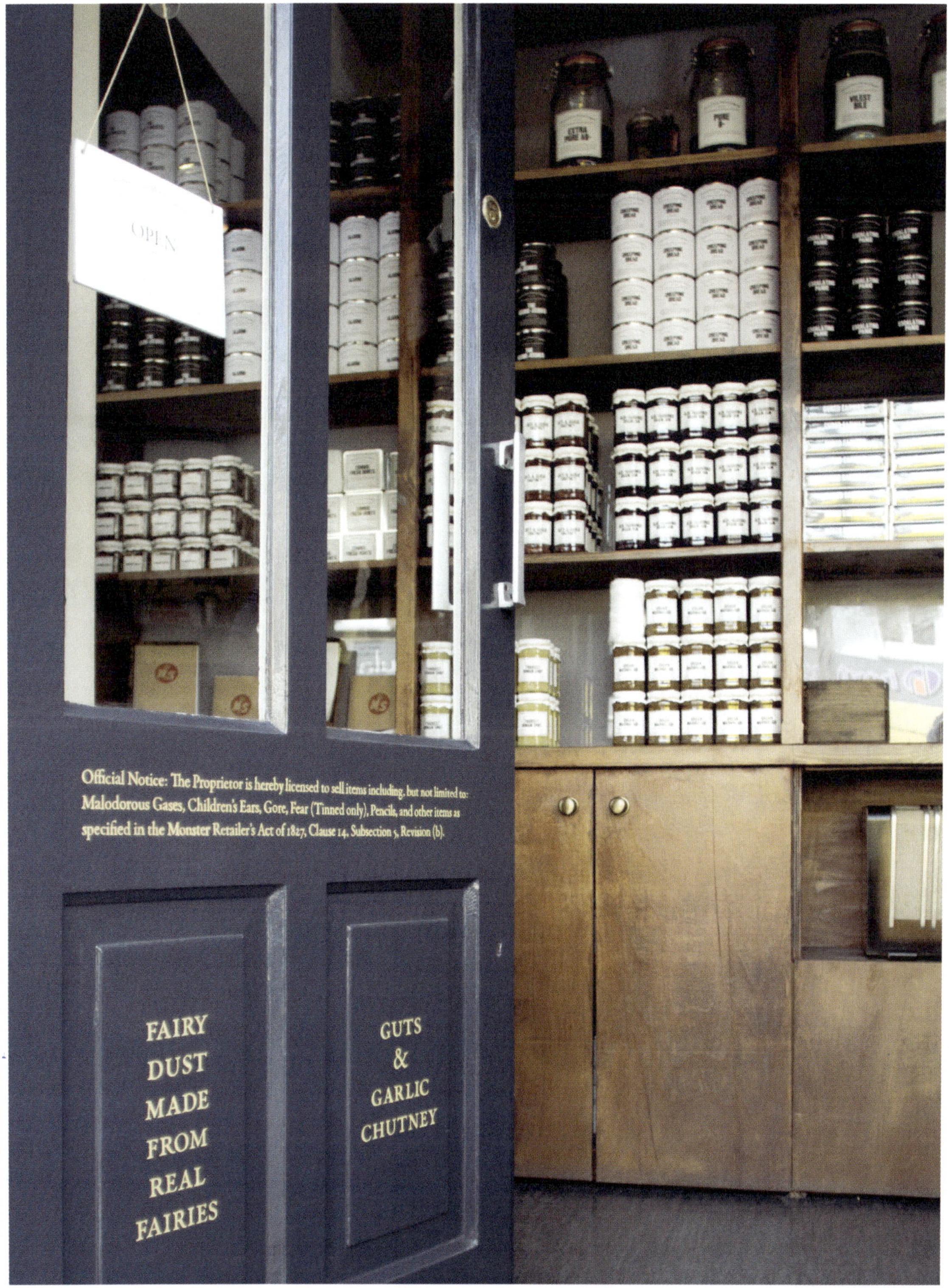
OPEN
Official Notice: The Proprietor is hereby licensed to sell items including, but not limited to: Malodorous Gases, Children's Ears, Gore, Fear (Tinned only), Pencils, and other items as specified in the Monster Retailer's Act of 1827, Clause 14, Subsection 5, Revision (b).
FAIRY DUST MADE FROM REAL FAIRIES
GUTS & GARLIC CHUTNEY

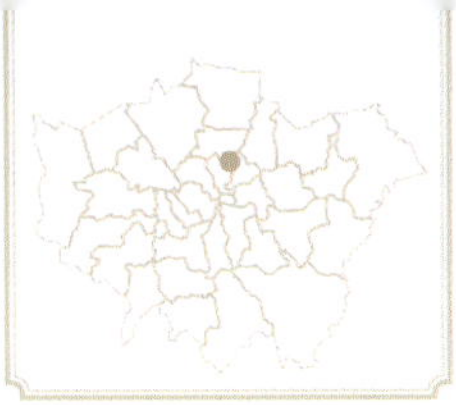



# Camden Passage

## Le temple du vintage

**Le Camden Passage** fait partie de ces petits secrets bien gardés de la capitale anglaise. Plus qu'un passage à proprement parler, il s'agit d'une rue piétonne et pittoresque cachée des regards. Cependant, ne le confondez pas avec le Camden Market de Camden Town ! Non, ici nous sommes au cœur du quartier en vogue d'Angel, cœur battant du district d'Islington.

**L'endroit est charmant** et les plus curieux pourront dénicher des cadeaux insolites, antiquités, meubles design, bijoux d'époque et fantaisies, vêtements vintage et toutes sortes d'objets décoratifs.

**En plus d'une grande variété de magasins,** la rue regorge d'épiceries, de restaurants et de cafés avec terrasse pour profiter d'un moment suspendu lorsque les beaux jours pointent leur nez. Tous les mercredi et samedi a lieu un petit marché éclectique aux allures de bric-à-brac.

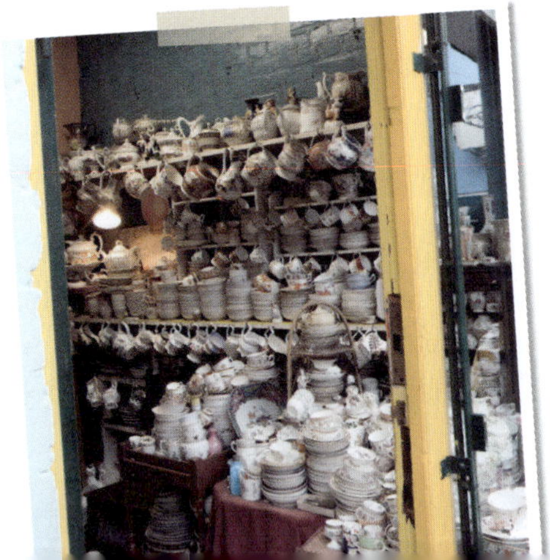

1 Camden Passage
Londres, N1 8EA

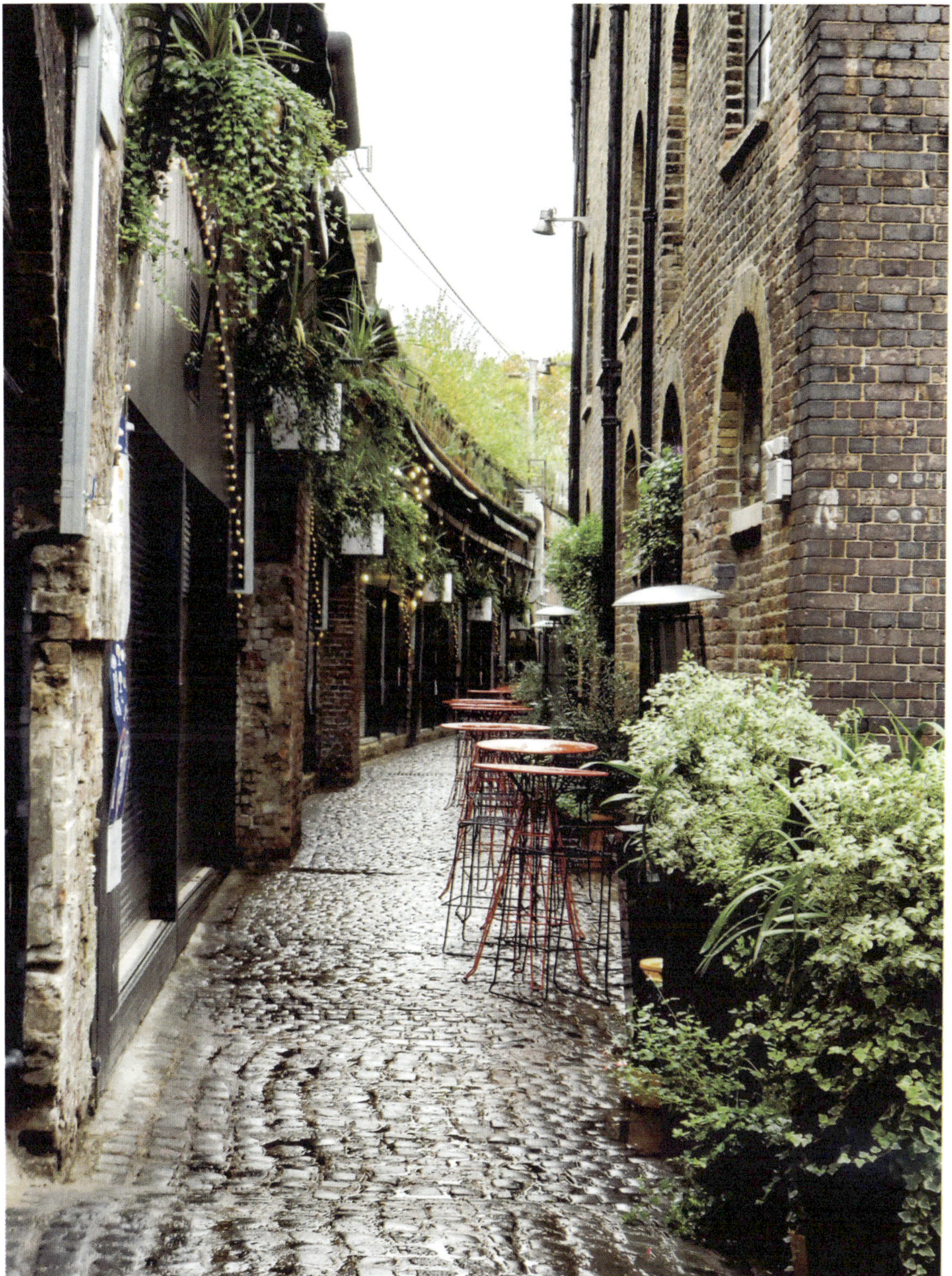

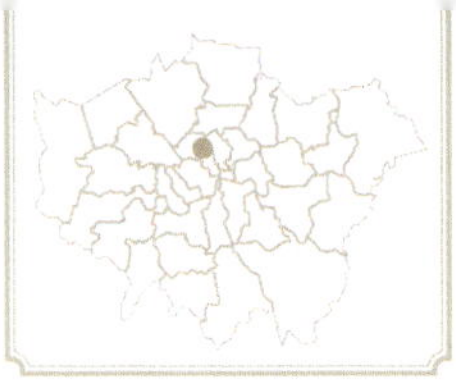



# Camden Market

## Un lieu iconique

**Le Camden Market** est plus qu'un simple marché, c'est une expérience en soi ! Lové au cœur du quartier punk de Londres depuis les années 1970, c'est un labyrinthe de boutiques en tous genres divisés en quatre zones : Lock, Stables, Hawley Wharf et l'Inverness.

**Camden Lock** a accueilli l'un de ses premiers marchés en 1974 sous la forme d'un ensemble d'étals délabrés sur l'ancien chantier de construction de Dingwall. Aujourd'hui, le food market est incontournable et l'écluse est devenue iconique : on y trouve péniches et bars, et la zone foisonne d'activités et de divertissements.

**Autrefois réseau d'ateliers de sellerie et d'écuries,** Camden Market Stables est aujourd'hui dédié à la sous-culture et abrite des marques locales et internationales. Quant aux arches ferroviaires du Camden Market Hawley Wharf, elles cachent un cinéma, un parc d'attractions souterrain, des bars, des restaurants et d'incroyables boutiques indépendantes !

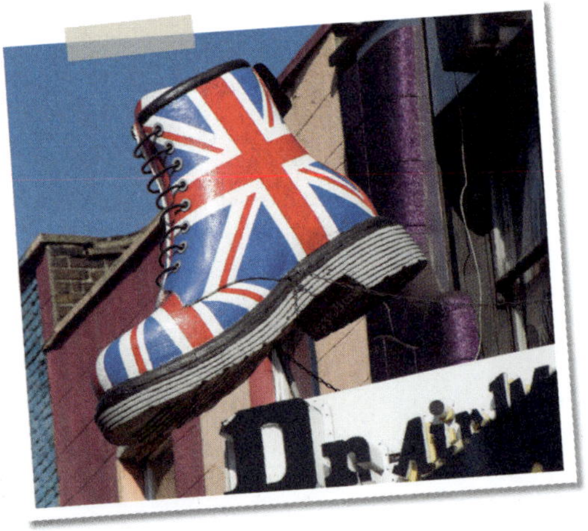

Camden Lock Place
Londres, NW1 8AF

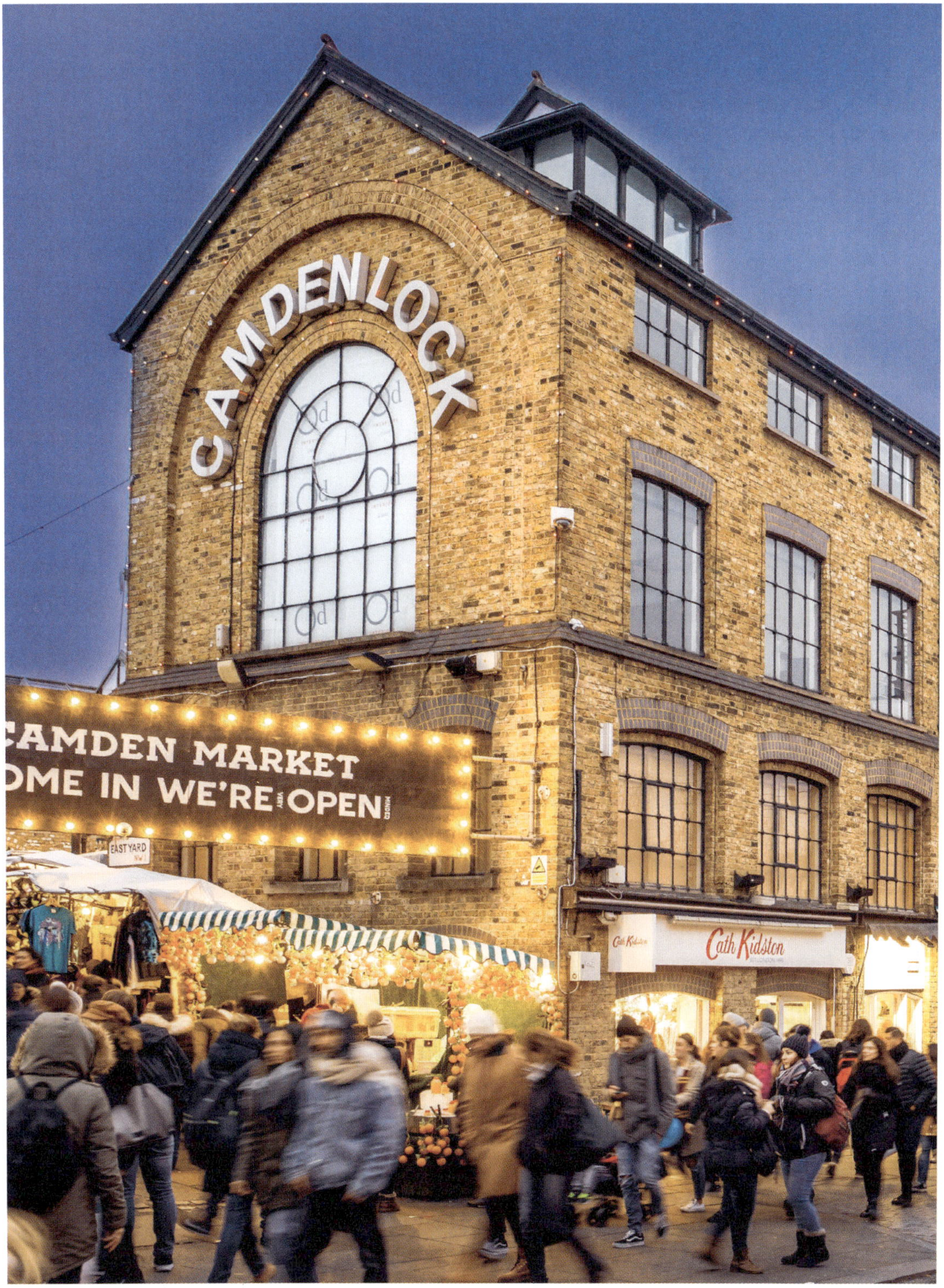
CAMDEN LOCK
CAMDEN MARKET
OME IN WE'RE OPEN
EAST YARD
Cath Kidston

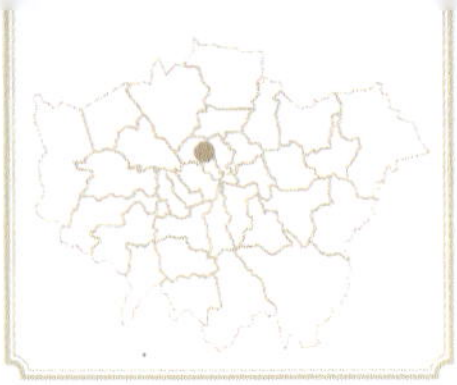



# Camden Tea Bar

## Un petit palais des thés

**Le Camden Tea Bar** est considéré comme l'un des meilleurs salons de thé de Londres. Situé en face du Camden Lock Market, au premier étage d'anciens entrepôts des docks qui longent le Regent's Canal, il est apprécié pour son balcon qui invite à *chiller* en observant la vie bouillonnante du marché.

**Si l'ambiance est chaleureuse** (sans parler du personnel), c'est la qualité et la variété des thés proposés qui ont fait sa réputation ! Il faut dire que Daniel, le fondateur, a mis un point d'honneur à sélectionner des thés provenant du monde entier et à créer plus d'une centaine de mélanges uniquement concoctés à base de produits naturels. Ici, un seul mot d'ordre : le goût ! Car comme nous l'explique Daniel, « un thé peut être agréable à l'œil, sentir bon au nez, mais si la saveur n'est pas à la hauteur en bouche, à quoi bon ? ».

**La carte des thés** à déguster sur place donne le tournis, et vous pourrez notamment déguster leur fameux « Unicorn Drank », qui réserve une belle surprise !

**1st Floor, 90-92 Camden Lock Pl**
**Londres, NW1 8AF**

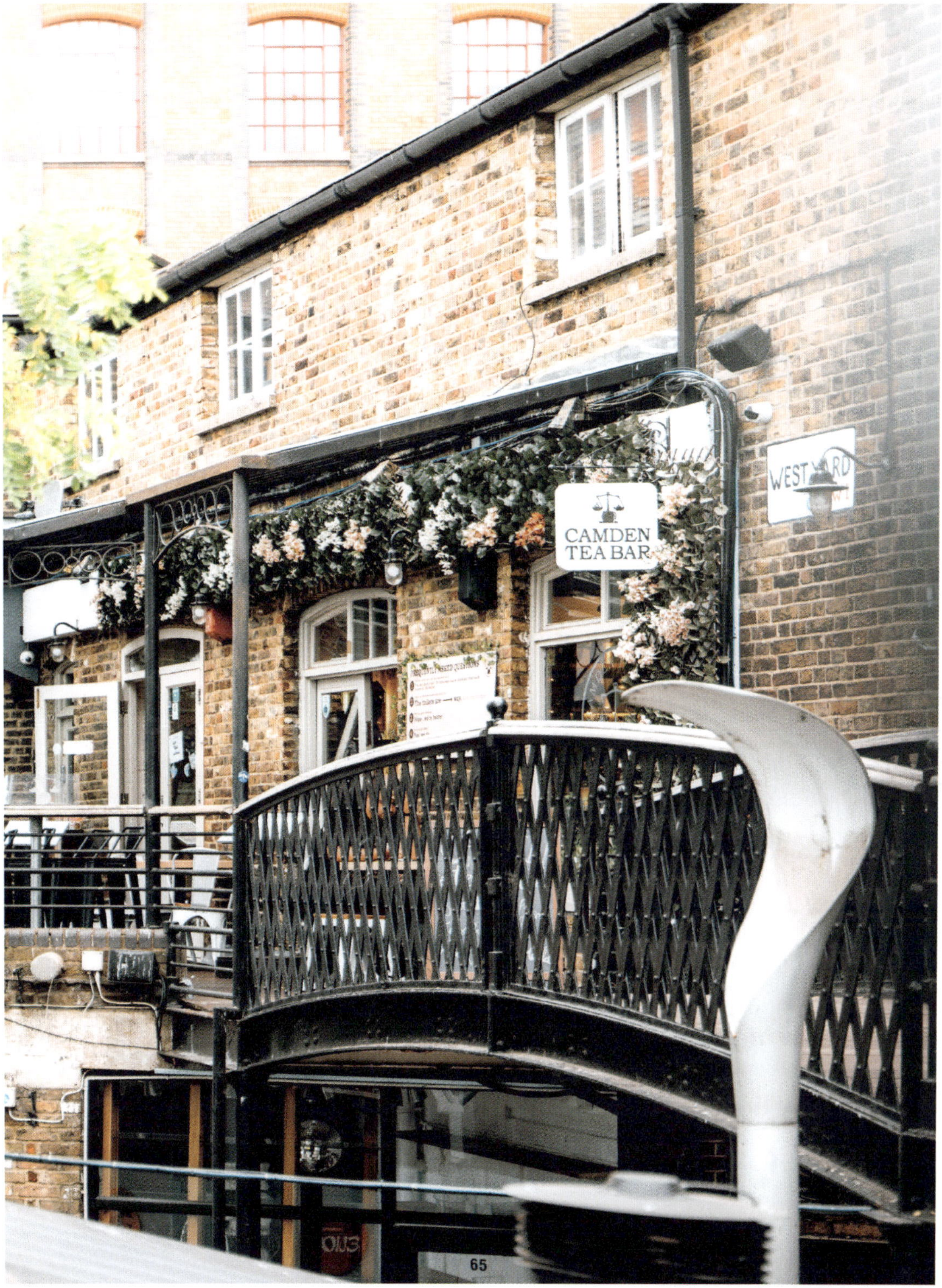
CAMDEN
TEA BAR
WEST YARD
65

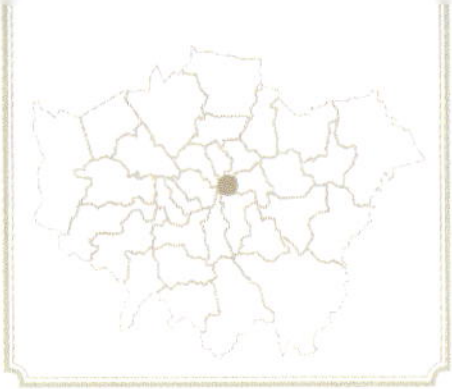



# The Old Bank of England

## Un trésor caché

**Quoi de plus normal** que de venir manger ou boire une pinte dans une Banque nationale ? Occupé par la Banque d'Angleterre de 1888 à 1975, le bâtiment a été rénové en 1994 pour devenir un pub.

**Pour la petite histoire,** on raconte qu'on entreposait dans les sous-sols des lingots d'or et qu'on y aurait même accueilli les joyaux de la Couronne pendant un certain temps ! Aujourd'hui, on y mange une cuisine généreuse, dont les célèbres *fish and chips* et les *pies* au butternut, à des prix raisonnables.

**Le lieu à lui seul mérite le détour,** avec une décoration magnifique et de nombreux meubles, coffres-forts et comptoirs de banque d'époque dont on a détourné l'usage. Non content d'avoir une histoire et une architecture unique, The Old Bank of England est en plus situé entre deux célèbres boutiques, le fameux salon de coiffure de Sweeney Todd et le célèbre magasin de tartes de Mrs Lovett.

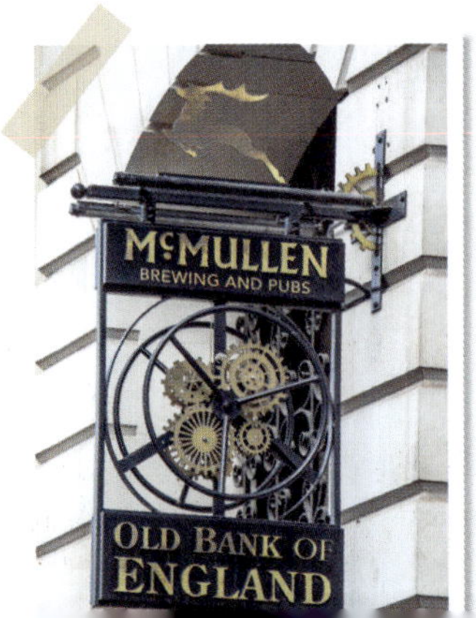


194 Fleet Street
London, EC4A 2LT

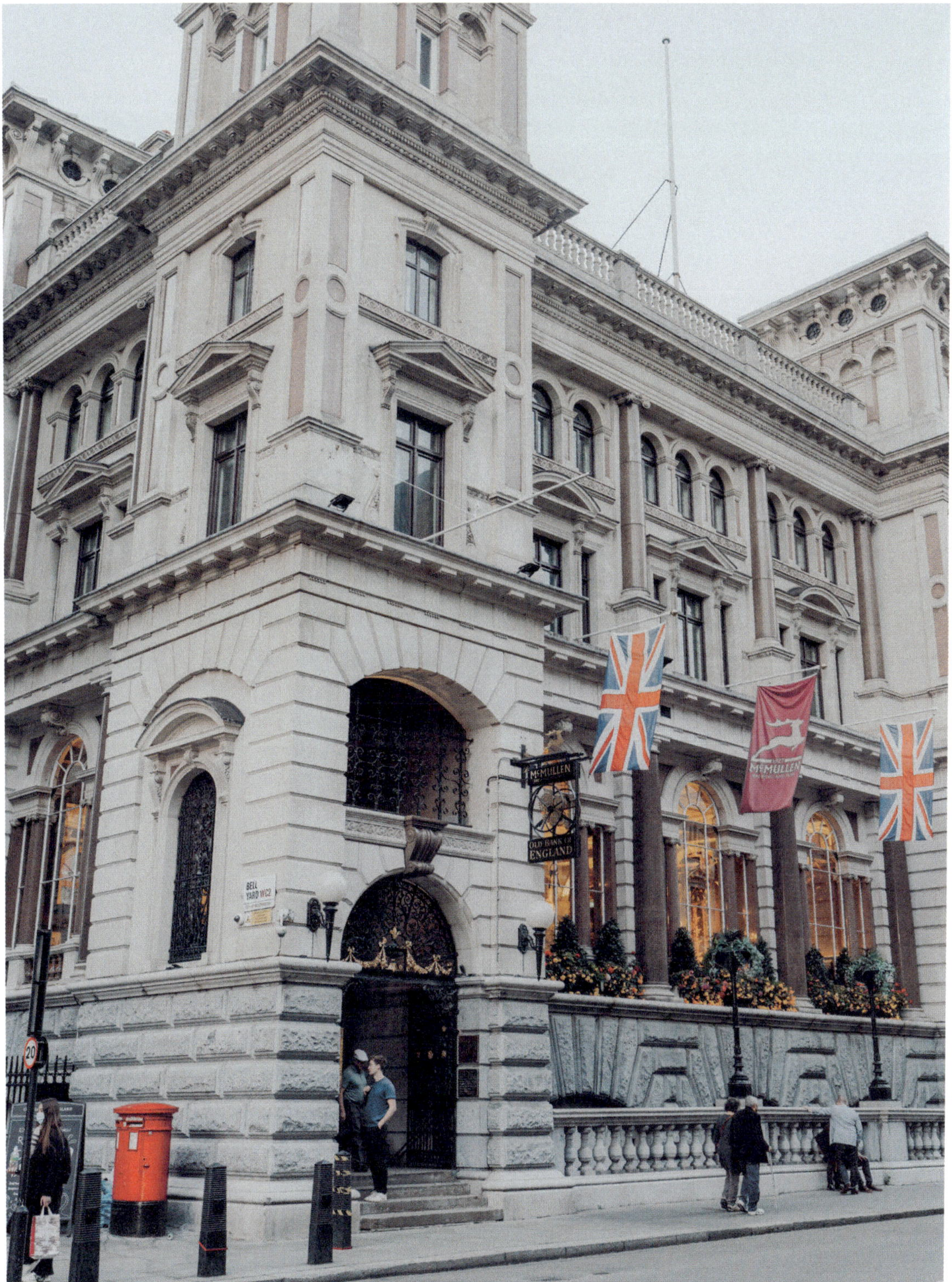
BELL YARD WC2
McMULLEN
OLD BANK OF ENGLAND
20

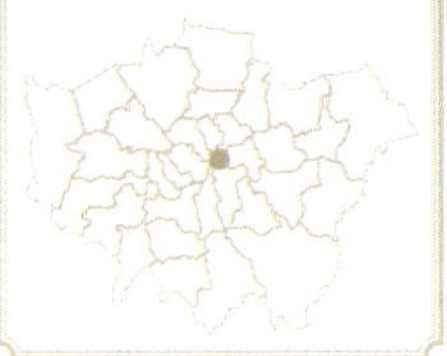



# Ye Olde Mitre

## UN PUB À L'ANCIENNE

**CACHÉ DANS UNE PETITE RUELLE** du quartier de Holborn, ce tout petit pub est l'un des plus anciens de la capitale.

**FONDÉ EN 1546,** cet endroit aurait servi de point de ravitaillement en eau aux serviteurs des évêques d'Ely et reste célèbre pour son cerisier (qui maintient encore sa façade aujourd'hui) autour duquel la légende raconte que la reine Elizabeth I$^{re}$ aurait dansé avec Sir Christopher Hatton, homme politique de l'époque et favori de la reine. Il faut imaginer ce pub entouré à l'époque d'un jardin, de vergers et d'un palais.

**EN RENTRANT DANS CE PUB RECONSTRUIT** dans les années 1700, tout nous plonge dans une ambiance typique d'un pub londonien : le mobilier en bois et la moquette ont vécu, les vieilles photos et illustrations sont toujours accrochées au mur, les verres et les bouteilles de bière terminent le décor. *Fun fact* : des martyrs, des traîtres, des voleurs et d'autres personnes auraient été pendus non loin de la porte du Ye Olde Mitre !

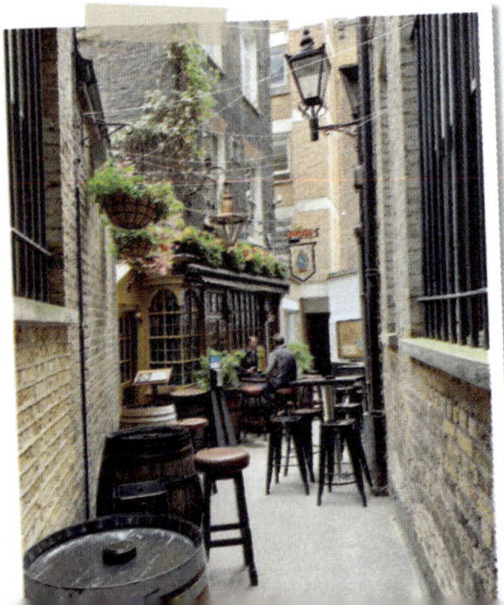

1 ELY COURT, ELY PLACE
LONDRES, EC1N 6S

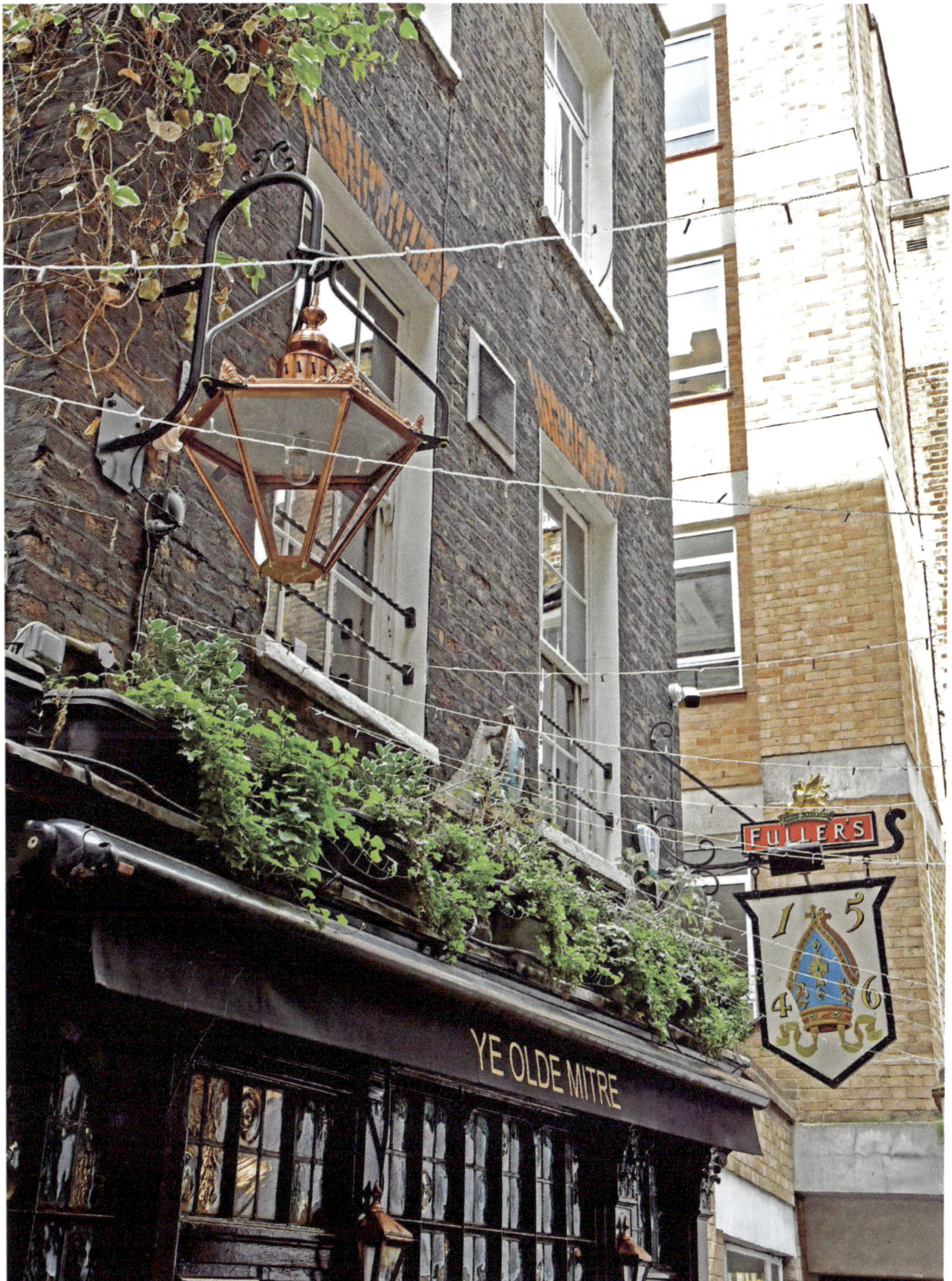
FULLER'S
1 5
4 6
YE OLDE MITRE

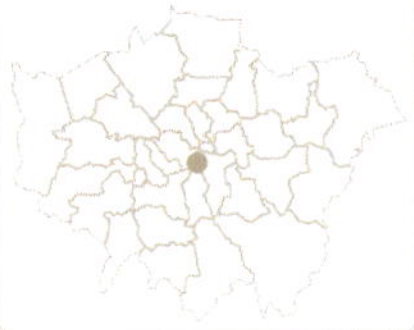



# Peggy Porschen

## Tea Time à l'anglaise

**Du rose, du rose et du rose !** La pâtisserie Peggy Porschen annonce la couleur dès la devanture du 116 Ebury Street. C'est la success-story londonienne de ces dernières années : celle d'une jeune Allemande qui a grandi dans un petit village près de Cologne en rêvant de devenir créatrice de gâteaux.

**Ouverte en 2010,** la boutique a vu sa réputation grandir auprès des célébrités et des membres de la famille royale, qui consolident son implantation dans le quartier chic de Belgravia. Ici, l'accent est mis sur les ingrédients de qualité, les méthodes de cuisson traditionnelles et les saveurs créatives associées à un design soigné.

**La carte des pâtisseries** évolue avec les saisons sous la direction créative de Peggy Porschen elle-même. Dans cette pâtisserie, qui vend « les meilleurs cupcakes du monde » pour *Vanity Fair*, on y vient pour emporter de beaux gâteaux, mais aussi pour s'attabler autour d'un brunch ou d'un *Afternoon Tea* (réservation obligatoire).

**116 Ebury Street**
**Londres, SW1W 9QQ**

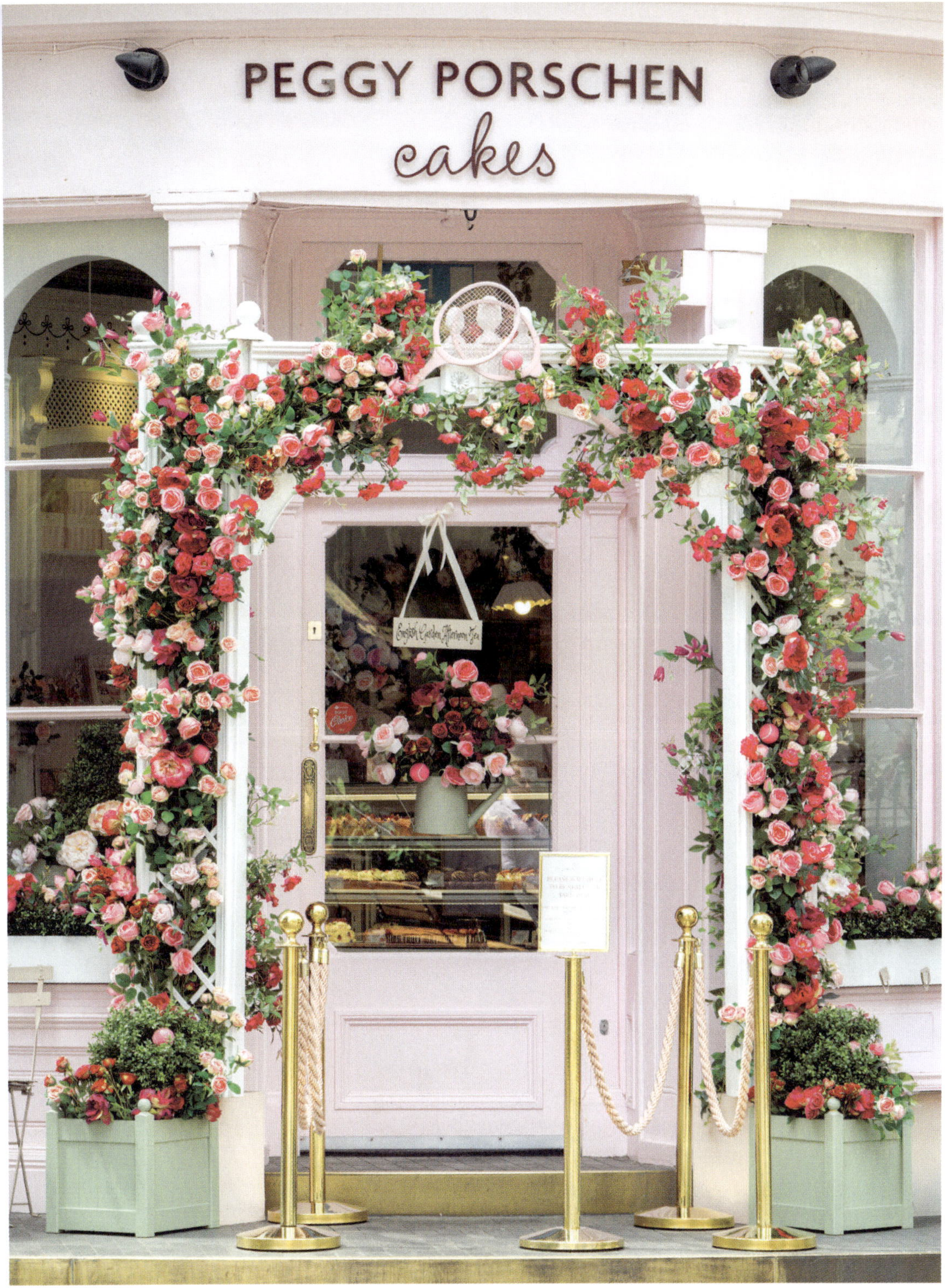
PEGGY PORSCHEN
cakes
English Garden Afternoon Tea

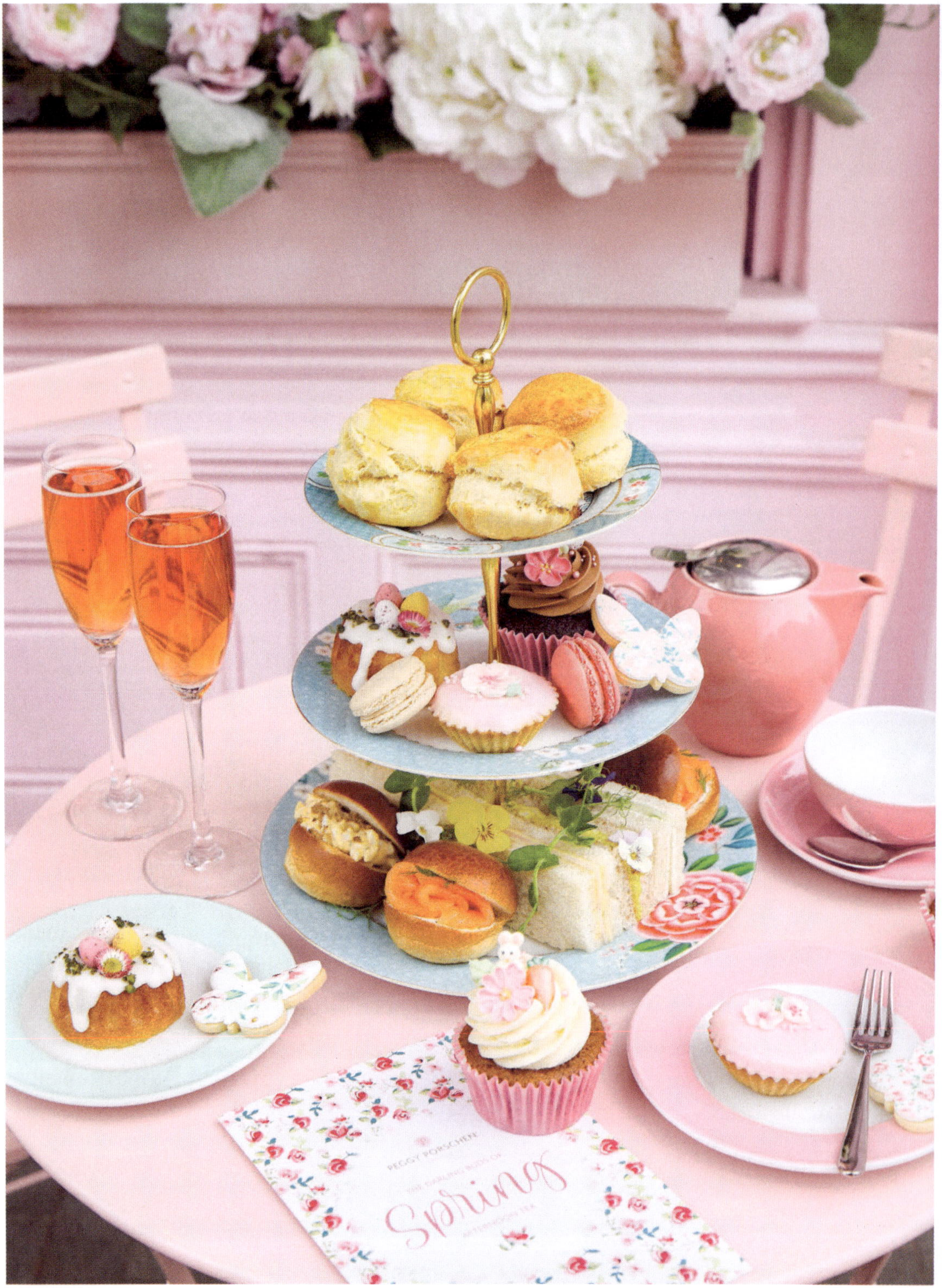
PEGGY PORSCHEN
Spring

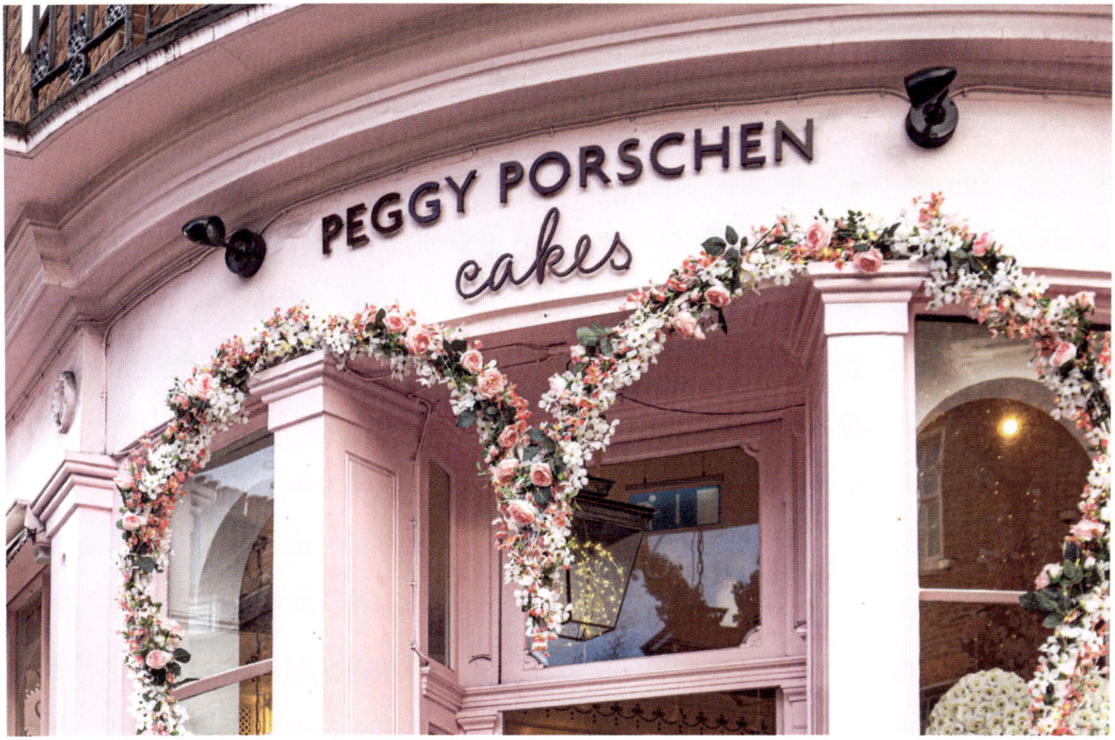
PEGGY PORSCHEN
cakes

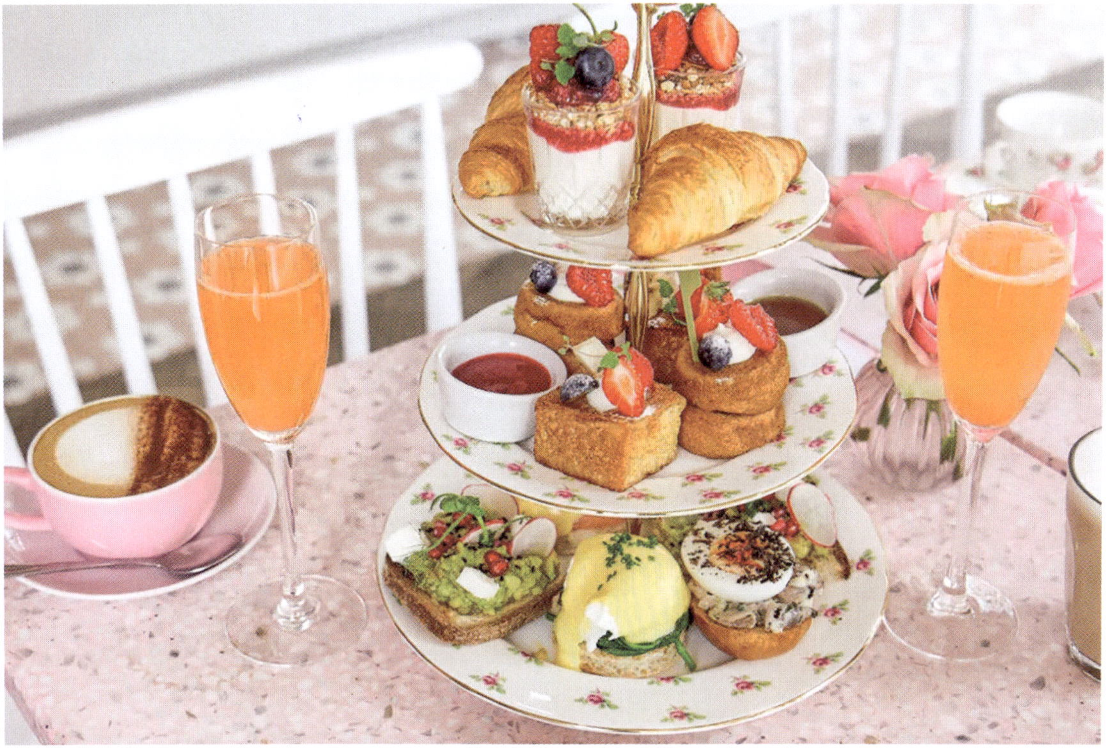

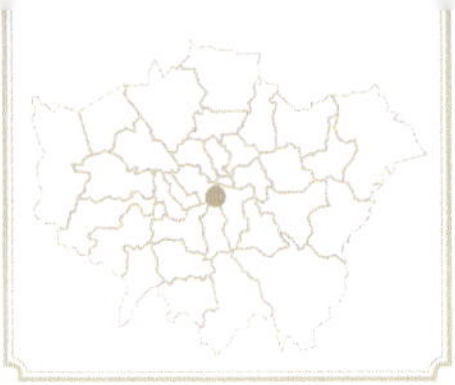



# Tomtom Coffee House

## THE PLACE TO BE

**DES CAFÉS DE SPÉCIALITÉ** rigoureusement sélectionnés, des grains torréfiés par leurs baristas assurant une fraîcheur constante (les grains de café sont utilisés maximum deux semaines après la torréfaction), de nombreuses possibilités de techniques de dégustation (expresso, filtres, AeroPress®, etc.) ; le Tomtom Coffee House s'est positionné comme l'un des meilleurs cafés de l'ouest de Londres. Vous pourrez y boire des flat white, des cappuccinos, et goûter à leurs spécialités de cafés latte comme ceux au beurre de cacahuète ou à la rose !

**SI VOUS N'ÊTES PAS AMATEURS DE CAFÉ,** vous pourrez toujours y boire un thé ou venir bruncher le midi pour déguster leurs délicieux avocado toast, omelette verte, salades ou açaí bowl. Cette adresse s'est fait une belle réputation, tout est frais, fait maison et préparé sur le pouce, alors ne soyez pas étonnés par l'attente à l'extérieur ou au service !

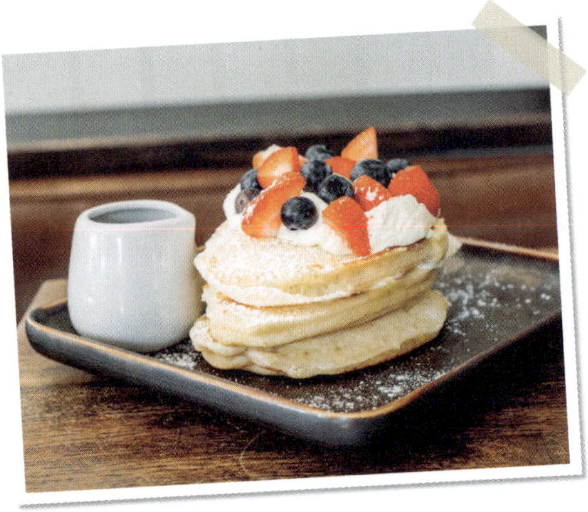

114 EBURY STREET
LONDRES,
SW1W 9QD

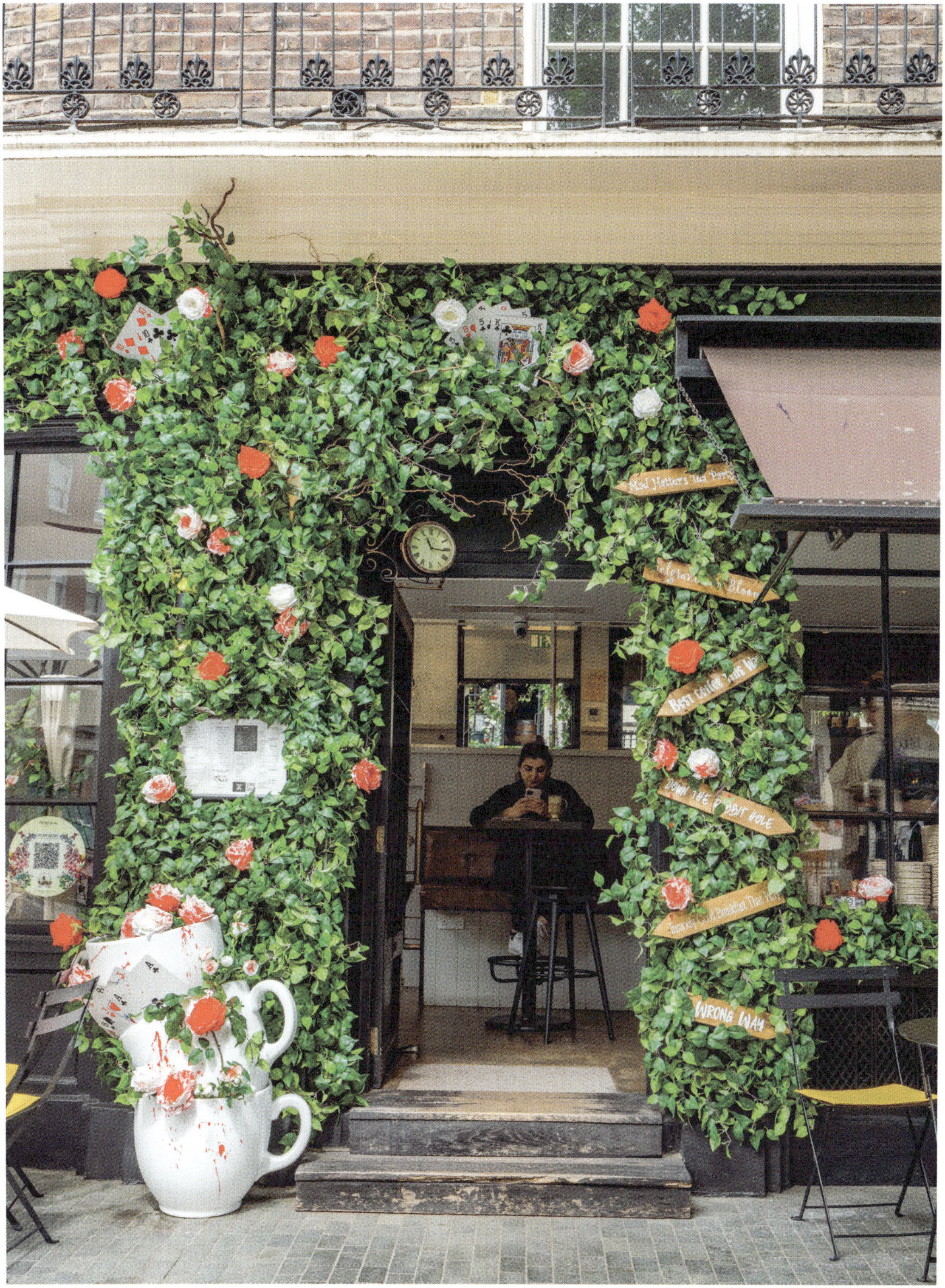
Mad Hatter's Tea Party
Best coffee this way
Wrong Way

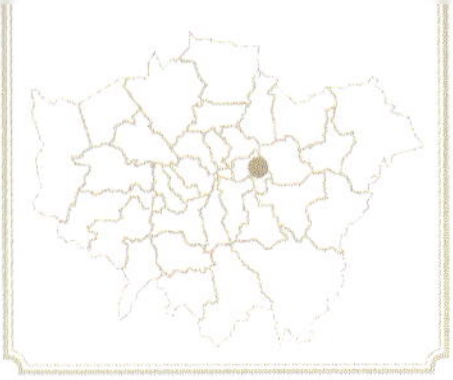



# In Bloom & In Habit

## En pots et en fleurs

**En plein cœur du marché aux fleurs** de Columbia Road, In Bloom & In Habit sont deux boutiques pour un même mantra : l'amour des pots (mais pas que) !

**D'un côté,** In Bloom, façade jaune, creuse le sillon des plantes, vertes ou à fleurs, et des pots qui les mettront en valeur. Vous y trouverez une large collection de poteries et de céramiques tournées à la main, fabriquées selon des méthodes traditionnelles dans une production indépendante.

**De l'autre,** In Habit, façade bleue, met en avant toutes sortes d'accessoires pour la maison – bougie, papeterie, paniers, tissus d'ameublement, vaisselle et une myriade de pots en verre de toutes les couleurs. L'équipe accueillante et passionnée met un point d'honneur à proposer des produits issus du commerce équitable et des collections d'objets en matériaux recyclés. Le week-end, c'est l'effervescence du marché. Pour une visite dans le calme, préférez y aller en semaine.

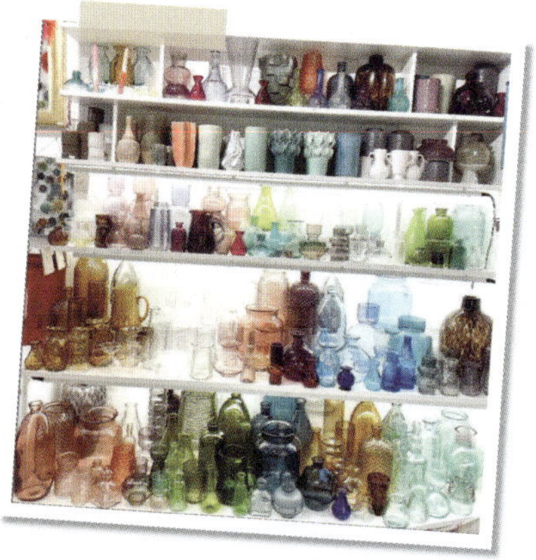

152 Columbia Road
Londres, E2 7RG

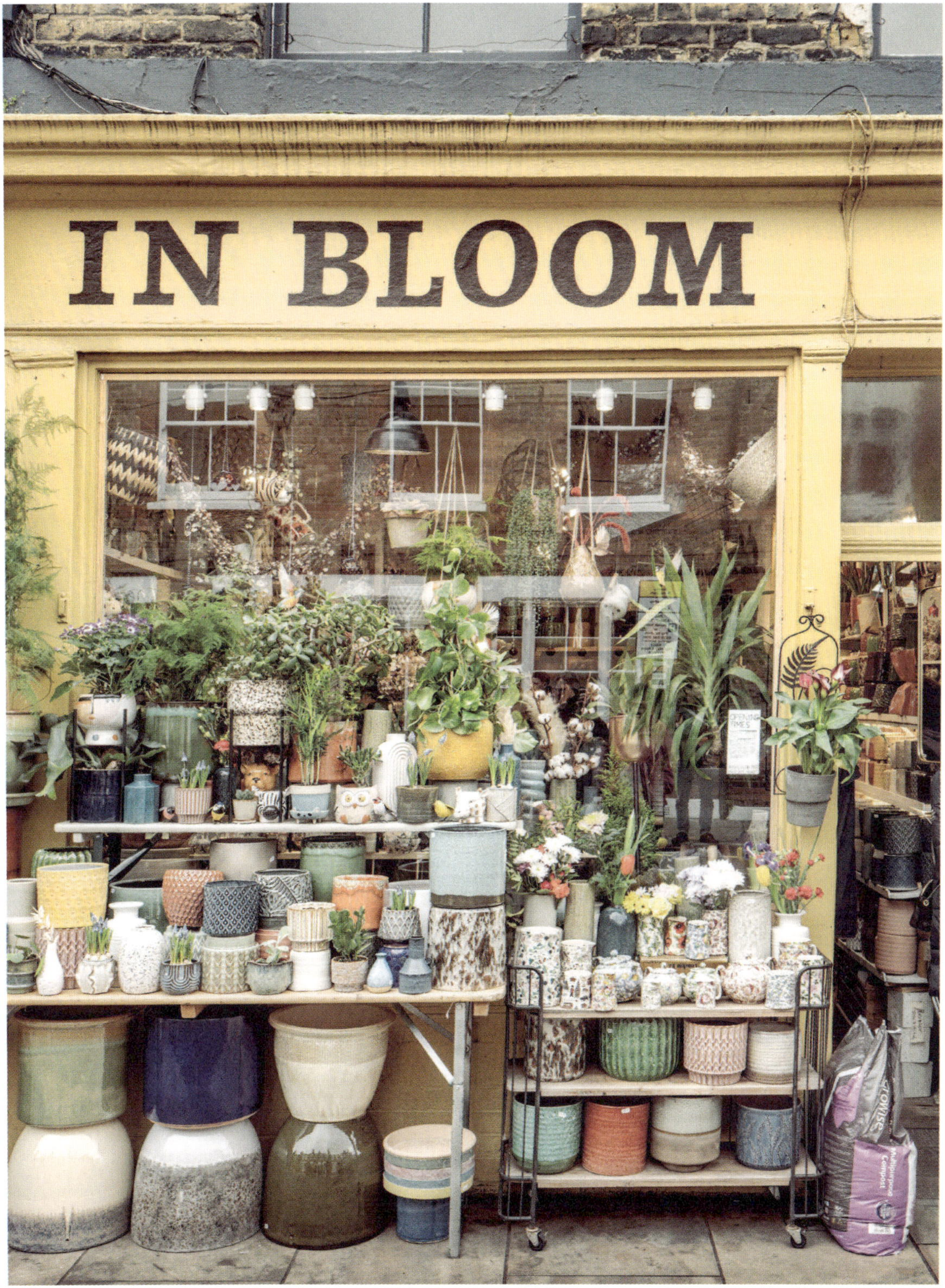
IN BLOOM

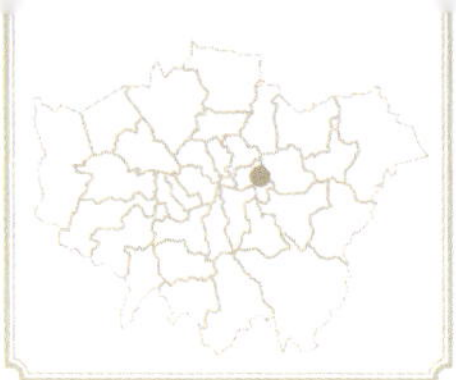



# Columbia Road Flower Market

## La rue aux fleurs et aux antiquaires

**Les magasins au style victorien** datant des années 1860 qui longent Columbia Road étaient réputés pour la tapisserie d'ameublement et le commerce du bois. Puis un marché aux fleurs s'est installé le week-end, alimenté par les plantes apportées par charrettes à bras depuis les jardins maraîchers voisins de Hackney et d'Islington.

**Après avoir risqué la démolition en 1970,** Columbia Road et son marché aux fleurs du dimanche sont devenus un rendez-vous incontournable pour les Londoniens. Fleurs coupées ou séchées, plantes grasses, cactus ou plantes d'intérieur, herbes aromatiques et autres curiosités végétales – aujourd'hui l'offre du marché change au fil des saisons.

**Columbia Road** vit cependant tout au long de la semaine avec de petites galeries d'art qui côtoient des pâtisseries, des magasins de vêtements vintage ou d'antiquités, des épiceries fines et une multitude de pubs, cafés et restaurants.

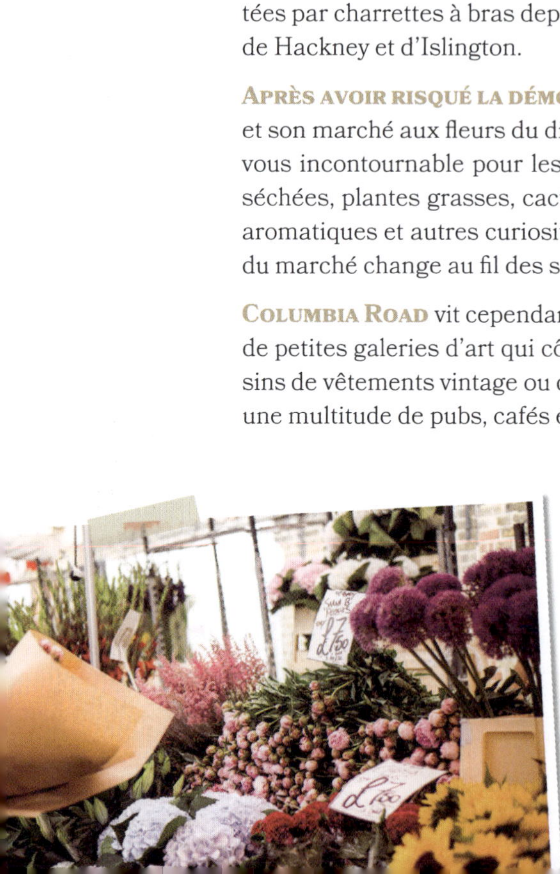

Columbia Road
Londres, E2 7RG

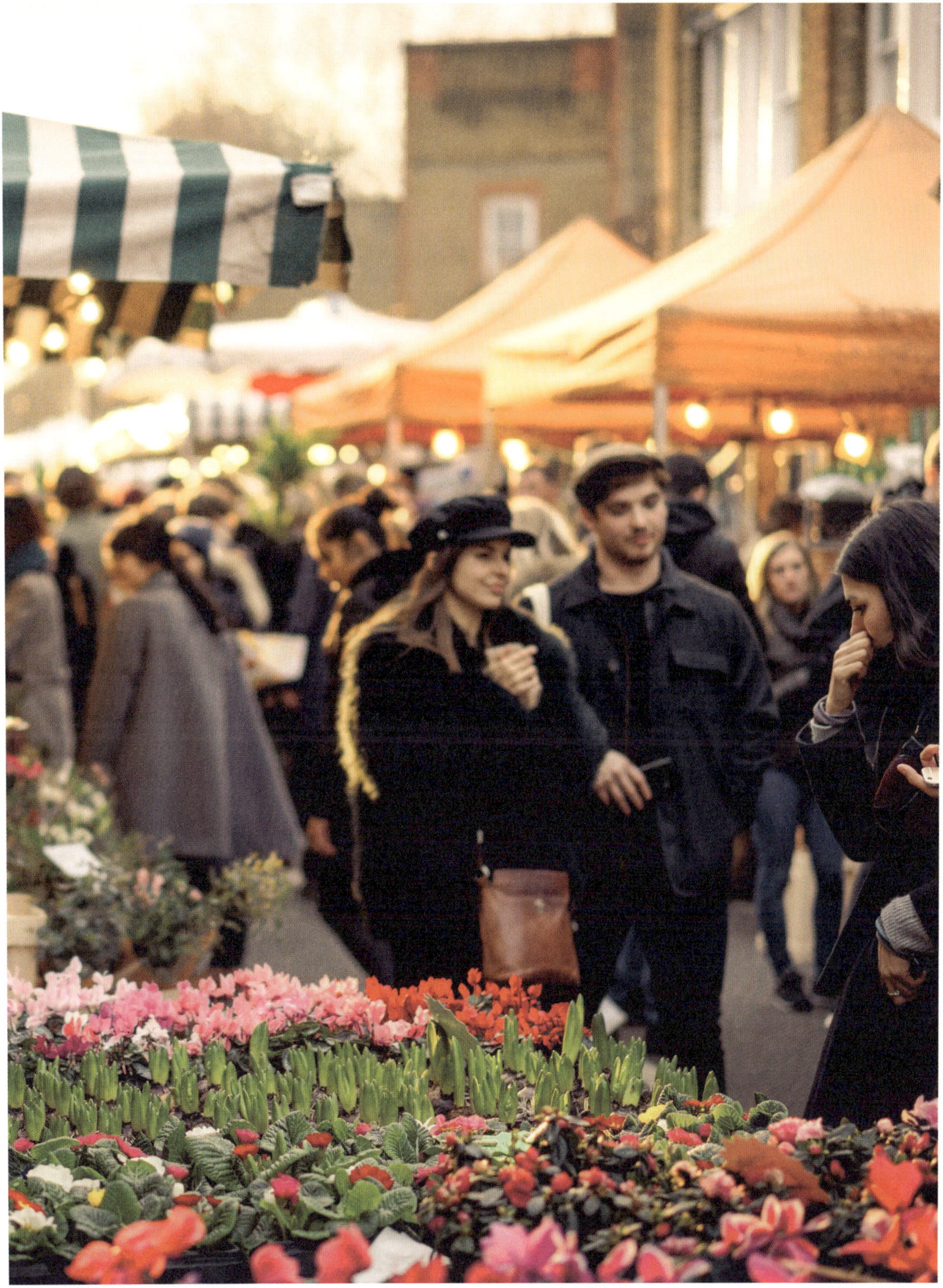

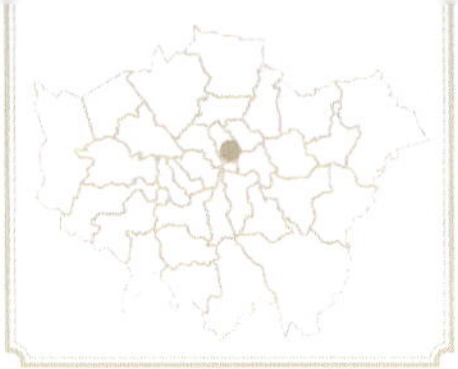



# Exmouth Market

## Un marché à ciel ouvert

**Une petite rue piétonne** de l'East London dont on pourrait penser, à tort, que l'animation fait suite à la gentrification du quartier. L'histoire d'Exmouth Market remonte en fait à l'époque victorienne quand les maraîchers londoniens venaient vendre leurs produits aux habitants du quartier.

**Aujourd'hui,** la rue accueille habitués et visiteurs d'un jour venu profiter des terrasses des nombreux bars et restaurants qui ont remplacé les étals de fruits et légumes. Que ce soit pour le déjeuner ou pour profiter de la vie nocturne, Exmouth Market reste le cœur vivant du quartier de Clerkenwell.

**Ce quartier branché,** moins connu que Shoreditch ou son voisin Angel, réunit dans de vieux immeubles industriels rénovés le savant mélange londonien d'entrepreneurs « créatifs », de boutiques indépendantes, de bars, cafés et restaurants tendance.

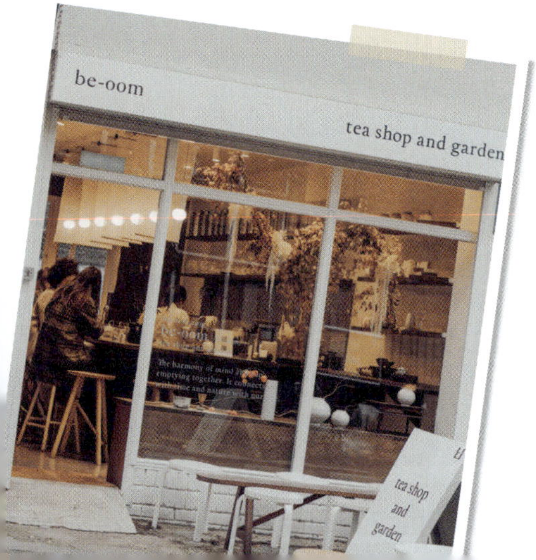


Exmouth Market
Londres

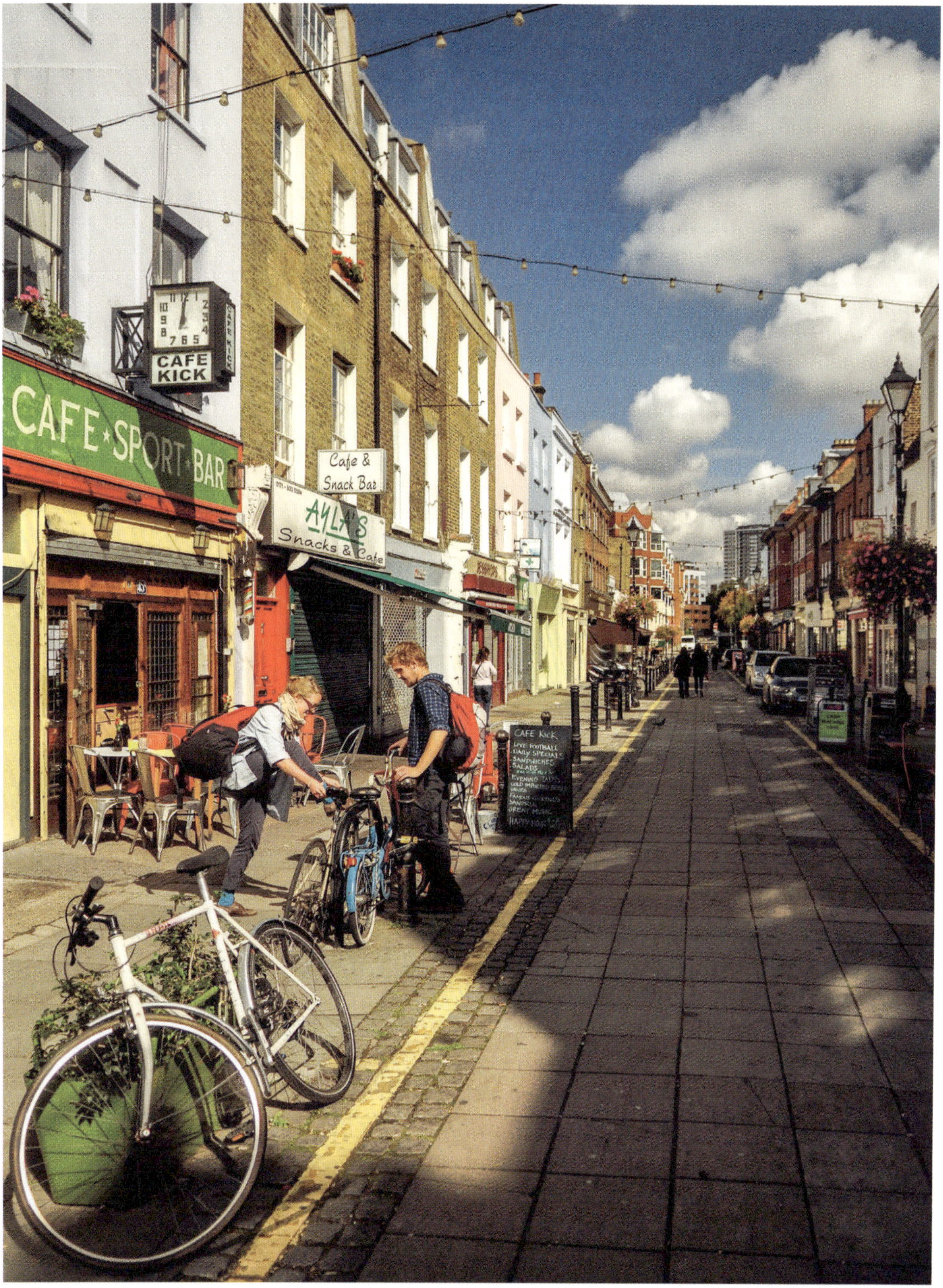
CAFE KICK
CAFE ★ SPORT ★ BAR
Cafe & Snack Bar
AYLA'S
Snacks & Cafe
CAFE KICK
LIVE FOOTBALL
DAILY SPECIALS
SANDWICHES
SALADS

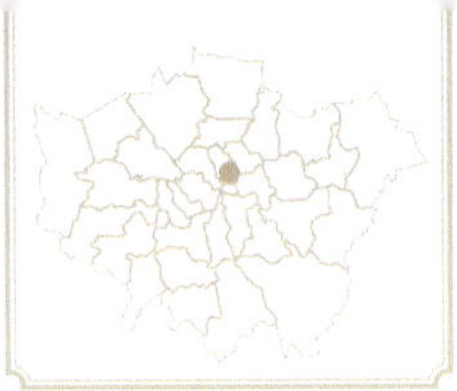



# Marby & Elm

## Une ode aux mots

**Une histoire de famille.** Eleanor est la créatrice, Charlie, sa sœur, gère la boutique, Tim, leur frère, s'occupe de la communication, et leur père est l'artiste typographe. Marby et Elm sont les surnoms des garçons d'Eleanor.

**Une histoire d'amour et d'humour,** née dans les années 2010 et qui a rapidement conquis le cœur des Londoniens et des visiteurs amoureux des cadeaux personnalisés et faits main. Personne ne ressort de Marby & Elm sans un sourire sur les lèvres tant les deux sœurs ont une énergie contagieuse.

**Affiches, cartes sur mesure, typographie ancienne,** atelier de design, slogans perspicaces, joie des mots et du papier (mais aussi des bougies et des bijoux) : tous les produits sont conçus dans la boutique et seront personnalisés au moment de votre visite. Pour ne rien gâcher, la boutique est située dans la jolie rue d'Exmouth Market.

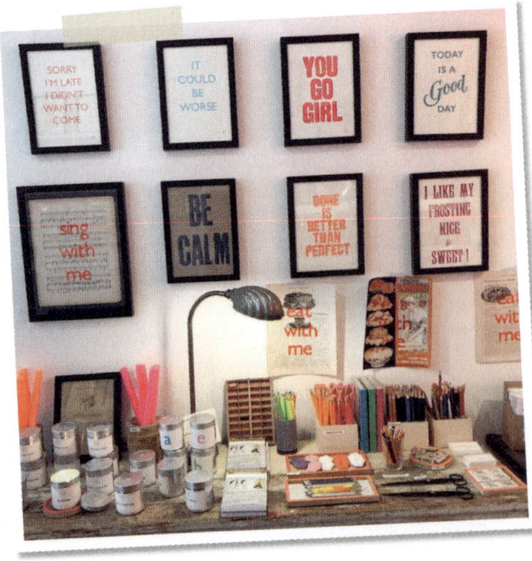


53 Exmouth Market
Londres, ECIR 4QL

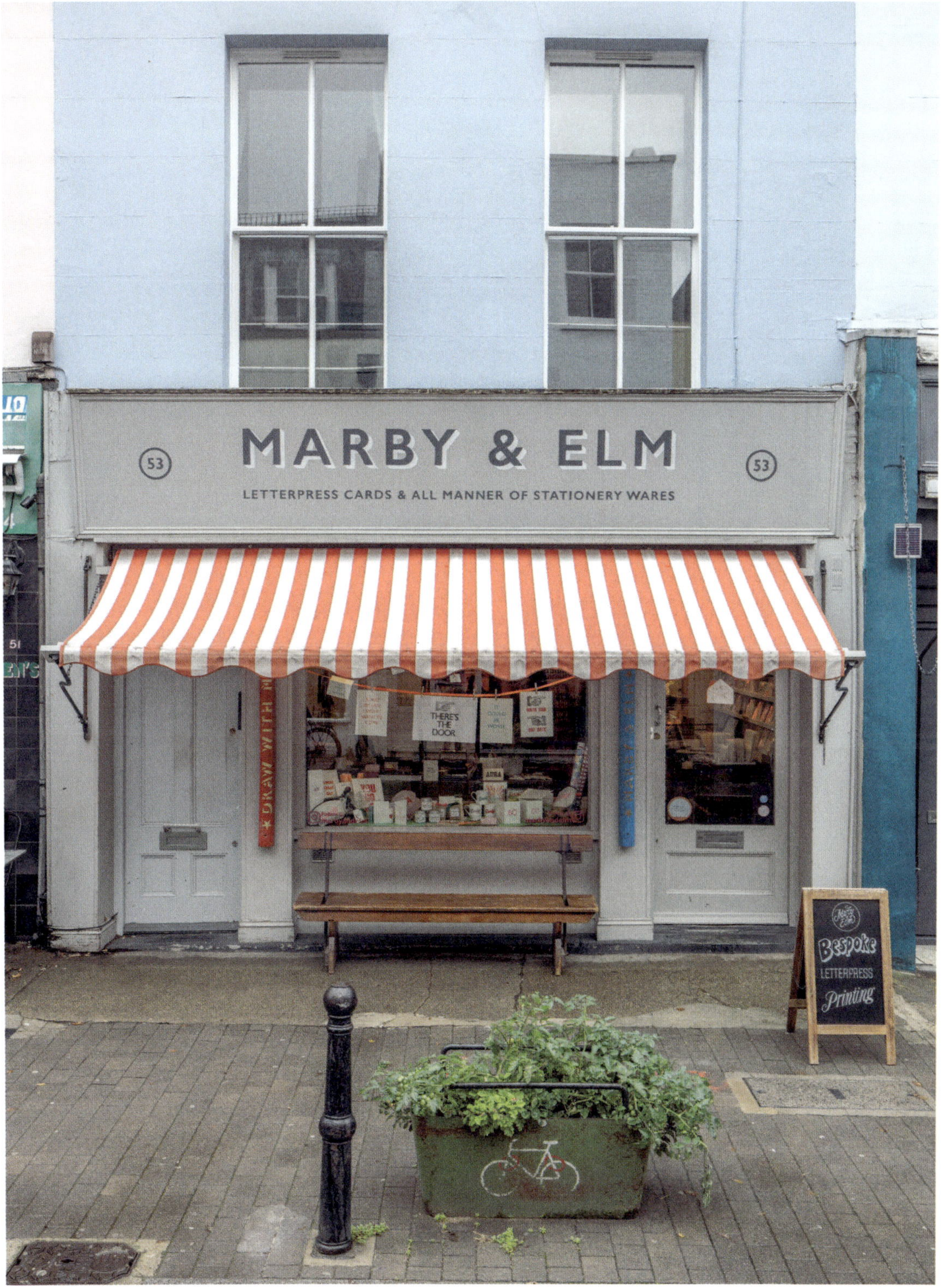

MARBY & ELM
53
53
LETTERPRESS CARDS & ALL MANNER OF STATIONERY WARES
THERE'S THE DOOR
Bespoke
LETTERPRESS
Printing

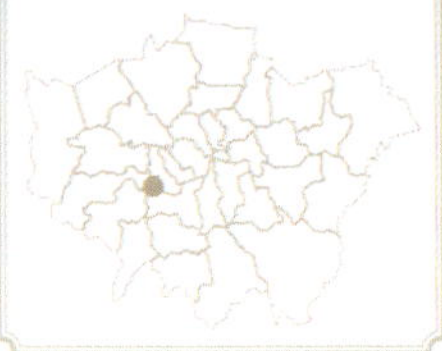



# The Fuller's Griffin Brewery

## Une brasserie historique

**Une escapade** dans le joli quartier verdoyant et huppé de Chiswick ne peut être complète sans la visite de la brasserie la plus célèbre de Londres : The Fuller's Griffin Brewery !

**L'histoire raconte** que l'on brasse de la bière sur ce site depuis le XVII$^{e}$ siècle, mais c'est au milieu du XIX$^{e}$ siècle que le clan Fuller reprend le flambeau de la brasserie qui restera dans le giron familial jusqu'en 2019 (elle appartient aujourd'hui à des Japonais). La brasserie Fuller's est notamment à l'origine de la fameuse London Pride, l'une des bières les plus servies dans les pubs de la capitale.

**La visite de la brasserie Fuller's Griffin** dure un peu moins de 2 heures. Accompagné d'un guide, vous découvrirez tout le processus de brassage, de la fabrication du moût jusqu'à la fermentation en fût. Vous verrez comment les méthodes de brassage ont évolué à travers les époques et vous pourrez déguster la gamme de bières de la marque en fin de visite.

Chiswick Lane South
Londres, W4 2QB

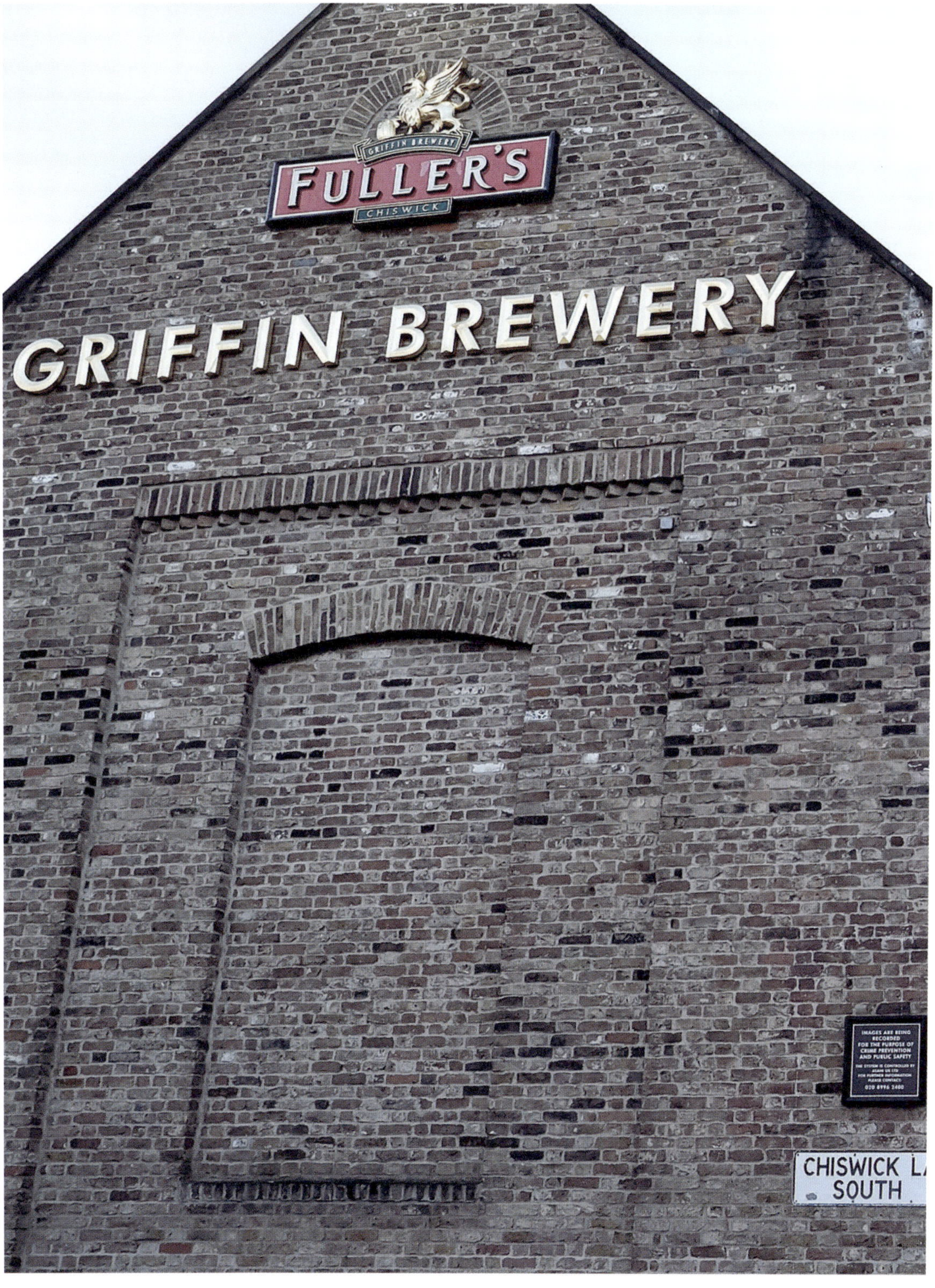
GRIFFIN BREWERY
FULLER'S
CHISWICK
GRIFFIN BREWERY
IMAGES ARE BEING RECORDED FOR THE PURPOSE OF CRIME PREVENTION AND PUBLIC SAFETY
020 8996 2400
CHISWICK LA
SOUTH

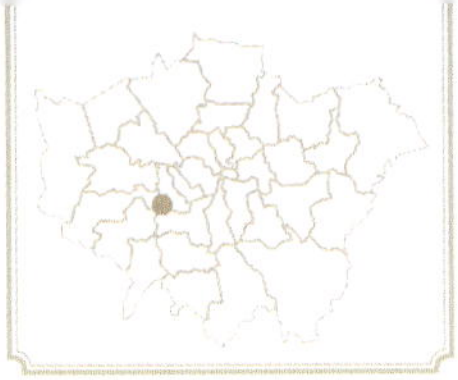



# Foster Books

## À la Dickens

**Avec sa devanture du XVIIIe siècle** tout droit sortie d'un livre de Dickens, la librairie Foster Books donne immédiatement envie d'y pénétrer et de sauter dans une machine à remonter le temps. Il faut dire que cette librairie indépendante propose une large collection de livres anciens, d'éditions limitées, ou d'éditions originales !

**Le personnel se fait discret,** mais, si vous le sollicitez, il vous sera d'une aide supérieure afin de trouver des trésors littéraires insoupçonnés. Foster Books est l'une de ces librairies qui donnent l'impression que chaque centimètre carré est utilisé pour mettre en avant les livres, et rien que les livres.

**Installé sur Chiswick High Road** depuis plus de cinquante ans, on raconte que la librairie est fournisseur officiel du cinéma lorsqu'il s'agit de décorer une bibliothèque de livres anciens. Ne soyez pas surpris si, une fois entrés, vous n'arrivez plus à en ressortir ! Les heures passent, les livres restent, à moins que vous en emportiez un à la maison.

183 Chiswick High Road
Londres, W4 2DR

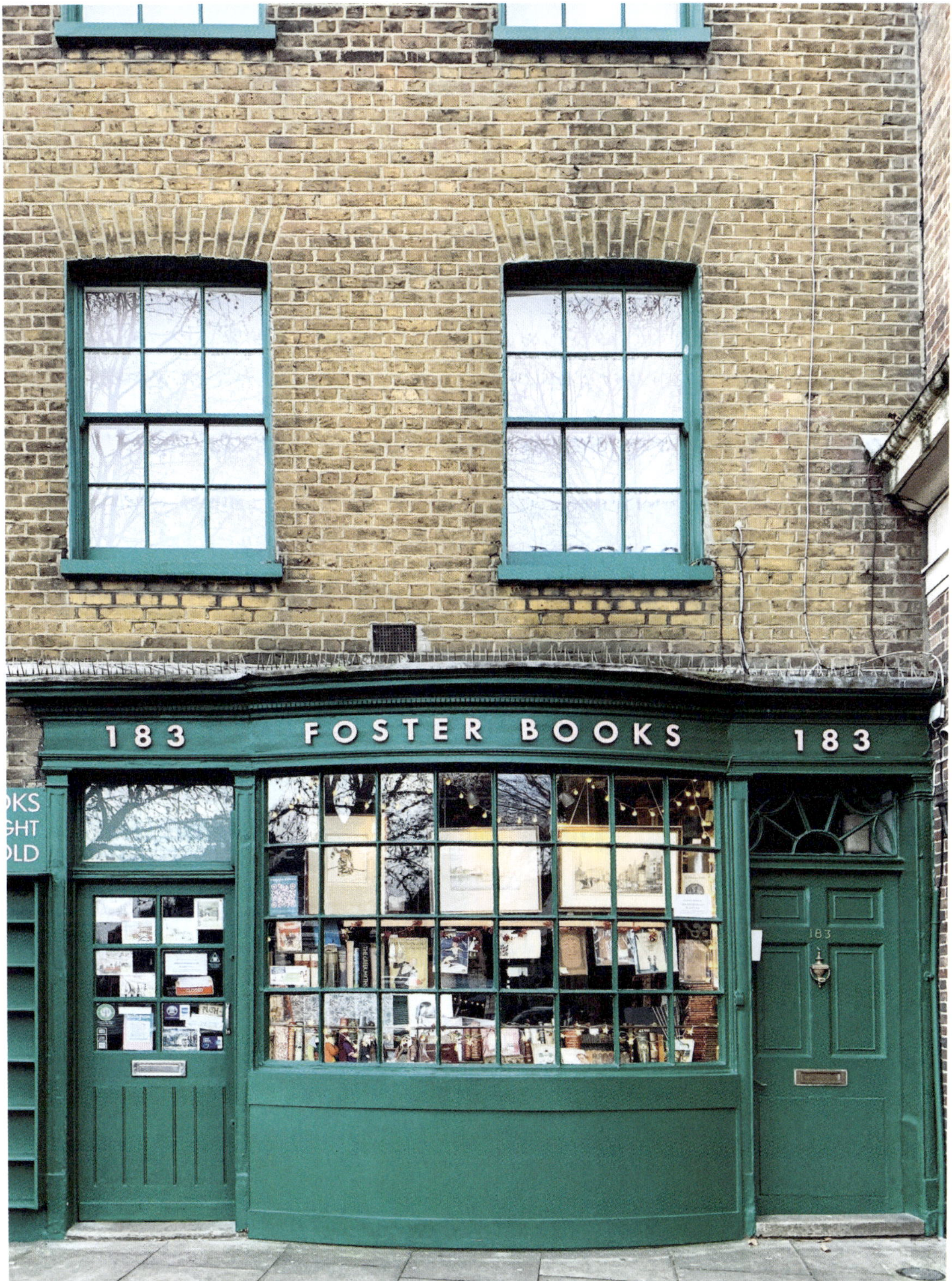
183
FOSTER BOOKS
183

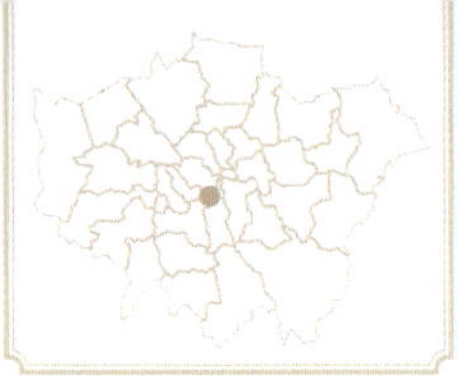



# Artist Residence London

## Hôtel de charme

**L'Artist Residence** est un petit hôtel-boutique (10 chambres, à peine) offrant un savant mélange d'élégance traditionnelle et de décoration intérieure excentrique. Ici, chaque pièce raconte une histoire où le décor est central et marquera votre séjour.

**L'hôtel,** construit dans une maison de ville de style géorgien du milieu du XIXe siècle, a été rénové avec soin : les sols en parquet ancien ont été conservés, tout comme certains murs en brique apparente. Le bar-restaurant de l'hôtel (nommé Cambridge Street Kitchen), ouvert 24 h/24, propose une carte agréable allant du petit déjeuner au dîner, type bistronomie de qualité accessible à tous les palais.

**L'hôtel est idéalement situé** dans une rue calme du quartier de Pimlico, à courte distance de la station de métro Victoria et ses nombreuses connexions. Vous pourrez également rejoindre Hyde Park, le palais de Westminster, les jolies rues colorées de Chelsea ou le Battersea Park en moins de trente minutes à pied.

**52 Cambridge Street**
**Londres, SW1V 4QQ**

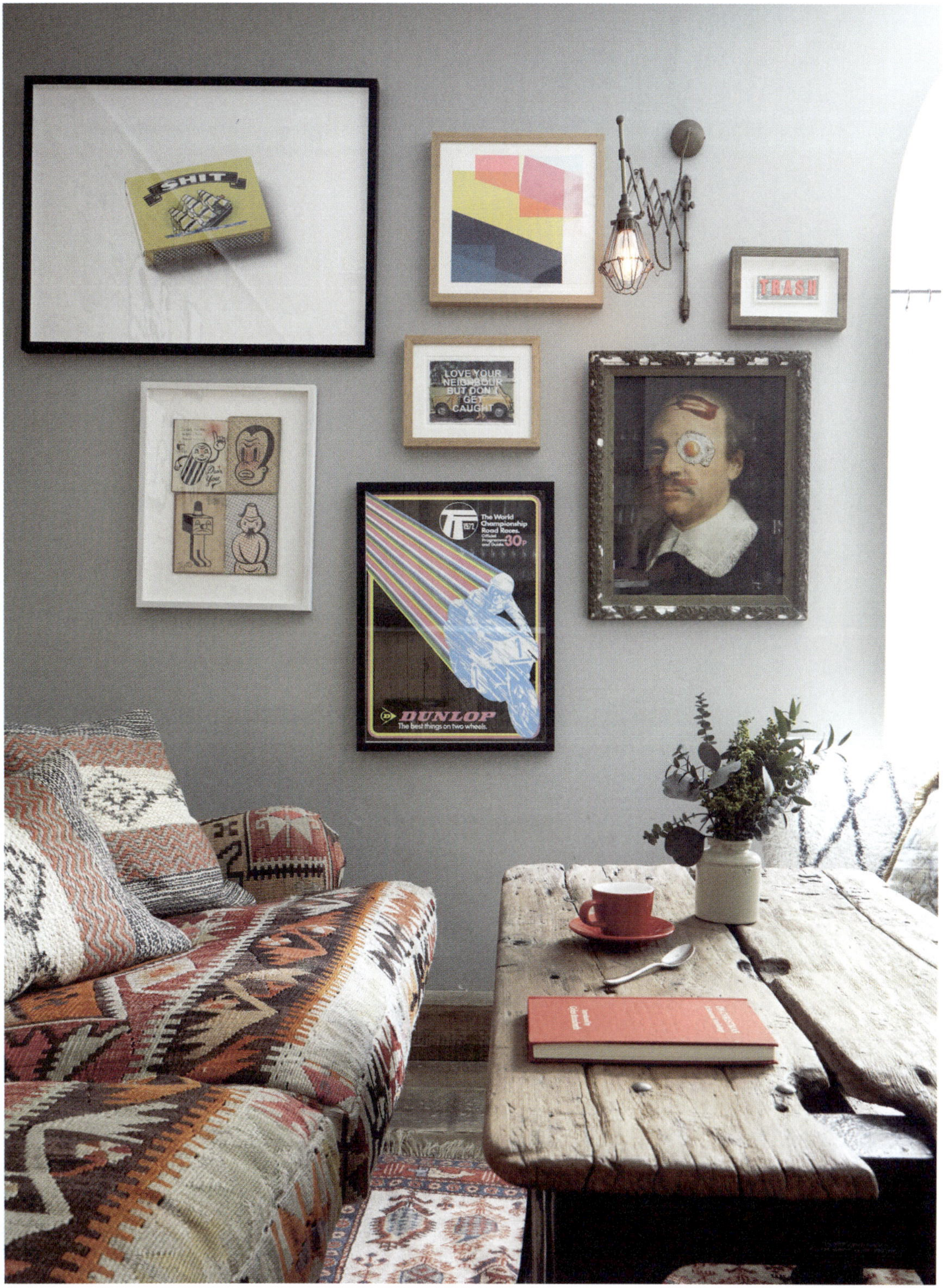
SHIT
TRASH
LOVE YOUR NEIGHBOUR BUT DON'T GET CAUGHT
The World Championship Road Races.
30p
DUNLOP
The best things on two wheels.

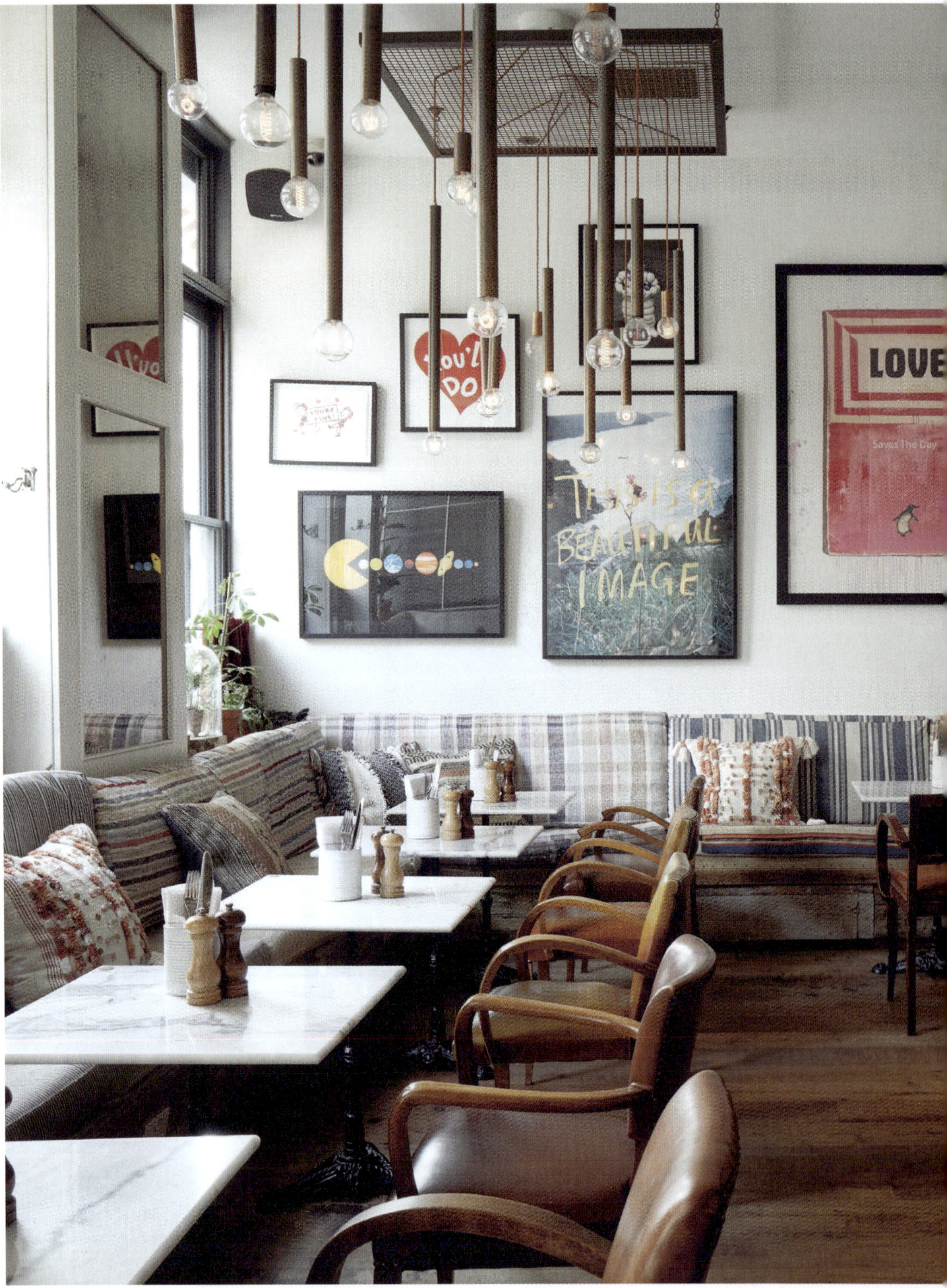
LOVE
Saves The Day
THIS IS A
BEAUTIFUL
IMAGE

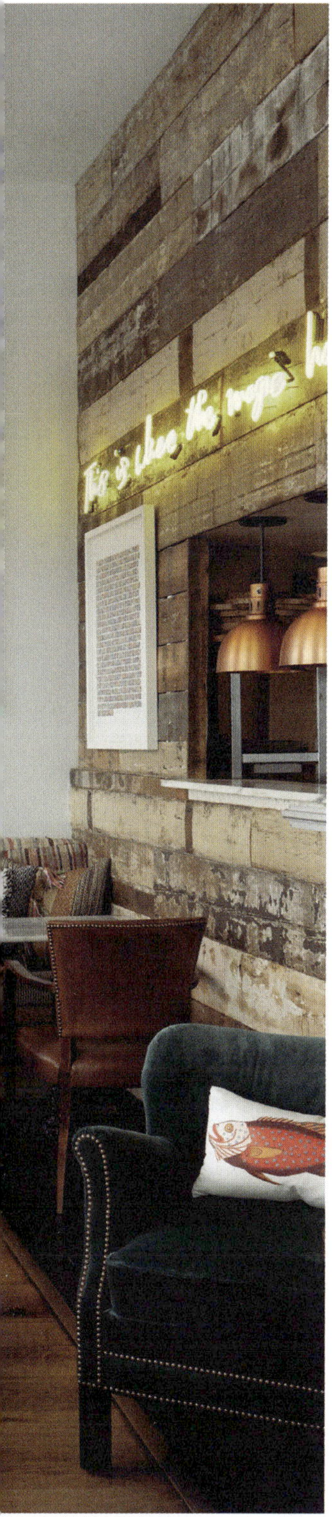

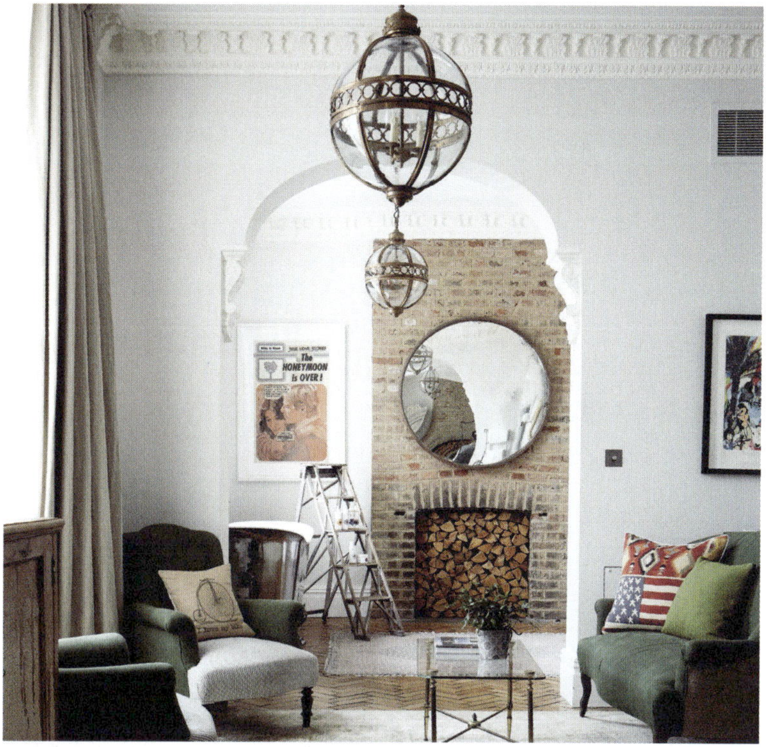
The HONEYMOON is OVER!

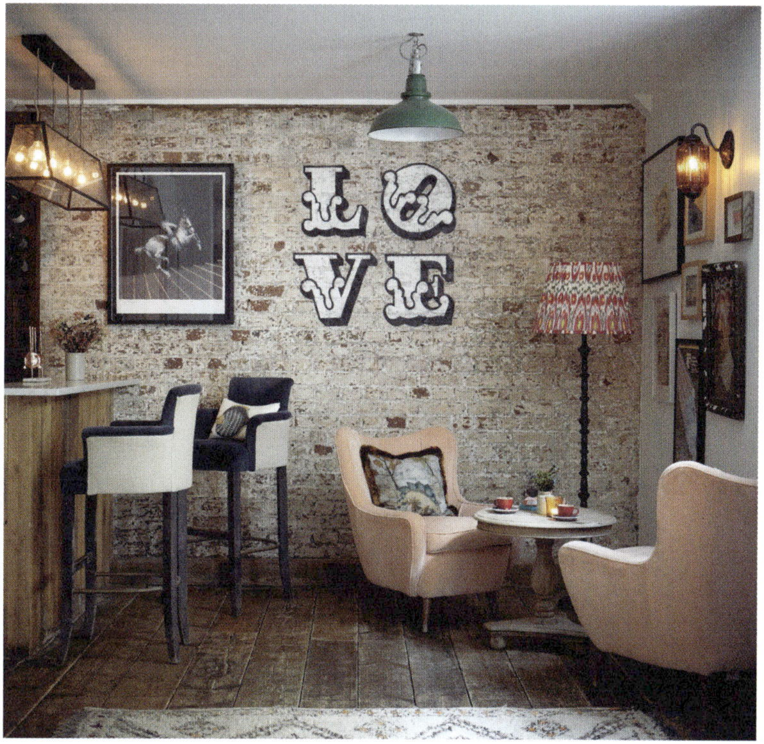
LOVE

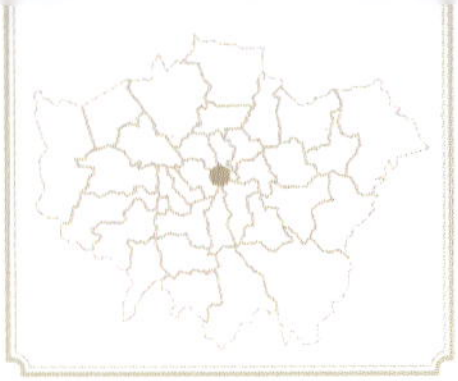



# The Attendant Coffee Roaster

## COMME AU XIX^e SIÈCLE

**SI VOUS SOUHAITEZ ALLIER** café de qualité et environnement atypique, vous êtes au bon endroit ! Les équipes de The Attendant – dont on trouve d'autres locaux dans la capitale – sont réputées pour être parmi les meilleurs torréfacteurs de Londres, sélectionnant les variétés de café et mettant un point d'honneur à les torréfier dans leurs ateliers pour obtenir les meilleurs arômes dans la tasse.

**ALORS, SI VOUS ASSOCIEZ CETTE RECHERCHE D'EXIGENCE** à l'incongruité de boire votre café accoudé à un urinoir de l'époque victorienne, le mélange est explosif ! En effet, The Attendant Fitzrovia est situé dans d'anciennes toilettes publiques datant de la fin du XIX^e siècle. Fermées dans les années 1960, et après plus de cinquante ans d'inactivité, ces toilettes ont été transformées en l'un des meilleurs cafés spécialisés de Londres. La très bonne idée est d'avoir gardé le mobilier d'époque, les urinoirs en porcelaine Doulton & Co et les carreaux de sol victoriens d'origine. Attention, pas de réservation possible, premiers arrivés, premiers servis !

**27A FOLEY STREET**
**LONDRES, W1W 6DY**

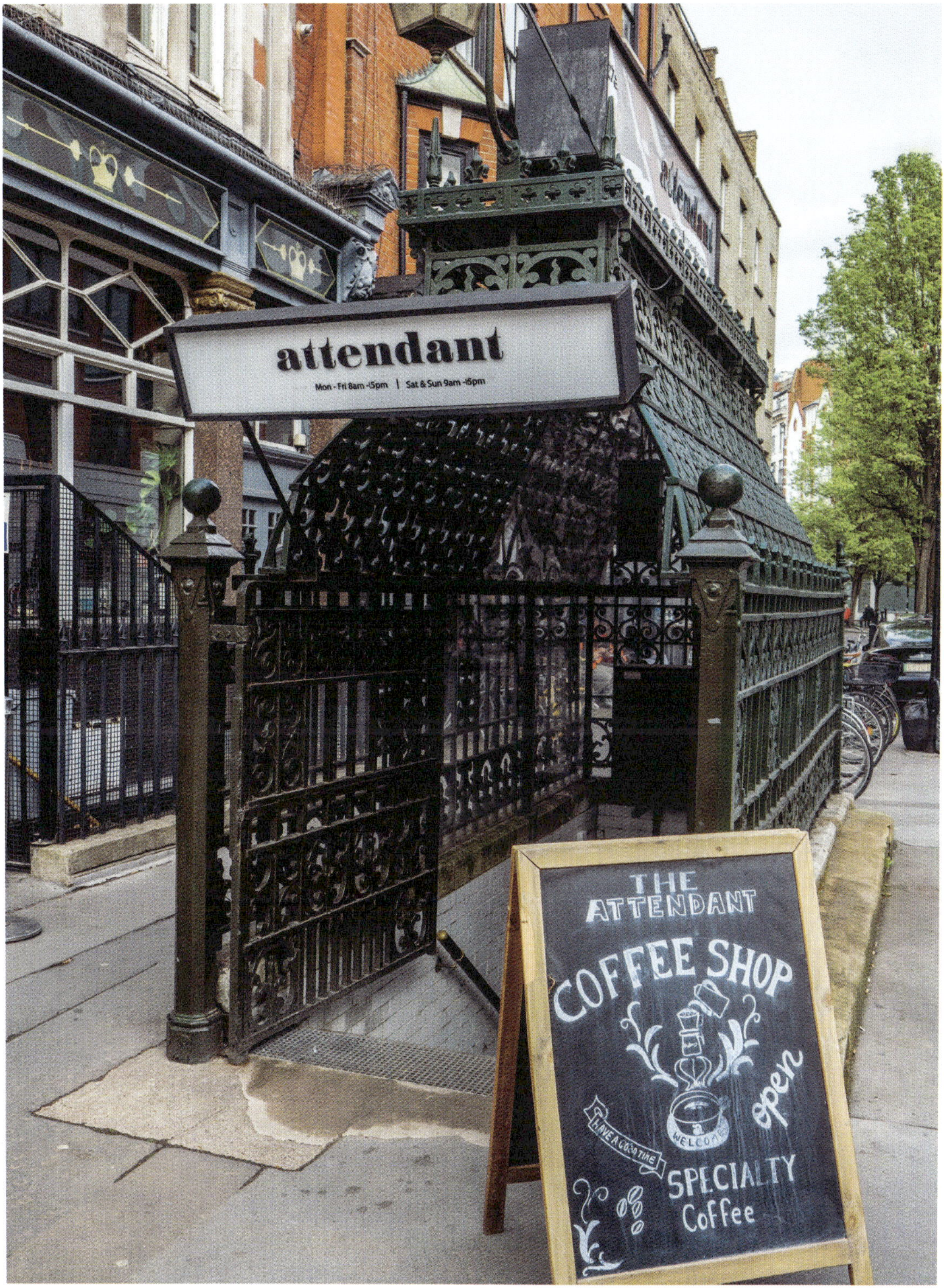
attendant
Mon - Fri 8am -15pm | Sat & Sun 9am -15pm
THE ATTENDANT
COFFEE SHOP
open
HAVE A GOOD TIME
WELCOME
SPECIALTY
Coffee

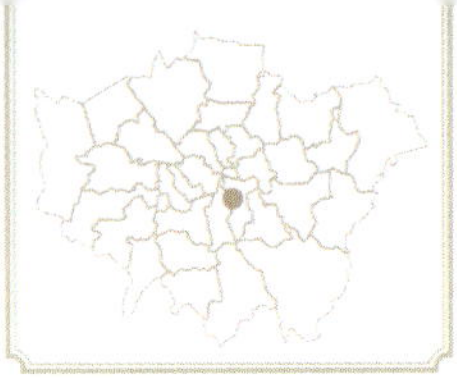



# Beefeater Gin Distillery

## Le flacon et l'ivresse

**Située dans le quartier de Kennington,** la Beefeater Gin Distillery est une distillerie de gin iconique à Londres. Elle fait partie des dernières grandes distilleries de gin de la capitale.

**Londres a joué un rôle de premier plan** dans le développement du gin dans le monde, notamment grâce à la création de la recette du London Dry Gin, considérée comme le nec plus ultra des boissons à base de genévrier. Le terme « London » décrit la méthode de production (et non l'origine géographique) interdisant d'ajouter des éléments aromatisants au gin après sa distillation.

**La Beefeater Gin Distillery** offre ainsi aux visiteurs curieux une découverte de son histoire et de ses installations. L'expérience comprend un accès au musée de l'histoire du gin, une visite libre de la distillerie ainsi qu'une dégustation des gins les plus réputés de la marque.

**Vous pourrez notamment y découvrir** les alambics originaux datant de l'époque victorienne (XIX$^{e}$ siècle) !

20 Montford Place
Londres, SE11 5DE

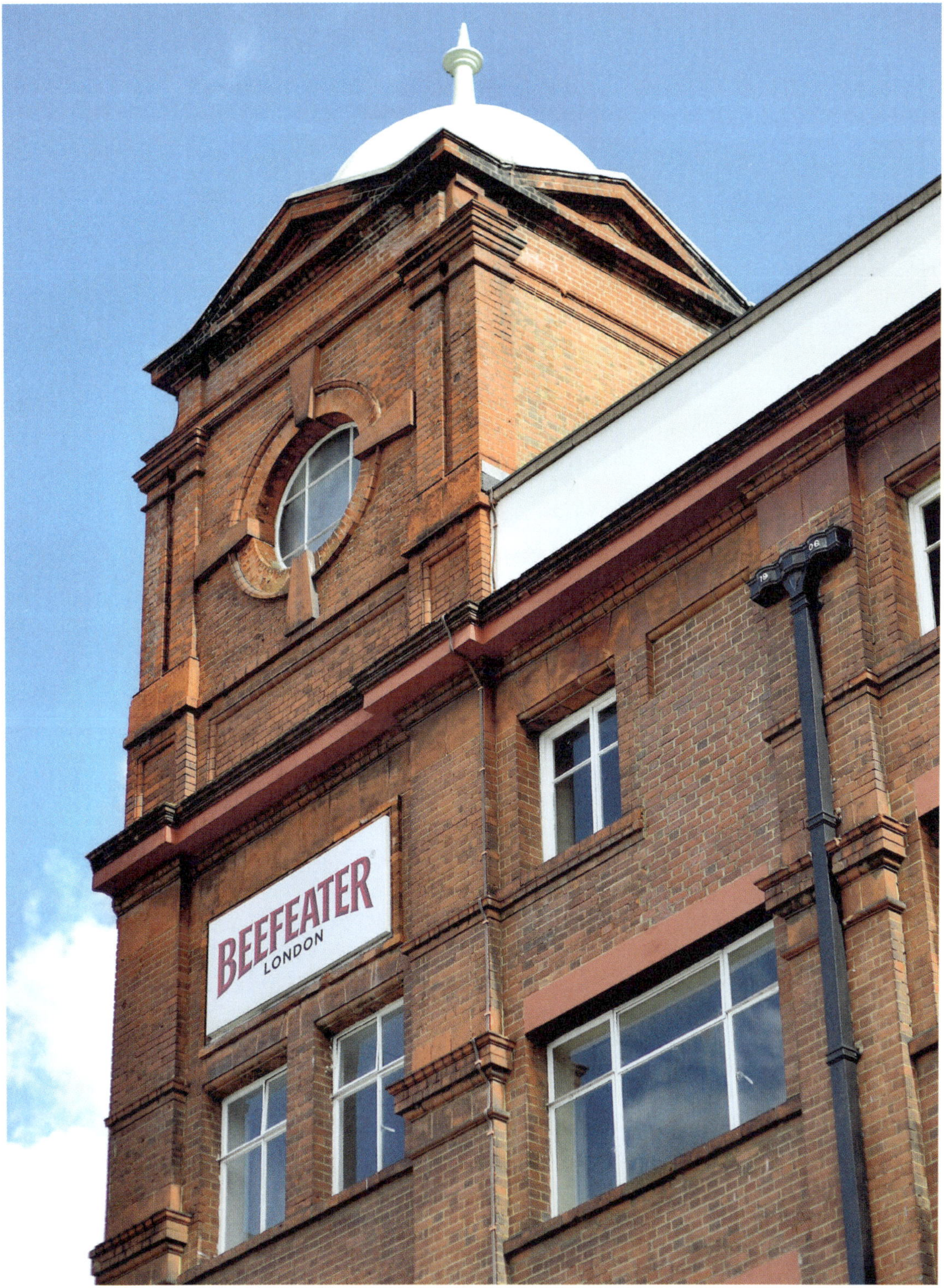
BEEFEATER
LONDON

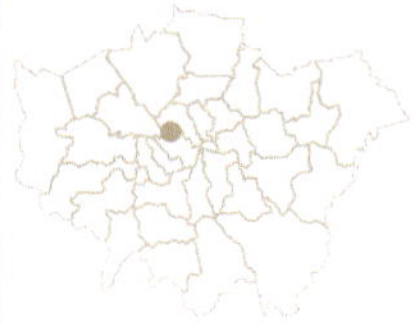



# The Hero

## Tradition et design

**Voici le dernier né des gastro-pubs** ouverts par le groupe Public House, déjà propriétaies des plébiscités The Pelican à Notting Hill et The Bull à Charlbury, dans les Cotswolds. Tout ce qui fait la marque de fabrique du groupe est présent : le mélange de tradition et de design, et le service de qualité.

**The Hero,** situé dans le quartier huppé de Maida Vale, est installé dans une belle maison rénovée avec goût dans un style mêlant contemporain et ancien, les propriétaires ayant eu la bonne idée de garder les murs écaillés, les planchers en bois usés et les plafonds d'origine, lui conférant un charme certain.

**Au rez-de-chaussée,** le Pub propose un menu composé de classiques britanniques. Le Grill, situé au premier étage, est dédié aux spécialités de viande et de poisson cuites au feu de bois. Au deuxième étage, se trouve un salon confortable où profiter de cocktails et de soirées DJ du jeudi au samedi à partir de 21 heures. Il faut aussi savoir que la belle vaisselle utilisée par le restaurant est proposée à la vente au détail pour ceux qui souhaiteraient retrouver le style du Hero de Maida Vale à la maison.

55 Shirland Road
Londres, W9 2JD

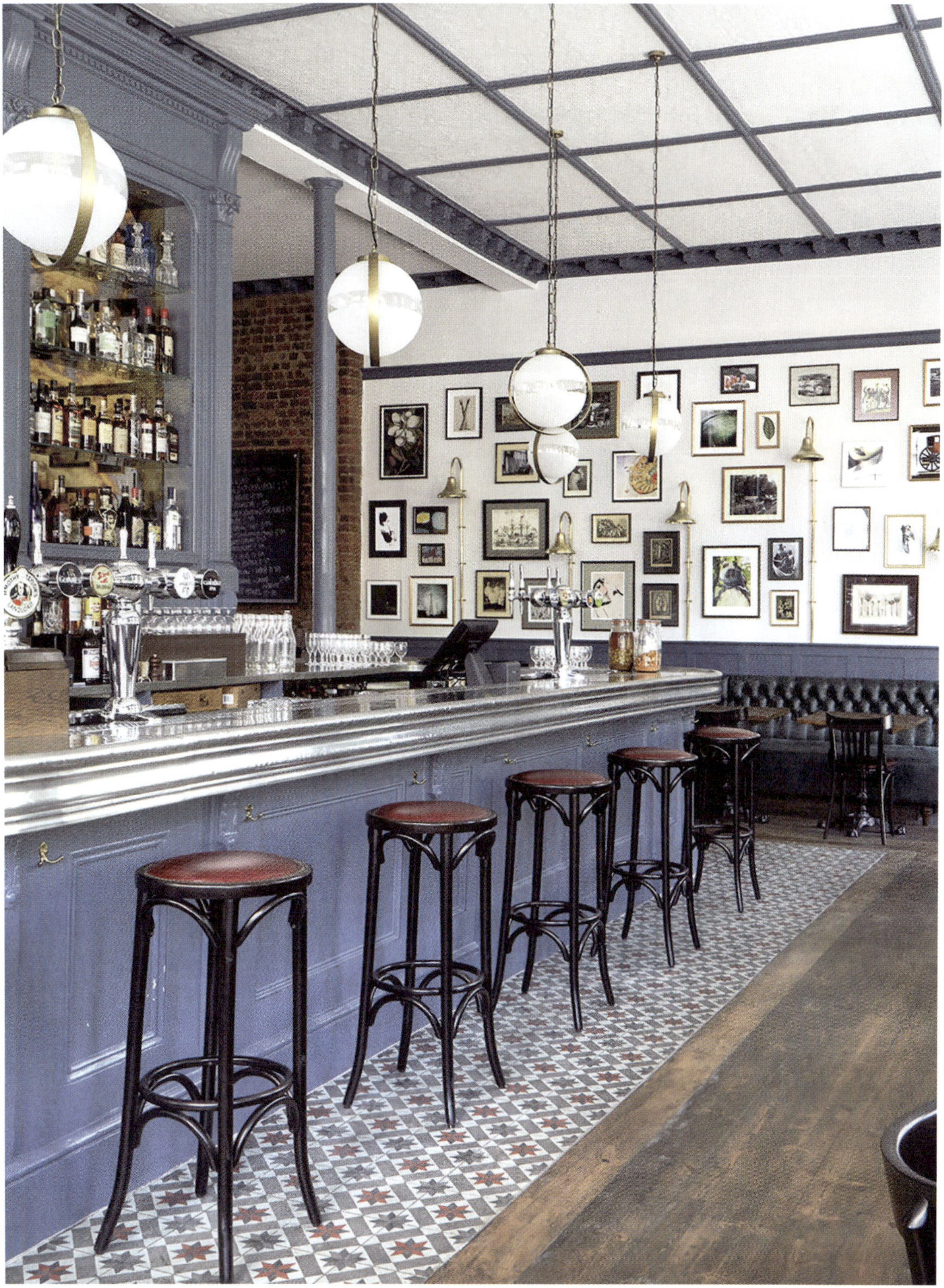

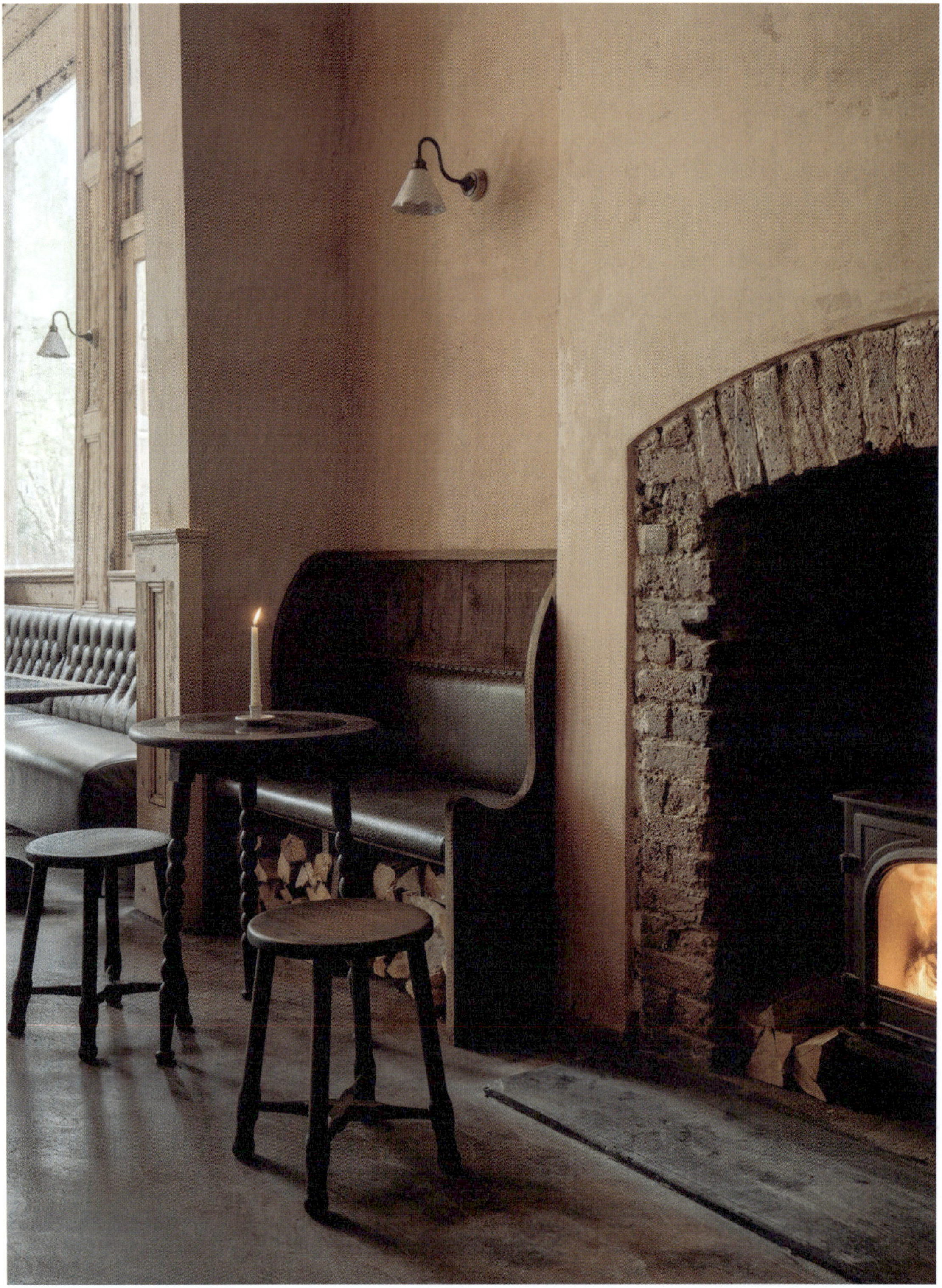

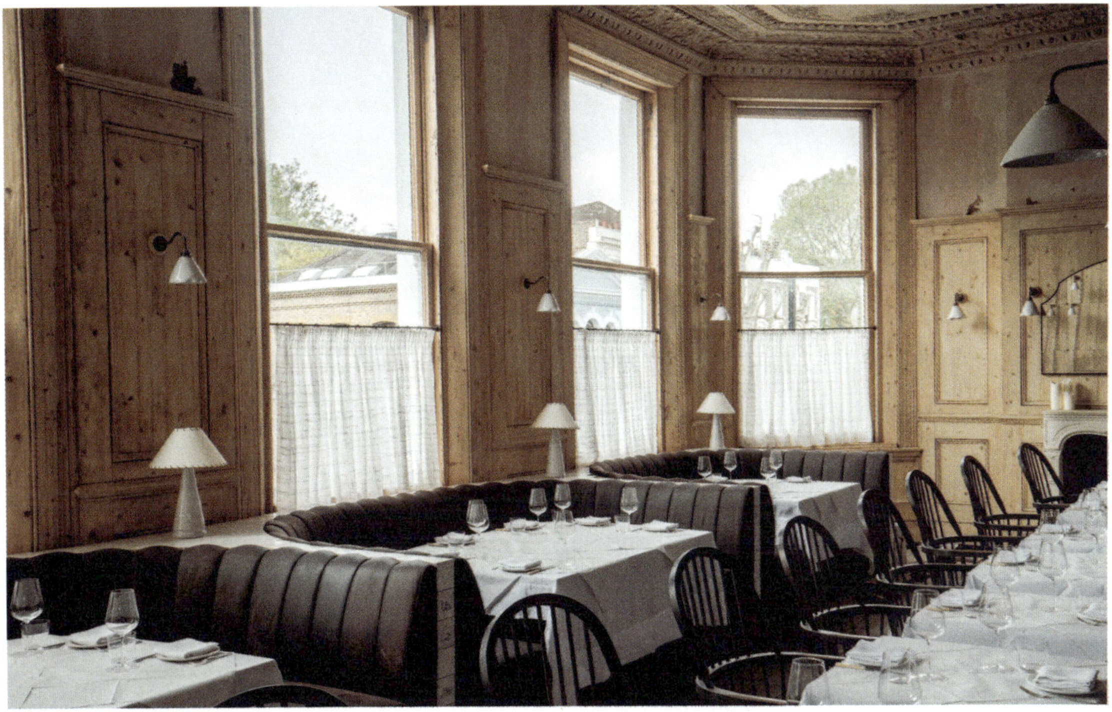

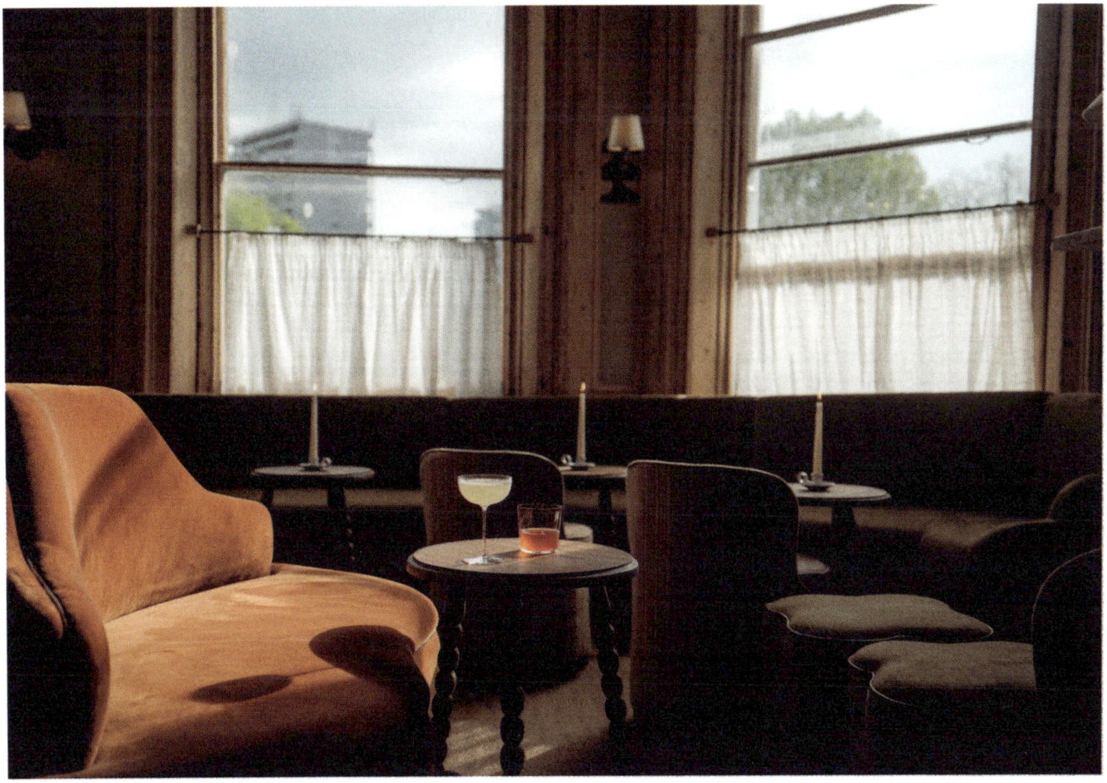

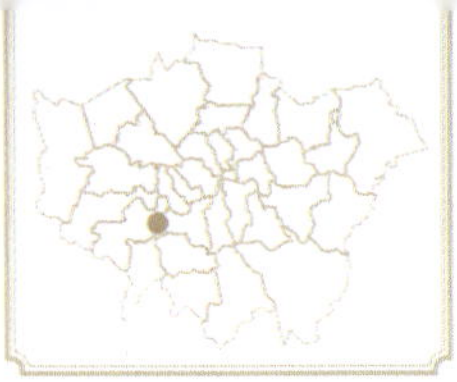



# Petersham Nurseries

## Le goût des choses

**Situé à Richmond,** à deux pas du célèbre parc du même nom, ancien lieu de villégiature de la famille royale au temps des Tudors, les Petesham Nurseries sont un lieu assez inclassable. Tout à la fois pépinière, jardinerie, restaurant, salon de thé et boutique de décoration, chacun y trouvera son bonheur et surtout celui d'y passer un agréable moment.

**Promenez-vous au milieu des plantes** en écoutant les conseils de jardiniers avisés, ou fouinez dans la boutique de décoration pour y trouver des objets uniques et éclectiques, meubles et antiquités chinés au cours de voyages en Italie, en France, au Maroc ou en Inde.

**Sous une verrière richement décorée,** vous pourrez profiter du restaurant proposant une cuisine de saison, plats salés et gâteaux faits maison, ou simplement boire un thé ou un café fraîchement moulu. Du jeudi au dimanche, les Petersham Nurseries proposent même un *Afternoon Tea* complet à réserver bien à l'avance.

Church Lane, Off Petersham Rd
Richmond, TW10 7AB

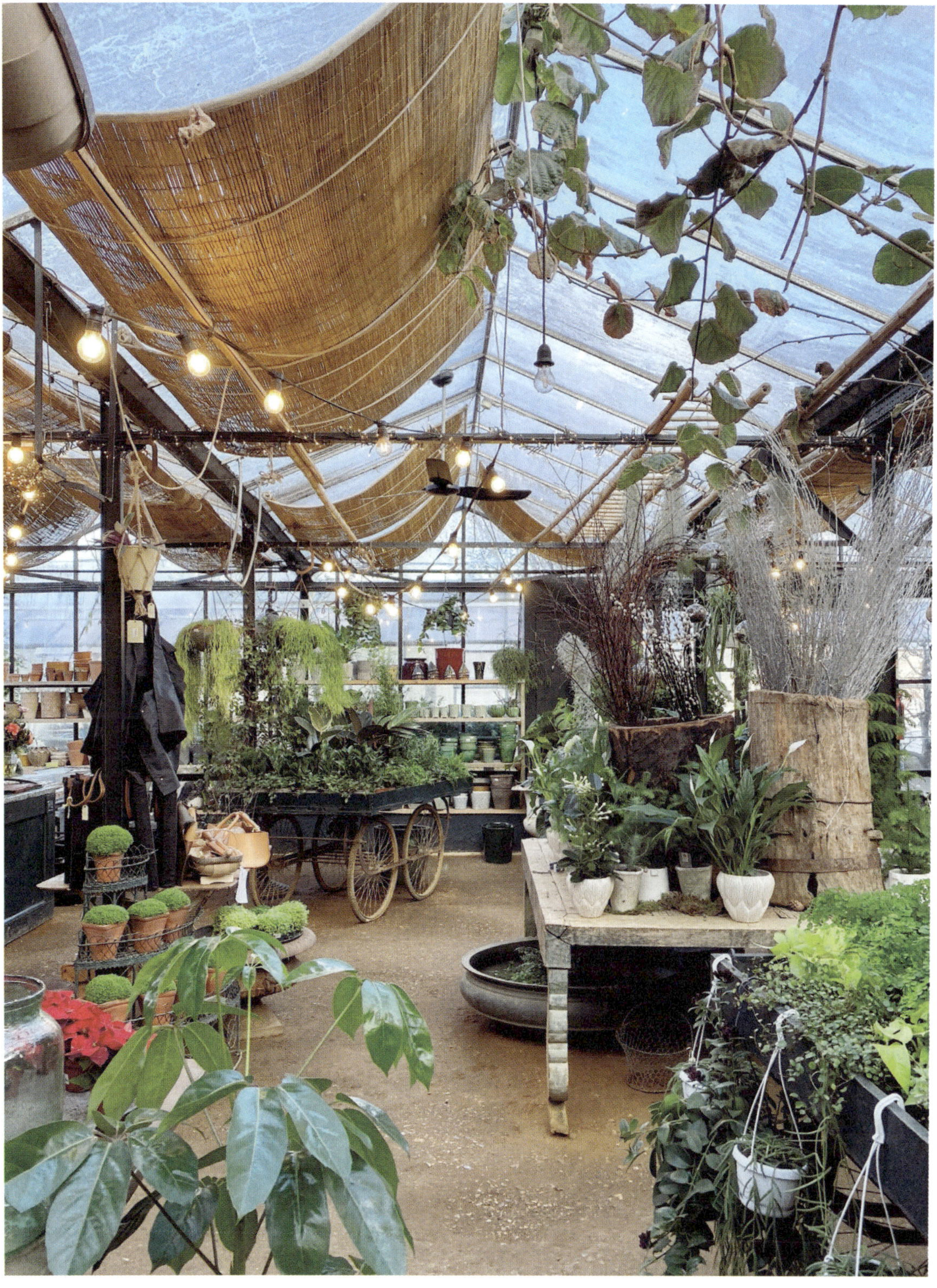

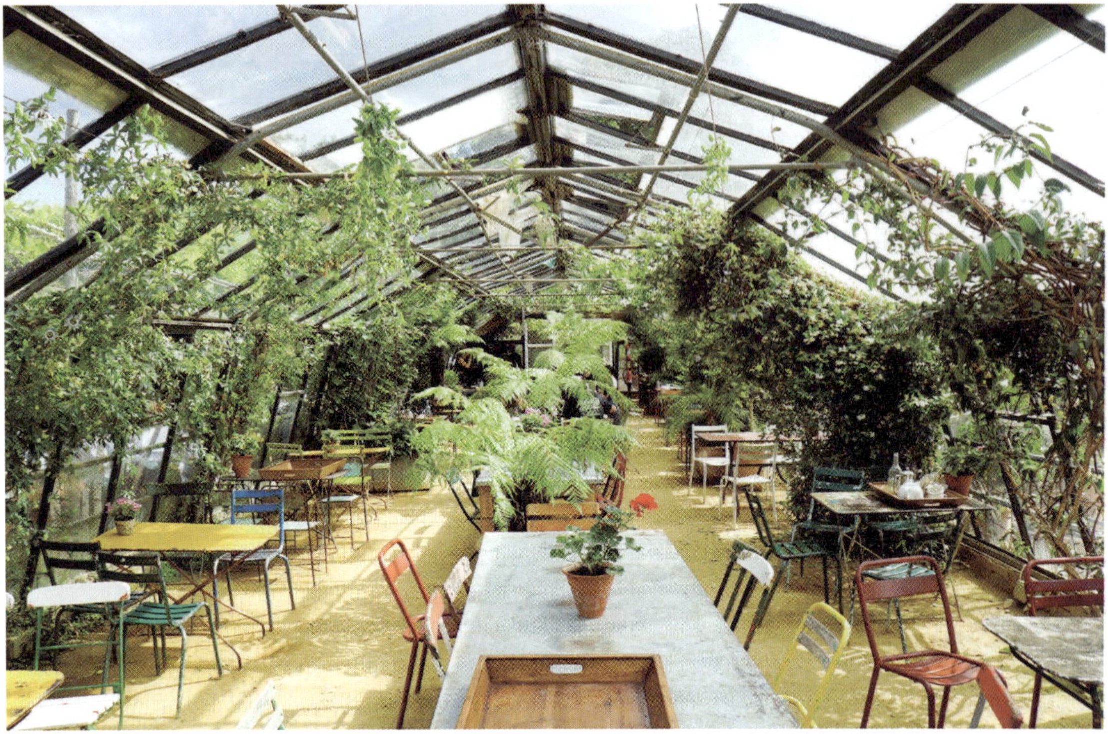

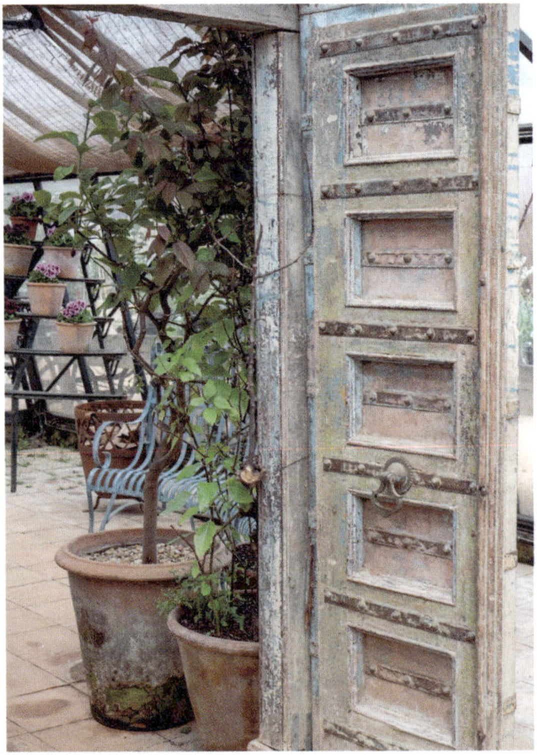

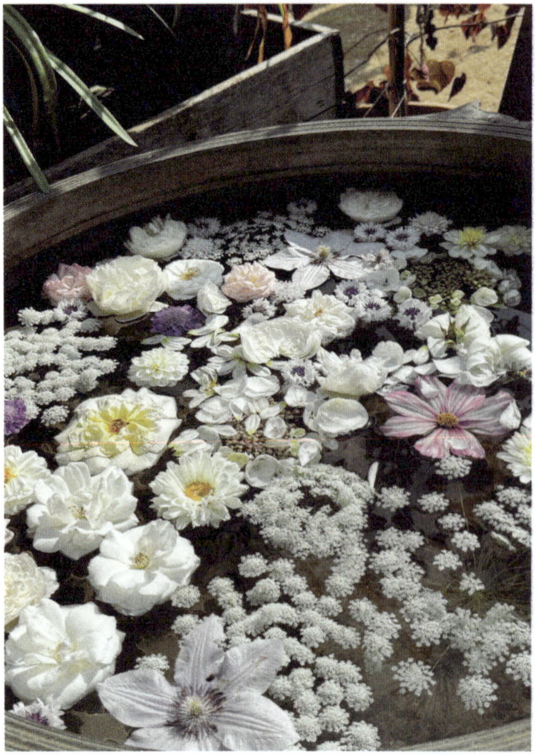

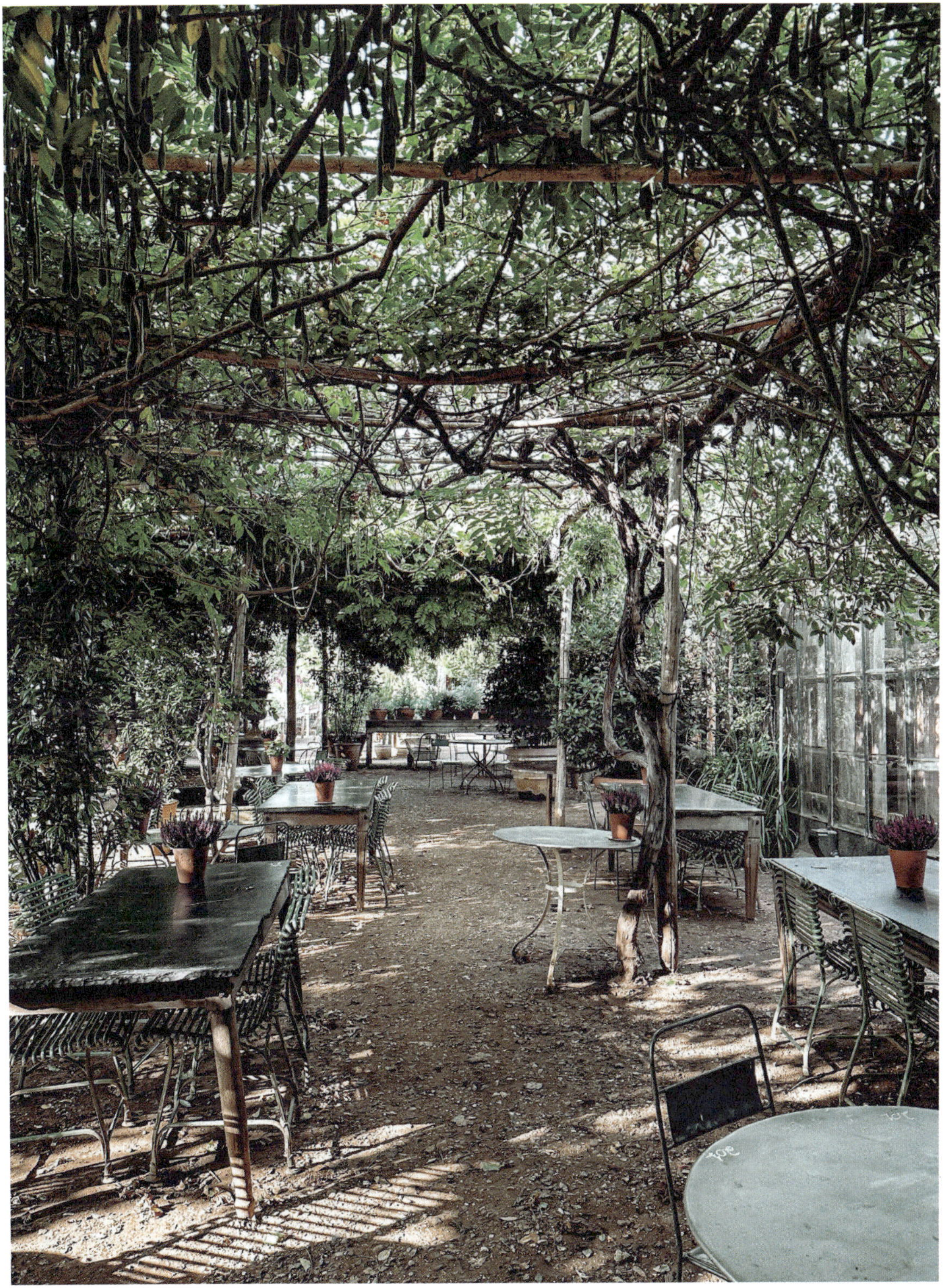

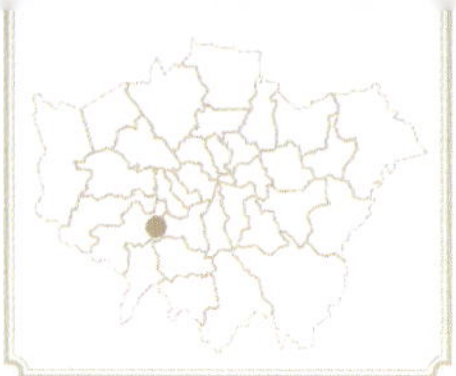



# Peggy Jean

## Comme en Australie

**Envie d'un lieu unique** pour déguster un brunch australien à Londres ? Peggy Jean, une ancienne péniche utilisée à l'époque comme barge lors des courses d'aviron de l'Université d'Oxford, vous accueille sur les rives de la Tamise, à Richmond, au sud-ouest de Londres.

**On y retrouve un étonnant mariage** entre l'histoire des courses d'aviron anglaises et la culture australienne, et une cuisine au style décontracté.

**Restaurée avec des couleurs pastel rafraîchissantes,** la péniche propose des espaces intérieurs et extérieurs sur deux étages, conservant tout le charme suranné des bords de rivière de la campagne anglaise.

**Vous l'aurez compris, c'est l'endroit idéal** pour un brunch entre amis (ne manquez pas de goûter au « Dirty Daisy », devenu le plat signature du Peggy Jean) ou un dîner au coucher du soleil en été à base de poissons du jour fraîchement grillés et de steaks Tomahawk à partager – le tout cuit sur le feu, à la manière des barbecues australiens.

The Boat, Bridge Boathouses, Riverside
Richmond, TW9 1TH

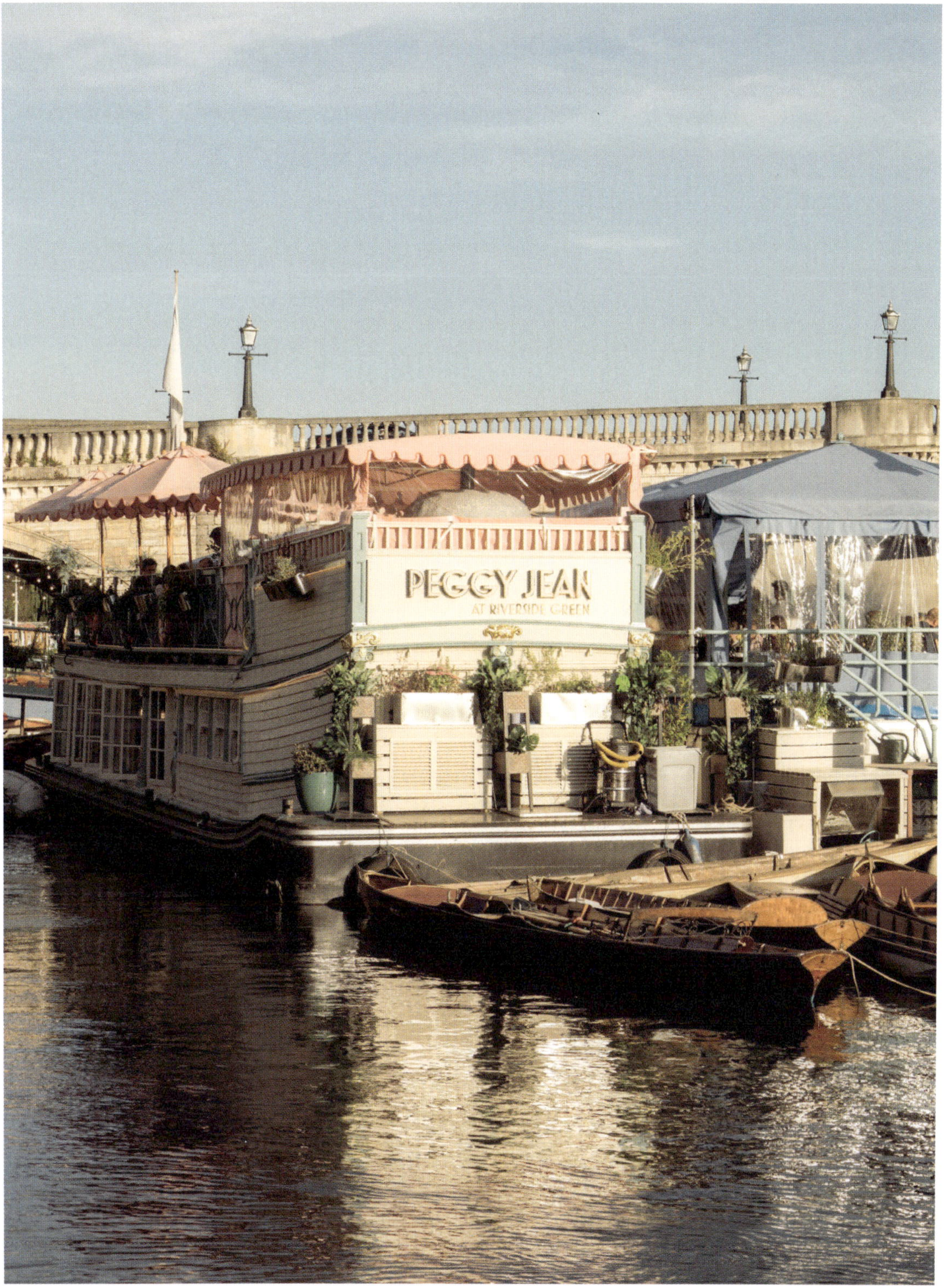
PEGGY JEAN
AT RIVERSIDE GREEN

L'ÉDITEUR REMERCIE TOUTES LES BOUTIQUES
LUI AYANT FOURNI DES PHOTOGRAPHIES.

## Crédits photographiques

*Toutes les photographies sont issues de Shutterstock.com et Adobestock.com, sauf :*

**4.** Choosing Keeping Liz Seabrook Summer. **5.** Choosing Keeping Liz Seabrook Summer. **6 HT.** Choosing Keeping Shop Images. **6 B.** Choosing Keeping Lamy Maria Bell. **7 HT.** Choosing Keeping Liz Seabrook Summer. **7 B.** Choosing Keeping Liz Seabrook Summer. **9.** © Alamy. **12-13.** © Covent Garden. **14 ET 15.** © Alice Through the Looking Glass. **24 ET 25.** Jon Arnold Images/ hemis.fr. 29. © Alamy. **31.** © Alamy. **36 ET 37.** Jon Arnold Images/ hemis.fr. **38 À 41.** © Lock & Co. **45.** © Alamy. **46 ET 47.** © DR. **49.** © DR. **51.** © Host Café. **57.** Jon Arnold Images/ hemis.fr. **59.** © Alamy. **69 À 71.** © Algerian coffee stores. **74-75.** © DR. **79.** © The Wolseley. **82-83.** © Rikesh Chauhan. **84-85.** © Ian The. **85 B.** © Christopher Simon Sykes. **96 À 99.** © The Cloth Shop. **100 À 103.** © Electric Cinema. **107.** AMIEL Jean-Claude / hemis.fr. **118 À 121.** © The Kensington. **129.** © DR. **135.** © DR. **136 ET 137.** © Cuemars. **138 ET 139.** © Hunky Dory Vintage. **141.** © Alamy. **142-143.** Alistair Hall of We Made This. **166.** © Marby & Elm. **167.** © Alamy. **173 À 175.** Artist Residence London. **177.** © Alamy. **181 À 183.** © DR. **189.** © Alamy.

## L'auteur

Samuel Bourille est rédacteur Web et blogueur spécialisé en tourisme. Créateur du blog de voyage *Les Vents nous portent*, il parcourt le monde à la recherche des meilleures adresses, des plus beaux spots, des itinéraires les plus intéressants.

**Direction de la publication**
Carine Girac-Marinier

**Édition**
Maëva Journo, assistée de Marina Genel

**Mise en page**
Caroline Rimbault

**Fabrication**
Rebecca Dubois


ISBN 978-2-03-607653-2



9782036076532/01

Fabriqué par Éditions Larousse
21, rue du Montparnasse 75006 Paris France
LIVRES-LAROUSSE@larousse.fr
Imprimé en France par Pollina - 500367
Dépôt légal : mai 2025 - 338752/01
N° de projet : 11057722 – avril 2025